호박꽃 어머니

호박꽃 어머니

이정이 제2수필집

인간과문학사

삶의 토양에서 피워낸 아름다운 행복 언어
- 이정이 제2수필집 《호박꽃 어머니》

최원현
(수필가 · 문학평론가 · 한국수필가협회
제7대 이사장 · 국립세계문자박물관 이사)

문학은 어차피 삶의 이야기일 수밖에 없다. 누군가는 말하고 누군가는 읽는 인간의 이야기들이기 때문이다. 특히 수필은 여느 장르보다도 삶의 향기가 짙게 풍겨 나는 문학이다. 삶을 가장 진실하고 솔직하게 그려내는 문학이어서이다.

이정이(본명 이정희) 작가는 10년 차 수필가요, 6년 차 시인이다. 한국방송통신대학 국문과를 졸업하고 월간 《한국수필》 2015년 9월 호(통권247호)에 〈밀어내기〉와 〈어머니 목소리〉로 신인상에 당선, 등단했다. 그리고 2019년에는 《인간과문학》에서 시인으로 등단했다. 다음 해인 2020년에는 '한국수필 독서문학상' 우수상도 수상했다. 이처럼 그의 문학적 열정은 쉼이 없다. 한국수필가협회와 한국수필작가회, 인간과문학작가회 활동과 아침문학회 회장으로도 봉사하면서 수필집 《푸른 기와집》과 시집 《숨은 꽃》, 《외딴섬》을 냈다. 그리고 이번에 두 번째 수필집 《호박꽃 어머니》와 세 번째 시집 《사랑 공식》을 내는 것이다.

그는 독실한 크리스천이다. 여전도회 활동과 찬양대 및 교회의 활동을 해낸다. 매사에 열정적이다. 그러면서도 "내일이면, 다음엔, 좀 나아질까? 하였는데, 또 부족합니다."라고 자신을 낮춘다. 그게 이정이 작가다.

나와는 2013년 AK 문화센터에서 만났으니 무려 12년의 인연이다. 그동안 수필집을 내고 시집을 내는 과정을 지켜보면서 때로는 너무 억척스럽다는 생각도 했다. 하지만 그것은 그냥 그의 성격이다. 뭐든 그리한다. 집안 대소가의 일도 자진해서 다 맡아 한다고 들었다. 그런 성정이니 문학도 적당히 하고 넘어갈 수 없다. 늦은 나이에 방송통신대학교에서 공부할 때도 젊은이들에 뒤처지지 않고 늘 장학금을 받았다고 들었다. 그는 작가의 말에서 "삶의 언저리에서 여울진 굴곡들이 아우성을 쳐요. 강물 소리! 바람 소리! 빗소리! 가쁜 호흡들이 굽이굽이 고개를 넘어요. 땀을 닦아요. 서러움들이 밀려와요. 그저 그런 삶들의 궤적 위에 책 한 권 더 얹어봅니다. 슬프고도 기쁜 나날들, 휘휘 지나간 시간, 빛바랜 나날들을 추억이란 기차 칸에 실어 봅니다."라고 했다. 이정이는 삶이 그렇게 더운지 추운지, 기쁜지 슬픈지도 모르게 살아온 날들이었기에 오늘이 그 결실로 그만큼 더 소중할 것이다. 이번 수필집은 이미 나온 두 권의 시집과 한 권의 수필집에 이어 내는 두 번째 수필집으로 그의 문학적 성장도와 삶의 성숙도를 가늠케 하는 작품들로 작가 자신에게도 매우 큰 의미가 있다 하겠다.

이 수필집은 각기 다른 에피소드와 주제들이 유기적으로 연결되어 있다. 각 장은 독립적인 이야기를 담고 있지만, 전체적으로 하나의 큰 테마인 '어머니'라는 주제로 귀결된다. 이러한 구성은 독자가 책을 읽으면서 자연스럽게 작가의 의도를 이해하고 공감할 수 있도록 돕는다.

아울러 이정이 작가는 문학적 형상화를 통해 일상적인 소재를 예술적으로 승화시킨다. 예를 들어, 호박꽃 외에도 주변의 자연물들 —풀잎, 나무, 바람 등—을 통해 인간의 내면세계를 표현하는 방식이 매우 인상적이다. 이러한 문학적 기법은 독자에게 깊은 인상을 남기며, 단순히 읽는 것을 넘어 마음으로 느끼게 한다. 따라서 이정이 수필집 《호박꽃 어머니》는 그녀의 삶과 정서를 깊이 있게 담아낸 작품들로 이 수필집은 몇 가지의 특징을 가지고 있다.

① 삶의 진솔한 고백으로 작가는 자신의 일상과 경험을 솔직하게 풀어내며 독자와의 공감을 이끌어 낸다.

② 정서적 깊이로 어머니에 대한 그리움과 사랑을 주제로 하여 따뜻한 감동을 전달한다.

③ 문학적 형상화로 일상적인 소재를 통해 보편적인 감정을 형상화하여 독자의 공감을 자아낸다.

④ 자연과의 교감을 통한 자연을 배경으로 한 서술로 인간의 내면을 더욱 풍부하게 표현한다.

이러한 요소들은 이정이 작가의 수필이 단순한 일상의 기록을 넘어선 문학적 가치를 지닌다는 것을 보여준다. 그로 인하여 이 수필집은 독자에게 깊은 감동과 여운을 남기며, 삶의 의미를 다시 한번 되새기게 한다.

표제작인 〈호박꽃 어머니〉는 이 수필집의 중심 테마를 잘 나타내고 있다. 어머니의 삶을 호박꽃에 비유하며, 그 안에 담긴 강인함과 아름다움을 조명한다. 호박꽃은 겉으로는 투박하고 평범해 보이지만, 그 안에는 생명력과 풍요로움이 가득하다. 이는 곧 어머니의 모습으로 상징되며, 그 헌신과 사랑이 얼마나 크고 깊은지도 보여준다.

작가는 이 작품을 통해 어머니의 일상을 세밀하게 묘사하며, 그 속에서 발견되는 작은 기쁨과 슬픔들을 진솔하게 그려낸다. 예를 들어, 호박을 심고 가꾸는 과정에서의 고단함 속에서도 느끼는 작은 행복이나, 수확의 계절에 찾아오는 뿌듯함 등도 생생하게 묘사된다. 이러한 디테일은 독자로 하여금 자신의 어머니를 떠올리게 하면서 그리움과 애틋함을 자아낼 것이다.

호박이 어린순부터 씨까지 버릴 것 없는 채소이며 건강을 챙겨주는 보약이듯이 어머니의 깊고 넓은 품 안에서 자식들은 자양분인 어머니의 젖을 빨고 사랑을 먹으며 자랐다. 늙은 호박은 끝내는 온몸을 다 내주고 사람들의 건강을 끝까지 지켜주는 호박죽으로 헌신 산화했다.

어머니도 자식들을 위해 온몸을 다 바쳐 일생을 살고 가셨다. 밭 속에 앉은 늙은 호박을 보니 어머니 생각이 간절했다. 우리 자식들은 중풍으로 8년 가까이 몸은 식물인간이 되어, 마음과 입만 살아 있던 어머니를 처음에는 교대로 모시다가 마지막에는 요양병원에 뉘어놓고는 힘들어했다. 살아 있을 때는 늘 그 자리에 있을 줄 알고 그 사랑 알지 못했다. 이제 내가 늙은 호박이 되고 보니, 못다 한 효도가 아쉽고 안타깝다. 언제나 황금빛 호박꽃을 보면, 어머니 사랑이 새삼 그리워진다.

— 〈호박꽃 어머니〉 중에서

'호박꽃'은 흔하고 투박하지만, 농촌의 고단한 일상 속에서도 꽃을 피워내는 강인한 생명력의 상징이다. '어머니'는 그 꽃을 품고 살아낸 존재이며, 또한 작가의 정체성과 삶의 뿌리를 이룬 핵심이다. 〈호박꽃 어머니〉에서 어릴 적 시골에서의 기억, 어머니의 손맛과 손길, 그리고 그 뿌리 깊은 삶의 가치들을 애틋하고 정감 어린 문체로 풀어낸다. 문장을 따라 읽다 보면 마치 마당 한켠의 호박꽃 사이로 노랗게 번져가는 햇살과도 같은 따스함이 읽는 이의 가슴에 스며든다.

이 책을 이루는 61편의 글은 단순한 일화나 추억의 나열을 넘어서, 그 안에 담긴 정서와 성찰을 통해 독자에게 '나의 삶은 어떤 의미였을까'라는 질문을 건넨다. 제목만 훑어보아도 인생의 사계절이 눈앞에 펼쳐진다. 〈나무 장모의 방〉, 〈아린芽鱗의 설움을 환희로〉, 〈작은 손〉, 〈길을 나서다〉 등에서는 사람 사이의 정과 위로, 용서를 향한 내면의 여정을 만날 수 있다. 한편 〈파란 이끼 바위〉, 〈노인의 시간〉

에서는 자연과 더불어 사는 이들의 삶이 고요한 시심으로 펼쳐지고, 〈행운목꽃〉 연작과 〈떠나는 버스〉, 〈별아 내 가슴에〉 등에서는 순간의 찰나와 인연의 소중함이 뭉근하게 흘러나온다.

이정이 작가는 '왜 글을 쓰는가'에 대한 질문에, "불평등과 정체성"이라는 키워드로 답한다. 이는 단지 사회적 담론에만 머무는 것이 아니라, 존재론적 불균형 속에서도 생을 껴안고 걸어온 한 인간으로서의 성찰이기도 하다. 《호박꽃 어머니》는 바로 그런 고요하지만 묵직한 대답이다. 〈글쓰기 놀이〉라는 수필에서처럼 이 책은, 삶의 언저리에서 건져 올린 말들이 독자에게 닿기까지의 고요한 시간과도 같다. 그 시간이 독자에게도 '자신의 삶을 한 권의 책처럼 펼쳐보는' 용기와 따뜻함을 선사할 것이다.

> 세상 재미를 잘 모르는 숙맥인지라 내겐 글쓰기가 놀이였다. 나이가 많다는 것도 글 쓰는 시간이 얼마 되지 않았다는 것도 잊었다. 나는 나니까 나에 몰입하고 침잠했다. 내 능력에 언제 다시 책을 낼까 싶어 나에게 온 행운의 시간을 최대한 활용했다.
>
> ─〈글쓰기 놀이〉 중에서

이처럼 이정이 작가는 겸손하게 자신을 낮추며 최선을 다한다. 그리고 주어진 기회는 확실히 붙들어 낸다. 그래서인지 상황적인 글마다 유쾌하고 재미있다. 독자에게 쉽게 편하게 읽힌다는 것은 작가에겐 가장 큰 축복이요 은혜다.

이 책은 결코 화려하거나 거창하지 않다. 오히려 검은 땅에서 뿌리 내린 호박꽃처럼 소박하고 정직하며 따뜻하다. 그래서 오래 곁에 두고 읽게 되는 글들이다. 인생의 사계절을 지나며 피워낸 이정이 작가의 문장들이, 독자들의 마음에도 조용한 위로의 꽃으로 피어나길 진심으로 바란다.

한 권의 수필집은 한 사람의 생애에서 우러나온 시간의 꽃다발이다. 이정이 수필가의 두 번째 수필집 《호박꽃 어머니》는 그런 의미에서 더욱 각별하다. 수필이라는 장르가 본디 삶의 조각들을 모아 하나의 풍경을 이루는 문학이라면, 이 책은 작가가 살아온 시간의 골짜기에서 건져 올린 기억과 사색의 결정을 한 올 한 올 엮어낸 정직하고 따뜻한 책이기 때문이다.

사람은 한 번 태어나고, 한 번 죽는다. 좀 더 보람차게 살 수 있는데, 그게 왜 안 되었을까. 시간을 도둑맞은 기분, 강물에 다 떠내려보내고 만 듯한 과거들, 불투명한 불확실한 미래. 시간은 지나면 그뿐이다. 글쓰기나 컴퓨터 자판기와 같이 지울 수도, 고쳐 쓸 수도, 새로 쓸 수도 없다. 나는 찰나의 기회를 얼마나 잡아서 때를 맞추어 유용하게 썼을까. 성공과 실패 사이에서 시계추 마냥 왔다 갔다 한 일 밖에는 없다. 시간을 유용하게 쓰기 위해서는 찰나를 잘 붙잡아야 하고, 순간의 선택을 잘해야 한다. 이 풍진 세상에서 안개와 같이 유한한 인간으로서 나는 늘 한계에 부딪혔다. 지금 이곳에서 이 생명 다하는 날까지 무엇을 위해 시간을 쓰며 살아왔을까. 내 황금 같은 시간이 나를 원망하는 듯하다.

—〈오늘 이곳, 황금 시간〉 중에서

바쁘게 산 만큼 한순간도 소중하지 않은 때가 없다. 보이는 것들과 보이지 않는 것, 있던 것과 없어져 버린 것, 자연과 인간, 가진 것과 모자란 것, 나이 들어감에 따라 변해가는 것들까지 보면서 살아 있다는 것에 늘 감사한다. 여행 중에 얻은 사유에서도 새롭게 빛나는 알찬 삶으로 살려 하는 작가의 성스러운 소망과 열정이 작품에서마다 보여진다.

이정이 작가의 글들은 편하게, 쉽게 재미있게 읽힌다는 것이 최대의 장점인데 이런 글쓰기는 훈련보다는 타고났다고 해야 할 것이다. 같은 이야기도 재미있게 하는 사람처럼 말이다. 맑은 심성 가득 품어내진 저 내밀한 곳으로부터의 문향이 어머니의 한결같은 따스함의 사랑으로 황금빛 평안을 몰아온다.

이정이 두 번째 수필집 《호박꽃 어머니》의 상재를 진심으로 축하한다. 한 사람의 삶과 정서가 녹아있는 문학 작품, 일상에서 발견한 진솔한 감정과 경험을 통해 독자와 깊은 교감을 나누고자 하는 이 수필집을 통해 독자들은 잊고 지냈던 가족의 소중함과 일상의 아름다움을 다시금 깨닫게 될 것이다. 이정이 작가의 문학적 성취를 진심으로 축하하며, 앞으로도 이정이 작가의 작품들이 더 많은 이에게 더욱 사랑받기를 기원한다.

2025년 여름
도현재에서 늘샘 최원현

또 부족합니다

삶의 언저리에서 여울진 굴곡들이 아우성을 쳐요.
강물 소리! 바람 소리! 빗소리!
가쁜 호흡들이 굽이굽이 고개를 넘어요.
땀을 닦아요.
서러움들이 밀려와요.
그저 그런 삶들의 궤적 위에 책 한 권 더 얹어봅니다.
슬프고도 기쁜 나날들,
휘휘 지나간 시간,
빛바랜 나날들을 추억이란 기차 칸에 실어 봅니다.
내일이면,
다음엔, 좀 나아질까?
하였는데, 또 부족합니다.

알알이 모은 작은 글들을 책으로 엮습니다.
먼저 하나님께 감사를 드립니다.

알음의 도움 주시고, 가르쳐 주신 유한근 교수님과
처음 수필을 가르쳐 주신 최원현 명예 이사장님께 감사를 드립니다.
옆에서 도와주신 문우 이인환 작가님에게도 고마움을 표합니다.
묵묵히 성원해 주신 우리 가족들과 고덕 아침문학회에서 합평으로
도움 주신 문우님들에게도 고마움을 전합니다.

2025년 여름

이정이

■ 차례

제2부 달빛 속 도자기

제3부 끈 떨어진 가방

제4부 봄을 본다

■ 이정이의 수필 세계

제1부

호접란꽃의 눈물

나무 장모의 방

코로나19 전염병 때문에 티브이 화면에는 요양원에 거주하는 노인들의 모습이 종종 보였다. 자식들이 면회를 못 하는 사이 근무자들은 노인들이 힘들게 하고, 인력도 돈도 부족하니 귀찮아서 싸구려 약을 먹여 재운다는 것이다. 코로나 이후 모든 사람의 삶은 많이 불편해졌지만 힘없는, 게다가 자유까지 없는 이들의 삶은 더욱 피폐해지고, 거동이 불편해서 침대에 앉은, 뼈만 남은 앙상한 모습으로 비쳤다. 그들의 모습이 너무나 짠하게 내게도 다가왔다.

그곳은 예전에 내 엄마가 있었던 방이고, 우리도 언젠가 가야 할 방이다. 그래서 남의 일 같지 않게 내게도 애달프게 다가왔다. 요즘 부모들을 요양원에 모신 자식들의 마음이 가시방석일 것이다. 가 보지도 못하고, 얼마나 발을 동동 굴렀을까.

한편 그 노인들의 자녀들은 어려운 살림에 자기들의 자식을 키워야 하고, 공부시켜야 하고, 결혼을 시켜야 하니 얼마나 발바닥에 땀이 나게 뛰었겠는가. 더구나 코로나 때문에 생업도 위협을 받는 자영업자들과 맞벌이까지 해야 하는 아기 엄마들이 몸도 마음도 지치고 바쁠 것 같아 그들도 안쓰럽다.

나는 오래전에 시댁과 친정의 부모님들이 모두 돌아가신 지금, 코로나 시대의 요양원에서 자유로워졌다. 그래서 부모님이 계신 지인들을 보면 힘들 것을 알면서도 부럽다고 했다. 돌아가신 친정엄마는 부富에 있어서는 아무것도 가진 것 없이 장사했는데도 성공했고, 평생 그 일을 했다. 그렇지만 산후 후유증으로 늘 무릎이 시리고 아파서 담요를 감고 있었다. 그리고 머리도 아팠고, 소화불량도 있었고, 기관지가 나빠 천식도 있었다. 늘 약을 달고 살았다. 엄마는 후두암 발병 직전까지도 일했다. 삶에 아주 열심을 다 했고, 늘 골골하면서도 생활전선에서 발버둥 쳤고, 통증 속에서 살았다. 그렇게 돈을 잘 벌었고, 아들들에게 재산을 많이 남겨준 엄마였지만, 한결같이 내핍 생활을 했다.

아버지는 이미 55세에 돌아가셨고, 내가 엄마와 살 때, 엄마는 고기도 먹을 줄 모르고, 군것질도 할 줄 모르는 특이한 사람인 줄 알았다. 그런데 어느 날 우리 5남매가 모두 결혼해서 집을 떠난 후 홀로 남은 엄마를 찾아갔다. 엄마는 자식들이 아무도 없으니 그제야 고기도 먹고 군것질도 하고 있었다. 자식들이야말로 엄마들을 너무 모르는 바보들이지 싶다. 평소에 엄마는 돈을 잘 벌면서 팬티도 기워 입고, 양말도 그 속에 전구 다마를 끼워 넣어서 기워 신으셨다.

엄마는 잘 웃지도 않고 무뚝뚝해서 남편은 나무 장모라고 불렀다. 그런데 사위를 위해 먹을 음식을 끝없이 해 주었으니 속정은 깊었다. 그래도 나는 엄마가 무서웠다. 계모라고 생각했을 정도였으니, 생각하면 아버지가 원만했기에 엄마는 엄한 엄마, 악역을 기꺼이 담당했을 것 같았다. 자식들을 좀 강하게 단련시키느라 무섭게 교육했을 것이다.

암으로 입원하고도 엄마는 의연했다. 진통제로 버티면서도 아프다는 것은 얼굴을 약간 찡그리는 정도였다. 죽음 직전 엄마는 얼레빗을 달래서 머리를 가지런히 빗고, 쪽 찐 머리는 낡은 자주색 댕기를 매고 비녀를 끼웠다. 엄마는 가지런히 그리고 단정하게 돌아가셨다. 자식들에게 걱정을 끼치지 않으려고, 슬프거나 괴로운 내색도 미련도 없이 나무 같은 모습으로 가셨다. 요양원의 노인들이 침대와 아픔에 잡혀서도 아무런 말을 못 하는 모습은 오래전 저세상으로 떠난 엄마의 모습으로, 미래의 나의 모습으로 아련한 통증으로 아프게 다가왔다.

어떤 지인이 한 말이 생각났다. 요양원에 오래 모시며 고통을 견디게 한 생명 연장이 잘한 건지 모르겠다고 했다. 또 어떤 친구는 병원에서 선택권을 주기에 엄마의 산소호흡기가 힘들어 보여 동생들에게 호흡기를 빼겠다고 선포하고, 본인이 산소호흡기를 직접 빼버린 것이 불효가 아니었는지 지금도 정답을 알 수 없다고 했다.

지금은 '사전 연명의료 의향서'라는 제도가 있어, 본인이 인생에서 죽음까지 직접 선택할 수 있지만, 어떤 선택이 효도인지 우리는 잘 모르겠다. 다만 우리가 어떻게 하든지 자식들은 부모 앞에서 모두 불효자라는 점이다. 예전의 고려장과 무엇이 다를 바가 있는지. 하지만 경쟁이 심하고, 먹고살기 힘든 현대사회에서 예전 같은 농경시대도 아닌데, 부모만 바라보고 살아가기에는 세상살이가 너무 복잡하고 힘들어진 게 사실이다.

노인 요양원의 그들은 몸과 마음이 아무리 힘들어도 주변인들, 특히 자식들의 마음이 아플까 봐 아무 감정도 표현할 수 없는 나무 같은 삶의 존재가 되어버렸다. 그저 하루하루를 견디며 죽음을 향해 삶을 유지하고 있다. 그들의 삶은 아무 내색도 하지 않고 죽음의 길로 떠난 엄마의 삶 같았다. 그곳은 자식들을 위해 살던 엄마가 감정을 숨기고 살았던 엄마의 방이고, 언젠가 우리가 아니 내가 거쳐 가야 할 인생 통과의례의 마지막 방이란 생각이 들었다. 결국, 모두 차례대로 나무관으로, 흙으로 돌아갈 인생들이다.

그래도 코로나가 떠나가고, 부모와 자식이 서로 사랑으로 감찰하고, 대면하는 그런 훈훈한 시절이 빨리 왔으면 좋겠다. 이 땅의 수많은 자식이 병문안을 가고 싶어 하고 있다.

나도 엄마가 그립다. 엄마의 방은 무릎이 시리고 아픈 방이었지만 따뜻했다.

아린芽鱗의 설움을 환희로

─ 은종일 수필 〈아린芽鱗〉을 읽고

처음에는 아린芽鱗이란 말이 너무 예쁘고도 생소했다. 제목이 유
인하는 아름다움과 참신함과 궁금증이 이 수필로 나를 잡아당겼다.
나는 이 아린을 나름대로 '아린 세상살이'로 해석해 봤다. 세상살이
의 맛은 참 아리고도 쓰린 것이니까.

나무는 겨울에 헐벗은 채 서서 추위를 온몸으로 견디며 살아남아
야 한다. 참빗살나무는 낙엽을 떨구고 성장을 멈추고 에너지 소비를
하지 않기 위해 죽은 듯이 산속에 홀로 섰다. 그러나 더 중요한 일은
겨울눈들을 지키며 살아남아야 한다는 것이다. 또한, 겨울눈들은 꽃
눈과 잎눈이라는 생명의 씨앗을 지켜내야 한다.

겨울눈을 싸고 지켜내는 것은 아린이란 눈을 싸고 있는 비늘 조각
들이다. 경칩이 봄소식을 알리고 따사로운 햇볕이 얼음을 녹여 봄기
운이 완연해지면, 아린은 싹을 틔우고 꽃망울을 부풀리고자 새로운

생명을 탄생시키기 위해서 단단한 보호막을 깬다. 깨지는 아픔이야 가엾지만, 새로 태어날 환희가 끝이 없을 듯싶다는 문장들이 읽는 내게 생생하게 다가왔다.

나무의 겨울눈과 아린에서 사람의 삶을 반추해 본다. 어머니가 그립다. 첫돌 지나 아버지를 여읜 나를 보듬어 싸맨 채 세파의 혹한으로부터 지켜온 아린이었다. 겪었을 고난의 세월이 반세기가 지나도 어느 한쪽을 잃은 것처럼 시리다. 겨울눈을 틔우기 위해 겪었을 아픔을 상상해 본다. 그 정의 신호가 꽃눈과 잎눈을 살려낸 기쁨이자 안도였다는 것을 어머니와 함께한 빛바랜 기억 속에서 더듬게 된다.

작가의 기억 속에서 산에서 본 아린의 탈각은 겨울 추위를 견뎌내고, 또 수많은 탈각을 겪으며 따뜻한 미소로 아들을 지켜냈을 어머니다. 어머니는 헐벗은 나목으로 서서 아들을 위해 겨울을 이겨낸 아린의 탈각 희생으로 몸을 깎아낸 어머니의 모습으로 느껴졌다.

작가는 소한 추위 때 잔설이 얼어붙은 팔공산 이 길을 오르면서 참빗살나무와 대화하며 아린들을 어루만지며 나무에 깊이 빠져들었다. 산속에서 나무로, 꽃눈 잎눈에서 아린이란 참신한 재료를 찾아내고, 그 단어를 깊이 사유했다. 남다른 관찰력과 혜안이 눈부시다. 게다가 문장도 아름답다. 나무와 어머니를 사랑하고, 어머니를 향한 그리움을 반추하며 고난을 긍정 신호로, 서정으로, 우리 모두의 어머니로 안겨주었다.

누구에게나 어머니는 마음의 고향이고, 따뜻한 정으로 살아오기도 한다. 한편 어머니라는 소재는 누구나 글의 밑바탕을 만들 수 있는 특수성과 보편성의 이야기이기에 쉽게 접근할 수 있었을 것이다. 나는 쪽머리를 틀었다는 작가 어머니의 모습 묘사만으로 돌아가신 내 어머니의 모습과 비슷해서 애절했다. 내 어머니는 쪽 가르마에 비녀를 꽂고 사셨기 때문에 그 모습이 잊히지 않는다. 요즘은 그런 머리 스타일은 극 중에서나 볼 수 있기 때문이다.

깨지는 아픔이야 가엾지만 새로 태어날 환희가 끝이 없을 듯싶다는 탈각과 새로 태어나는 나무의 일생이 사람의 인생으로 죽음과 태어남을 환기하는 평범한 이야기지만 나무를 통해 특별하게 삶의 순환을 깨닫게 하는 미적 아름다움을 선사했다.

사람은 누구나 삶 중에 혹한을 만난다. 나도 예외는 아니었다. 어린 나이에 대책 없이 결혼했다가 가진 것이 없어서 맞벌이하며 전장 같은 생활전선에 호된 맛을 봤다. 사람과의 관계에서 상처를 받기도, 배반을 당하기도 했고, 사업을 하며 실패를 겪기도 했다. 어려울 때는 주변에 아무도 없었다. 나도 어머니였기에 헐벗은 나목의 모습으로 수많은 시행착오와 뼈를 깎는 탈각으로 그 겨울을 견디며 애들을 키우고, 가정을 지켜야만 했다. 삶은 전혀 만만하지 않았다. 그러나 애들이 자라나는 맛에, 그 방긋방긋한 미소에 겨울은 봄눈 녹듯 녹았고, 그 힘으로 아이들 셋은 잘 자라주었다.

이후 애들을 모두 결혼시켜 내보내고 나는 이순이 넘은 나이에 생각해 왔던 꿈을 이루기 위해 한국방송통신대학교 국문학과를 졸업했고, 문학 공부를 시작했다. 이제는 수필 작가로 시인으로 활동을 하게 되었다. 그리고 내 이름이 쓰인 책도 세 권이나 내게 되었다.

문학을 하게 된 목적은 살아오면서 사람과의 관계에서 받은 연약한 마음에 근육을 단련하고 싶었기 때문이지만 이제는 나도 사람의 마음을 치유하고, 위로할 수 있는 작가가 되고 싶다는 바람이다.

사람은 누구에게나 혹한을 만나는 시기가 있다. 은종일 작가는 희망이란 잎눈과 성공이란 꽃눈을 지키기 위한 아린의 역할이 중요하다고 강조했다. 아린은 겨울의 잎눈, 꽃눈이기도 하지만 작가에게는 어머니이기도 했다. 어머니가 자식에게 헌신하는 인생 탈각, 아린의 비유, 정말 아름다웠다. 신변의 문장은 짧게 압축되어도 충분히 공감이 왔고, 나무에 대한 깊은 사유가 놀랍고 부럽기까지 했다. 이 짧은 반추 속에서의 어머니의 고난의 세월은, 탈각의 마음으로, 긍정의 신호로, 아들을 향한 어머니의 마음으로, 환희로 다가왔다.

이 작품 외에도 작가의 여러 수필이 나를 사로잡았다. 〈삶은 계란〉, 〈등 굽은 소나무〉, 〈사랑〉, 〈바보! 브라보!〉 등의 작품을 읽으며, 작가의 작품에는 인간을 사랑하고, 자연을 사랑하는, 낮은 자를 헤아리는 따뜻한 마음과 깊은 사유가 배어 있어 정말 감탄이 왔고, 문장도 좋았다. 정서가 비슷해서이기도 하지만, 그 글솜씨와 마음씨를 닮아가고 싶다.

글쓰기 놀이

초가을이다. 하지만 초가을보다는 첫가을이란 말이 더 멋있고 정감이 간다. '첫'은 어떤 명사 앞에 붙어 '처음'의 뜻을 나타내는 말이지만 묘하게도 대부분의 사람 마음을 흔들어대며 매료시킨다. 첫째, 첫눈, 첫사랑, 첫 출근, 첫출산, 첫아기, 첫정, 첫걸음, 첫차, 첫날, 첫 단추, 첫출발, 첫 책, 첫 시간, 첫 마음, 첫인사, 첫인상 등으로 많기도 하다. '첫'이란 말만 비쳐도 설레고, 아련하고, 온갖 상상을 하게 된다. 반면 첫인사를 잘못해서 첫인상을 구겨버려 낭패를 맛보기도 한다.

늦은 나이에 문학 공부를 시작해서 마음이 급했다. 저만치 앞서가 있는 내 나이의 선배들을 따라잡아야 했기 때문이었다. 눈과 귀와 발부터 다스렸다. 마음은 차차 쌓아가기로 했다. 닥치는 대로 책을 읽었다. 40년 동안 내 가정을 위해 사느라고 못 읽은 책들을 한풀이라도 하듯이.

문화센터 글 강좌를 찾아 나섰다. 첫날 내가 했던 첫 질문은 "수필이 무엇입니까?"였다. 무언가 답변을 들었는지, 속 시원한 답변을 못 들었는지 기억이 없다. 그저 내 인생의 기억을 되살리며 뭔가를 써 봤다. 슬프고도 기쁜 날들이었다. 기억의 조각을 맞춰가며 덮어놓았던 상처들을 들춰냈다.

시를 배웠다. 시는 더 재미있었다. 언어로 뭔가를 만들어갔다. 이것은 단순히 쓰는 것이 아니라 삶의 퍼즐을 맞추어가는 수수께끼풀이 같았기에 재미있었다. 재미에 발동이 걸렸는데 전염병이 발목을 잡았다. 모두가 중지됐다. 공부도 활동의 시간도, 잃어버린 그 시간 속에서 나는 거꾸로 생각의 전환을 했다. 올해의 목표인 수필집과 내년의 목표인 시집의 숙제를 한꺼번에 하고 나머지 시간 1년을 벌고 싶었다.

책을 내기 위해 작품들을 정리하는 시간도 즐거웠다. 세상 재미를 잘 모르는 숙맥인지라 내겐 글쓰기가 놀이였다. 나이가 많다는 것도 글 쓰는 시간이 얼마 되지 않았다는 것도 잊었다. 나는 나니까 나에게 몰입하고 침잠했다. 내 능력에 언제 다시 책을 낼까 싶어 나에게 온 행운의 시간을 최대한 활용했다. 책 숫자를 넉넉하게 인쇄해서 인심 좋게 내가 속한 단체들에 뿌렸다. 내가 책을 내지 못했을 때 공짜로 얻어 보기도 했으니 그 빚을 갚는 셈이다. 다시는 기회가 없을 것 같아 나의 시간을 당겨보았다.

여기저기 문자도 오고, 전화도 많이 왔다. 책 두 권 낸 것을 기특하게 여겼으리라. 그 호응이 영광스럽고, 감격스러웠지만 기대에 부응하지 못할까 봐 두렵기도 했다. 어깨가 무거워졌다. 나는 한목에 작품 두 개를 내고, 노년의 건강관리도 하고, 교회 가서 기도나 열심히 해볼까 했다. 한마디로 설렁설렁 대충대충 작가 생활을 하려고 했다. 내가 가진 나쁘고 게으른 마음을 문학계 선배님들이 아시기라도 하셨는지 고맙게도 나를 일으켜 세우려고 전화와 문자를 주시며 환영하고 기운을 북돋아 주셨다.

그런데 문자는 문제가 없었는데, 전화에서 문제가 생겼다. '어쩌면 좋아!' 문학계의 거장이신 큰 선생님이 전화하셨는데, 영상을 띄우셔서 당황해서 영상을 숨기는데 전화가 꺼져버렸다. 나는 영상전화를 하는 것을 좋아하지 않아 영상전화가 오면 무조건 숨기게 되고, 전화가 끊어지기도 했다. 영상전화가 뜨고 전화기에 얼굴이 보이면 이상하게 무서웠다. 평소 영상전화를 좋아하지 않아 애들에게도 못 하게 해서 익숙하지 않아서였다. 다시 전화는 내 쪽에서 드렸지만 말씀하시는데 당황해서 내 말을 하고, 책 두 권이나 내서 좋은 뜻으로 욕심이 많다고 해 주신 것을 발끈해서 욕심이 아니고 열정이라고 말했다. 그리고 대 선생님이란 소리를 대단하신 선생님이라고 말했다. 갑자기 왜 '대'란 단어가 대단하다는 말로 나왔는지 알 수가 없었다. 나는 왜 급하면 예상치 못한 단어가 튀어나오는지 의문이다.

'미쳤다! 미쳤어!' 대 원로 선배님이 호의를 베풀어 주시려고 한 것을 실수로 날려버렸다. 첫인상이 얼마나 중요한데, 첫 전화 만남을, 이 좋은 기회를 거꾸로 비호감으로 만들어버렸으니. 한번 올까

말까 한 모처럼의 인정받을 기회를 날려버렸으니 이런 낭패가 없었다. 나는 차분한 편이라 생각했지만, 전에도 뜻하지 않게 가끔 이런 실수를 할 때가 있었다. 몇 년간 꾸준하게 글을 쓰고, 몇 달을 퇴고하고, 몇 주를 사인하고, 봉투를 쓰고, 포장해서 무거운 책을 우체국에 가서 힘들게 부쳐놓고 마지막 순간에 날렸으니 그동안의 수고가 허사가 되어버렸다.

　나는 욕심이란 말에 왜 이렇게 예민할까? 내가 좋아서 즐겁게 글을 썼는데, 남이 욕심으로 생각하든, 열정으로 생각하든 무슨 상관이 있다고. 나는 아직도 멀었다 하는 생각이 들었다. 변명하자면 남은 한 권도 못 내는데 두 권이나 내었냐는 칭찬인지 비꼬는 건지 모를 소리를 하도 많이 들어서였다.

　그간 몇 년 동안 힘들게 쓴 자식 같은 글들을 세상 속으로 떠나보내고, 마음이 뿌듯하기도 했지만, 자식을 결혼시켜 떠나보내는 어미 같은 심정으로 아깝고, 아쉽고, 허전했다. 반면 다시 시작해야 하는 글쓰기는 어깨가 무겁고, 부담이 되고 막막하기도 했다.

　말의 실수를 계기로 삼아 나 자신의 경솔함에 반성이 왔다. 마음 밭을 다스리고, 밑바닥에서 글쓰기를 다시 시작하기로 했다. 욕심이든 열정이든 글을 열심히 쓰는 치열한 작가가 되는 작가 의식을 가져야 하리라. 시든 수필이든 문장을 만들어보자. 처음 문학 공부를 시작했을 때의 열정과 순수의 시간으로 돌아가자. 슬프고도 기뻤던 첫 시간으로. 밀쳐놓은 마음 밭을 다시 당겨서 갈아야 할까 보다. 좋은 것이 지나치면 화가 온다고 하지 않던가. 기쁨은 삼일천하면 족하고,

다시 글쓰기의 재미에 빠져있던 나로 돌아가자. 처음처럼 고된 인생 길도 마다하지 않고, 글밭을 헤쳐나가는 올곧은 작가가 되어야지 싶다. 그러자면 마음의 근육을 길러야 하겠지.

글쓰기 놀이가 나에게는 가장 맞는 일이고, 누가 무슨 말을 하든, 또 내가 어떤 실수를 하든지 글쓰기는 나의 천직이 될 것이다.

바람이 주는 선물

바람이 불었다. 이 바람은 어디서 와서 어디로 갈까. 바람의 길은 알 수가 없었다. 바람이 지나가는 길목에서 어깨를 움츠리며 코트 깃을 세웠다.

며칠 사이에 싹 변해버린 찬바람 등쌀에 나뭇잎들도 몸살을 하고, 나도 근육통을 앓았다. 얼마간 제대로 허리를 펼 수 없는 허리 병의 통증에 괴로웠다. 울긋불긋 단풍놀이에 시간 가는 줄 모르다가 된통 혼났다. 찬바람에 떡갈나무 잎사귀는 갈색으로 오그라지고, 바람은 그 남은 잎사귀마저 떨어뜨리려고 야단이었다. 사람들은 떨어진 은행잎을 줍고 열매에 미끄러지기도 했다. 바람도 여기저기 길가에 떨어진 노란 은행잎의 예쁜 모양에 할 일을 잊었다가 열매의 구린 냄새에 쿵쿵 발걸음을 재촉하며 바스러진 잎들을 휩쓸며 지나갔다.

두 권의 책을 내기 위해 수정작업을 하느라고 의자에 종일 궁둥이를 붙였더니, 허리 병 때문에 다리가 아팠다. 많이 놀랐다. 나이가 나이니만큼 지병으로 눌러앉을까 봐서다. 부지런히 한의원을 들락거리며 침을 맞았다. 얼마 후 다행히 차도가 있었다.

그런데 책을 내기 위해 인쇄에 들어갔던 많은 책이 이틀간 연달아 우리 집으로 쏟아져 들어왔다. 그것들을 집안으로 끌어들이고, 상자 끈을 풀고, 사인하고, 봉투를 쓰고, 테이프를 붙이며 우편으로 보낼 책들을 포장했다. 무거운 것을 들었다 놓았다 하고, 여기저기로 옮기고, 허리를 구부렸더니 차도가 있었던 허리가 재발했다. 또 한의원에서 침을 맞고 물리치료를 했지만, 지병이 된 것 같아 불안하고 무서웠다.

며칠 후 무거운 책들을 차에 싣고 우체국에 가서 여기저기로 떠나보냈다. 그런 후 어느 날 아침 바쁘게 외출했다. 약속 시간이 촉박해서 건널목을 건너며 뛰었다. 평소 내 운동법은 여기저기를 뛰어다니는 것이다. 운동할 시간이 충분치 않기에 일부러 계단도 에스컬레이터도 마구 뛰어다녔다. 그 덕에 들어올리기가 무거웠던 다리가 가볍고, 뭉쳐져 있던 허리가 펴진 느낌이 왔다. 나는 '나았다, 살았다.'라는 생각에 안도의 한숨이 터져 나왔다.

그리고 며칠 후 헬스장에 갔다. 러닝머신에서 평소 40분을 걷는데, 시청하고 있던 티브이의 액션 영화가 끝나지 않아 57분을 걷게 되었다. 그랬더니 다리가 가벼워지고, 진짜로 나았다는 기분이 들었다. 근육병인 허리 병이 생겼을 때 운동만이 치료법이었다는 것을 새삼 깨닫게 되었다. 이열치열이 된 셈이었다.

내 인생의 여름이 지나고 이제 가을마저 떠나려 한다. 머잖아 바람이 겨울을 몰고 올 터이다. 춥고 앙상한 겨울을 조심하라고 바람은 미리 내 몸에 경고장을 날렸다. 가랑잎이 산에서 갈잎의 노래를 부르고, 억새가 강가에서 은색 갈퀴들을 휘날리며 가을 노래를 따라 부르며 화답한다. 잎사귀들이 지고 있다. 나무들은 대지 위에다 그동안 입었던 색깔별 옷들을 벗어 놓고, 그 자식 같은 잎들을 마지막 땅속으로 떠나보낼 준비를 하며, 겨울을 견딜 힘과 에너지를 축적하려고 안간힘을 쓰고 있다.

찬바람이 경고해주는 선물로 한동안 잎들이 떨어지는 소리가 사박거리고 바스락거린다. 온 산야에 찬 이슬이 스치고 지나가는 낙엽 밟는 소리에 가을이 찬바람을 맞이했다. 삶의 끝자락에 서서 나도 바람을 맞았다. 다리도 아프고 허리도 아픈 통증이 왔다. 한동안 얼굴을 찡그리고 다니면서 몸을 굴신하기가 어렵다고 징징거렸다.

찬바람이 주는 선물은 동면의 겨울을 잘 준비하라는 경고장이다. 바람은 가을 끝으로 불면서 올해 겨울을 내다보며 지나간다. 사람도 동물도 식물까지도 바람 속에서 견딜 힘을 준비해야 하고, 때로는 쉼도 필요하다. 내 몸이 엎어진 김에 쉬어가라고 한다.

찬 겨울이 거센 바람을 몰고 오면 겨울의 단골손님이자 불청객인 감기도 조심해야 하고 근육통, 몸살이 올 수 있다. 몸의 기능이 경직되지 않게 운동도 활동도 부지런히 하여 몸을 잘 다스려야 한다. 준비를 못 하면 급기야 죽음에 이르는 영원한 동면에 들어가게 될 터. 만물이고 사람이고 간에 휩쓸고 간 그 바람이 힘으로 도로 생기를 부어주지 않으면 소리 소문 없이 스러지는 한 줌 추풍낙엽의 운명이 되고 말지 싶다. 이 찬바람조차도 훗날 온 대지 위에 깨어날 생명의 숨소리를 기대하며 지나가리라.

반달 송편

"가을 하늘 맛은 송편에서 오고 송편 맛은 솔 내에서 온다."라는 말처럼 추석을 대표하는 음식은 송편이다. 송편이 대표 음식이 된 것은 반달을 닮은 것과 관련이 있다고 한다. 우리 선조가 달에 기원하는 마음을 담아 반달 모양의 송편을 빚었다고 한다. 보름달은 날이 갈수록 점점 줄어들고 작아지지만, 반달은 점점 풍성하게 채워간다는 의미를 담고 있어 장래의 바람을 채워나가는 마음으로 일부러 반달 모양의 송편을 빚어 먹었다고 한다.

고려 인종 때 김부식의 《삼국유사》에서는 추석에 만들어 먹던 반달 송편의 유래가 전해져 온다. 백제의 마지막 의자왕 시대는 강성했던 시기인데도, 1년 반 동안 곳곳에서 여러 가지 안 좋은 징조가 나타났고, 땅속에서 등에 글씨가 씌어 있는 거북이가 한 마리가 나왔단다. 그 글씨의 뜻으로 무당이 "백제는 둥근, 옹근 달이고, 신라는 초

승달이다."라고 풀이했다

"둥근달은 차오름이라 이내 기울고, 초승달은 아직 차지 않았으니 바야흐로 찰 것이다."라고 말했다는 것이다. 왕은 일리가 있는 예언이었는데도 노해서 이 무당을 죽였다. 그런데 신라 백성들은 예언을 믿고 추석 전 반달 모양의 떡을 빚어 신라의 삼국 통일을 기원하게 되었고, 마침내 그 예언은 백제를 망하게 하고, 통일 신라 시대를 도래하게 했다는 것이다. 후세 사람들에게 추석의 반달 송편 이야기는 신라 백성들처럼 떠오르는 보름달을 향해 더 나은 미래를 채워나가며 기원하는 마음을 담아서 앞날의 풍요, 보름달을 기원하게 되었다는 유래다.

누런 황금벌판에 밤송이는 '톡톡' 벌어지며 야문 갈색 알밤을 땅에다 떨어뜨린다. 참깨가 익어가는 냄새로 들판이 고소하다. 콩꼬투리가 터지는 소리에도 가을은 익어간다. 알알이 보라색의 구슬들을 달고 있는 포도송이의 향연. 대추, 사과, 배, 감 등, 형형색색 과일들, 그 달콤한 냄새들이 군침을 삼키게 한다. 당연한 자연의 조화지만 올해는 모진 태풍에 살아남은 이 과실들이 새삼 천연덕스럽게 느껴져서 기특하고 대견스럽다.

작년 추석에는 보통의 가족들은 들며 나며 풍성한 먹거리를 놓고 벌초를 하고, 차례를 지냈다. 오순도순 한 해 동안의 농사 이야기와 살아온 시간의 이야기를 나누던 한가위였다. 그런데 올해는 전염병 때문에 여기저기 고향에서는 '이번에는 제발 오지 말아 달라'고 플래카드를 달았다. 이 전염병이 오죽이나 독하면 이럴까 싶다가도 현실이 서글퍼진다. 전염병과 사람과의 전쟁은 언제나 끝날까.

내 자식들도 마땅히 갈 곳이 없어 우리 집으로 몰려왔다. 그나마 같은 서울에 사니 부모 집이 만만하고 편할 거다. 삼대, 네 집, 열한 명의 대가족이 모여 시끌벅적하게 음식을 해서 먹고, 가족 예배를 보며 지냈다.

모였던 애들이 각자 자기네 집으로 돌아갈 때, 딸애가 번역가들 5명이 모여 수필집을 냈다면서 그 수필집을 우리 모두에게 주고 갔다. 나는 이 책을 읽으며 조금 더 딸아이를 이해할 수 있게 되었다. 딸아이는 대학 시절에 친구를 별로 사귀지 못했고, 그들과의 인간관계가 어려웠던 것 같았다. 공부는 잘했는데 하는 만큼 드러나지 않아 욕심이 없는가 하고 안타까워했다. 그런데 친구들 간의 교류에서 불협화음으로 부딪치고 마음고생을 했던 것 같았다.

인생길의 중요한 시기인 반달 같은 청소년기를 엄마인 나는 내 삶이 바쁘다는 이유로 잘 살피지 못했다. 나는 송편 속에 밤이나 콩, 참깨 같은 소를 만들어 주어서 잘 자라나게 밑거름이 되어주어야만 했다. 부모는 언제나 자식들에게 기를 불어넣어 주고, 북돋아 주어야만 했다.

아이들은 엄마의 세상살이가 힘들어 보여 스스로 해결하려고만 했다. 나는 알지 못하면서 속 썩이지 않는다고 든든하게만 생각했다. 엄마가 되어서 이런 애로 사항을 몰랐으니 애들에게 미안한 마음이 들었다. 셋이나 되고, 맞벌이까지 했으니 여유가 없었다. 애들에게도 내게도 고난의 시간이었다. 그 수필에 쓴 고백의 내용은 결혼 초에 아기 양육 때문에 직장생활이 쉽지 않아 그만두었고, 번역가의 길로 직업을 찾았다는 것. 그리고 작아진 반달이 보름달이 되듯이 그 세월을 여러 시행착오를 겪어내면서 10년을 번역가로서 갈고 닦아왔고, 지금도 진행 중이라는 자서전적 수필이었다.

딸아이는 사느라고 세상과 전쟁을 치르고, 인생의 긴 시간 속에서 사람들과의 관계 때문에 마음의 상처도 많았고, 살면서 마음대로 되지 않았던 일도 많이 겪었다고 한다. 그 수필을 읽으며 인생이란 나도, 자식들도 각자 겪으며 살아가는, 부모 형제 친구도 도와주지 못하는 자기의 몫이고 또 때가 있다는 것도 알게 되었다. 더불어 인생은 스스로 체험하며 만들어가고, 살아가며 거저 얻어지는 것은 없으며 겪은 그만큼 채워지고, 성숙해진다는 이치를 깨닫게 되었다. 또한, 부모의 길잡이 노릇을 생각해 보며 엄마로서의 반성도 하게 되었다.

나도 아이들도 반달 같은 운명을 살아온 것 같다. 정성으로 빚어야만 보름달이 되는 작은 반달 같은 인생이었다. 흘러가는 시간 속에서 달이 반달에서 보름달로 채워지듯이 자식들도 잘 양육시켜야만 잘 자란다는 평범한 진리를 새삼스럽게 깨달았다. 송편을 빚고, 먹으면서 추석 명절이 지나간다. 달에서도 송편에서도 인생을 배워간다.

예전 사람들은 추석날 밤 이런 염원으로 하늘에 두둥실 뜬 보름달을 보기 전까지 '올해는 무슨 소원을 빌까?' 하며 보름달이 뜰 때까지 며칠의 설렘을 송편을 빚으며 빌 소원을 생각해 놓기도 했을 것이다. 특히 엄마들은 자식의 일생이 잘 돼 나가기를 염원하듯 달을 향해 축원한다. 그런 정성으로 보름달은 온 세상을 향해 둥그렇게 하늘에 떠올랐을 것이다. 황금빛 한가위의 보름달은 하늘에서도 땅에서도 누렇게 골고루 온 누리를 비춰주며 풍성하게 지나간다.

카이로스의 시간

눈을 뜨면 오늘은 그를 만날까. 또 무슨 일을 해볼까 생각하게 되었다.

그는 수없이 나를 찾아왔다. 그러나 내 무딘 마음은 그가 나를 잡으려고 하는 것을 감지하지 못했다. 밤잠을 설치며 고민했지만 아무런 결정을 내릴 수 없었다. 선택의 여지는 없었다. 무엇이, 어떤 것이 더 중요한지를, 무엇부터 해야 하는지를 가늠할 수 없었다. 내 책상 위에는 그를 향해 쓰다만 연서만 가득했다.

내 마음속에는 벌레 먹은 나뭇잎들만 가득하고, 실타래는 헝클어지고 재단 못 한 옷들은 갈 곳을 몰랐다. 내 걸음은 엉뚱한 곳을 두드리고, 그곳을 찾아 헤매고 다녔다. 잡히지 않는 그를, 그곳을 찾아다녔다. 그리곤 떠나간 그를 향해 애초에 내 것이 아니었다고, 내가 못난 탓이라고 체념해버렸다. 그는 내게 통할 것이라고 여러 번 무언의 손짓을 해 주었지만 알아차리질 못했다. 그는 나에게 한 번뿐인 기회인가?

그는 그윽한 눈빛으로 바라보고, 촉촉하고 부드러운 입술로 속삭이며 유혹하고, 뽀얀 얼굴로 미소 짓고, 공단 같은 검은 머리칼을 휘날리며 '뚝뚝' 눈물을 흘리며 이별을 암시했다. 그게 아쉽고, 안타깝고, 허전했지만 꿈속에서 본 나의 감추어진 한쪽에 대한 바람인가 하고 치부해 버렸다.

그리고 한참 후 그는 숨 막히게 내 목을 조르기 시작했다. 이제는 시간이 없단다. 더는 나를 바라볼 정신적 육체적 여유가 없어졌다고 했다. 이제야 이렇게 나온다면 나더러 어떡하라고. 그만큼 기다려주었으면 되지 않았느냐고 해도 막무가내였다. 그가 다시 나를 찾아오기를 얼마나 목을 빼며 기다리고 바랐는데. 그는 너무 긴 세월을 바라기만 했단다. 한없이 기다릴 줄 알았던 나는 바보였나 보다.

다가서지 못할 그에게 날마다 연서만 한가득 쓰고, 그것들은 쌓여만 갔다. 부치지 못한 연서만 온 방과 내 머릿속을 꽉 채웠다. 스멀스멀 원망이 생긴다. 가슴을 쥐어박으며 후회란 걸 해보았지만, 소용이 없다. 소리 없는 아우성은 메아리만도 못한 것이지 싶다. 지나면 그뿐이다. 목메어 울어도, 소리쳐 불러 봐도 머나먼 길, 기어이 떠나고 말 것이니, 속절없고, 기약도 없다.

그가 알게 모르게 오는 둥 마는 둥 내 곁을 스쳐 지나갔다. 멍청한 눈과 귀인지라 보이지 않고, 들리지 않아, 알아채지 못하여 주춤거리는 사이 쏜살같이 비호같이 떠나가 버렸다. 이젠 짝사랑도 그만 놓아야 하지 싶다. 나는 애초에 그를 붙잡을 만한 힘도, 능력도 없었다고 스스로 위안했다. 그러니 무슨 미련이 남아 있을까.

극작가인 '조지 버나드 쇼'의 묘지명은 "우물쭈물 살다 내 이럴 줄 알았지"라고 했는데, 극작가다운 말이고, 나는 그림자만 밟다 그를 놓쳐버린 무능한 사람이었음을 고백한다. 그는 바람처럼 왔다가 쌩하니 나를 스치며 지나가 버렸다.

그리스 신화 속의 기회의 신 '카이로스'는 앞머리는 장발이었지만 뒷머리는 대머리라고 한다. 카이로스의 머리 맵시는 '앞으로 오는 기회는 잡을 수 있지만 한 번 놓친 기회는 뒤에서 잡을 수가 없다'라는 상징적인 의미를 지니고 있다고 한다. 이는 재빨리 잡지 않으면 놓치고 마는 기회의 성격을 투영한 것이라고 해석된다.

지나가 버린, 떠나버린 시간은 다시는 돌아오지 않는다. 기회는 한 번밖에 오지 않는다. 그것이 올 때 온 마음과 힘을 다해 꽉 잡아야 한다. 그래야 기적 같은 만남도 오고, 행운도 오고, 평생의 인연 사랑이란 것도 찾아오게 될 것이다.

흘러가는 크로노스의 시간은 잡을 수 없다. 하지만 나는 카이로스가 가져다줄 어떤 행운의 시간을 아직도 기다려보리라. 찬스든 기회든 찾는 자에게 그것은 또다시 찾아오지 않을까 싶다.

지렁이 반지

어제는 온종일 는개 비가 지집거리더니, 오늘은 유난히 살 볕이 따뜻했다. 언제 비가 왔는지 모르게 시치미를 떼고 있는 흙 마당은 뽀송뽀송했다. 좀 질척거리는 마당 구석 텃밭에 상추들이 함초롬히 물기를 머금고 있었다.

반찬이 마땅찮아 바짓가랑이에 물을 묻혀가며 밭에서 상추를 뜯어왔다. 고무대야에 물을 계속 틀어놓고 상추를 씻고 있는데, 손가락에 지렁이들이 감겼다. 밖으로 나와 흙 마당에다 손가락을 흔들고 뿌리며 야단을 했더니 지렁이들이 떨어져 내렸다.

또다시 상추를 씻고 있는데 지렁이들이 이젠 내 손가락 한 개를 칭칭 감고 있으니 떨어트릴 방법이 묘연했다. 여름날 장마가 질금거릴 때 흙 마당에 배를 깔고 꾸물꾸물 기어가는 모양이 미끄럽고 징그러워 보였던 그 지렁이다. 그것들이 내 손가락에 반지로 감겼다. 그렇다고 그들을 해치기는 꺼림칙했다. 작은 생명체도 생명이기도 하거니와 어릴 때 들은 어머니의 당부 때문이었다. 어머니는 살아있는 생명체를 해치면 앙갚음을 한다고 했다. 그것은 조왕신이 노하는 것이라고, 그것이 집을 지키는 터줏대감이거나 부엌이나 아이를 지켜주는 조왕신일 수도 있다고 했다. 해치면 재앙이 온다고도 했다. 어머니는 작은 벌레도 꼭 놓아주곤 했다.

그렇지만 나는 이들을 두고만 볼 수 없어 쫓아내기로 작정했다. 눈을 딱 감고 그들을 힘껏 내 반대편 손가락으로 빼냈다. 그들은 마당을 질러 밭 속으로 재빠르게 사라졌다. 그런데 그 무리 중엔 뱀도 있었다. 내 손에서 떨어지면서 지렁이가 뱀이 된 건지 뱀으로 갑자기 자란 건지 모를 일이다. 나는 큰일 날 뻔했다면서 가슴을 쓸어내렸다.

대낮에 힘든 꿈을 꾸었다. 너무 노곤해 잠깐 눈을 붙였는데, 40년 전의 젊은 시절에 어린 세 아이를 키우며 살았던 시골집이었다. 그리고 보니 오늘이 46주년 결혼기념일이다. 하루하루 사는 데 지쳐 결혼기념일도 잊고 있었다. 무엇이 나로 하여 이런 꿈을 꾸게 하였을까. 나는 그때 처음 시골살이라 쥐만 나와도 놀라 소리 지르고, 남편이 직장을 가고 나면 두꺼비가 일벌을 잡아먹는다고 두꺼비를 쫓아 달라고 뒷집 할아버지를 모시러 가곤 했다.

사방이 흙이니, 벌레들이 지천으로 들끓었다. 마당으로 기어 나온 뱀을 보고 놀라고, 폴짝폴짝 튀어나오는 청개구리에 또 놀라곤 했다. 그래도 시골 생활은 이들과 함께 살아가는 것이었다. 이들은 썩은 흙 속에서 식물질을 먹고, 풀잎에 맺힌 이슬을 먹고, 더 작은 생물을 잡아먹고 살았다, 우리도 흙의 작물을 먹고 살았고, 가축인 소, 돼지 동물들을 도축해서 먹고 살아가니 살아가는 방법은 크게 다르지 않았다. 그들과 우리는 먹는 음식을 섭취하는 대상은 달라도 가까운 공간에서 숨을 쉬며 살아가고 있었다. 그런데도 땅을 기어 다니고 꾸물거리는 것이 유독 징그럽게 느껴지는 것은 왜일까. 성경 속 에덴동산에 등장하는 아담과 하와에게 선악과로 꼬였던 뱀 때문이 아닌가 싶기도 했다.

그때 나는 엄마였고, 야생적인 시골 생활을 영위해야만 했고, 그러자면 곳곳에 도사리고 있는 위험들에서 자식들을 지켜내고 나를 지켜야만 했다. 그때 시골 생활은 흙바닥에서 닭, 돼지, 염소, 개 같은 작은 가축들과 더불어 살아가는 일이었다. 그 원시적인 생활은 내가 결혼 전 살아왔던 환경과 너무 달라서 참 견디기가 힘들었다. 이래서 시집은 간다는 것이다. 여태까지의 내 것은 없어지고 남편의 것으로 채우며 둥지를 만들어갔다. 이제는 남편과 나만의 공간으로 돌아왔지만, 그때는 그랬다.

요즘은 며느리들이 바퀴벌레를 보고 놀라면 내가 잡아준다. 어린 시절 한갓 미물도 함부로 하지 말라 하던 어머니의 말이 미신인지도 모르지만, 교훈으로 되살아났다. 그중에서도 특히 뱀이 그렇다고 했다. 그래도 꿈속이었지만 해치지는 않고, 빼냈으니 앞으로의 일들이 잘 풀릴 것 같다는 속 편한 꿈 해석을 해보았다. 나는 지렁이 반지를 끼었던 이상한 꿈을 긍정적으로 해석했다. 근심 걱정이 사라졌다.

무엇이 어떤 것이 나를 조이고 압박하기에 이런 허황한 꿈을 꾸었을까. 아마도 하는 일이 너무 많아서, 이제는 그만 놓아 버리라는 경종이 아닐까 싶다.

우리가 자랄 때 어머니는 자식들을 사랑하여 지키고자 하였고, 한갓 미물도 큰 것으로 생각하고 조심하려고 했다. 그 마음은 오늘의 나에게도 작은 미물에게 관심을 가지고 조심하며 차분히 살아가라는 삶의 지혜로 교훈으로 다가왔다.

작은 손

며칠 전 새벽에 기도하려고 교회에 갔다. 다른 때에는 현관에서 출입자 명단 기록과 열을 재려고, 안내하는 성도가 있었는데, 그날은 한 여성만 서 있었다. 내가 현관문을 밀고 들어갔더니, "양말 사세요!"라고 해서 의아했다. 2층으로 올라갔더니, 2층 현관에서 안내하시는 분들이 출입자 명단 기록도, 열도 재고 있었다. 그래서 아래층 사람은 누구냐고 물었더니, 모르는 사람이라면서 "예수님이 오셨는가 봐"라고 했다.

그 후 나는 예배를 다 마치고 나오다가 현관문 앞에서 멈춰서 뒤를 돌아봤다. 그랬더니 어떤 여성이 나를 바짝 따라 나오고 있었다. 그래서 문손잡이를 잡고 있다가 그분이 다 나오고 나서 문고리를 놓고 문을 닫았다. 뒤따라 나오는 사람이 있을 시에 뒷사람이 다칠까 봐서 하는 습관의 소산이다. 그런데 그 여성이 또 "양말 사세요"라고 말했다.

나는 결혼 당시 손이 작고 부드러웠다. 그래서 시어머니는 내 손을 잡고 이 손으로 뭘 할 수 있을까 했다. 그런데 이젠 이 손에 퍼런 심줄이 튀어나오고 검은 점이 많이 생겨서 거칠고 못난 손이 되어버렸다.

내 손은 문학에 도움이 되는 강의를 들으면 일단 필기를 했고, 집에 오면 정서를 하면서 자연스레 그 내용을 익히게 됐다. 그런 후 일이 많아 다시 들여다보지 못해도 손 필기의 여력으로 어느 정도 기억에 저장되니 이때의 내 손은 순종하는 착한 손이었다.

손이라면 그리스 신화의 마이더스(신화 명: 미다스) 왕의 손이 생각난다. 신화 속의 주신인 디오니소스는 자기를 길러주었던 실레노스가 길을 잃었을 때 미다스 왕이 후대하였다고 해서, 소원 한 가지만 말하면 들어주겠다고 했다. 미다스는 자기의 손이 닿는 모든 것을 황금으로 변하게 해 달라고 청하였다. 그러자 그 소원이 이루어져 마침내 먹는 음식까지도 황금으로 변하는 바람에 난처해진 미다스는 신에게 소원을 철회해달라고 요청했다. 미다스는 신의 명령에 따라 파크톨로스 강에서 목욕하고, 일상으로 돌아가게 되었다. 이 일이 있은 뒤부터 파크톨로스 강에서 사금이 나오게 되었다는 전설이 있다고 한다. 그래서 사전에서는 미다스의 손은 황금을 낳는 손이라고 부르게 되었다. 그것은 무엇이나 시작을 하면 성공하는 사람, 투자만 하면 돈을 버는 사람을 상징하게 되었다.

경제에도 또 하나의 손이 있다. 그것은 '보이지 않는 손'이다. 신자유주의란 자본주의의 역사에서 완전히 새로운 형태가 아니라 오히려 초기의 자유방임적 자본주의로 되돌아가라는 경향을 일컫는다. 스미스를 비롯한 고전 경제학자들은 자유시장이 '보이지 않는 손'으로 개인들이 각자 사익을 추구하는 효율적으로 배분하는 기막힌 만능장치라는 굳은 신념을 지니고 있었다. 고전 경제학자들은 정부가 할 일이라고는 국방과 치안을 책임지는 것일 뿐, 나머지 모든 일은 시장에 맡겨 저절로 최상의 결과가 얻어지도록 해야 한다는 '최소국가', '자유방임적 시장경제' 원칙을 세웠다.

나는 기관지가 약하고, 소화 기능이 안 좋아서 여행을 가면 목을 감싸는 폴라티나 잠바를 입든지 아니면 머플러나 큰 손수건을 꼭 챙겨갔다. 그래서 여름에는 땀을 닦고, 뜨거운 햇빛에는 목을 가려주고, 겨울에는 보온을 위해 목도리가 되었다. 그리고 두통약과 소화제 및 장염약 '정로환'을 매번 챙겨갔다. 그런데 나는 준비를 해 갔으나 크게 필요치 않아 주변 사람들과 모르는 사람들을 위해 사용하게 되었다. 머플러는 에어컨 밑에 있는 사람에게 추위를 막는 무릎 덮개 역할을 했다. 그리고 큰 손수건은 망망대해 바다의 배 안에서 추위에 떠는 사람에게도 또 매운 강바람에 한기가 들어오는 사람에게도 목에 머플러 용도가 되었다.

그리고 등산을 하면서 머리가 아픈 사람에게는 두통약을, 식후 체한 사람에게는 소화제를 주었다. 동남아 여행에서는 음식이 맞지 않아 장염이 생긴 다른 팀들에게 정로환 한 통을 다 주었다. 잘 알지 못하는 사람들이었지만 패키지여행이라 한 일행으로 움직이니 그들의 아픔이 보였다. 이 모두가 내 손의 힘이었다. 이럴 때의 이 손은 타인을 위해 펼쳐내는 아름다운 손이 되어주었다.

물론 나는 내 아이들 삼 남매도 잘 키워 결혼을 시켜 내보냈고, 가정도 잘 지켰다. 그렇지만 부족한 생활비를 버느라고 애들을 울리고, 나도 울면서 직장을 다니며, 아이들 양육을 했다. 직장생활에서도 내 손은 글을 쓰고 사무를 봤다. 집안일도 농사일도 할 만큼 했다. 내 손이 궂은일을 기꺼이 담당했다. 내 몸 중에서도 공로상을 준다면 특히 이 고생한 손이 될 것이다.

이제 생각하니 새벽기도에서 봤던 그 여성은 작년에 길에서 봤던 여성이었다. 그때는 새끼를 허리에 두르고, 숯검정을 얼굴에 칠하고, 짐을 어깨에 팔에 손에 주렁주렁 매달고 가고 있었다. 그 차림은 정신 나간 사람 모양이었다. 이제 생각하니 짐을 들고 가는 모습이, 양말 장사가 팔아야 할 물건 꾸러미를 달고 가는 듯했다. 나는 그녀가 어디에 사는지, 왜 그렇게 되었는지에 대한 사연은 모른다. 단지 짐작해보면 삶이 버겁고, 남편의 죽음으로 충격까지 받지 않았을까 싶기도 했다.

그런데 그날 새벽에는 옷 입은 것도, 정신도 말짱했다. "양말 사세요" 하는 것만 뺀다면, 그녀는 양말을 가지고 있지 않았다. 아마 정신이 나가기 전에는 양말 장사를 하지 않았을까 싶다. 새벽에 양말도 없이 내게 양말을 사라고 한 것은 아마 나 같은 비슷한 또래의 엄마이기도 해서, 장사할 때 양말 사라고 말하던 버릇 때문인 듯싶다. 내가 편안해 보였나 보다. 하여튼 정신 나간 여자도 생업으로 양말을 팔던 작은 손으로 정신을 차려서 새벽에 두 손 모아 자식을 위해,

자신을 위해 기도하고 갔다. 그러니 자식 양육의 짐을 진 엄마들의 작은 손의 위력은 크기도 한 것이다.

미다스의 손이 번쩍거리는 황금을 주든, 스미스의 손이 보이지 않는 경제의 손으로 돈을 벌어주든지 말든지, 엄마의 손인 나의 작은 손은 본연의 일을 충실히 했다. 그렇지만 작은 손은 주변에 누구이든지 도움이 필요하다면 무엇이든 내놓을 준비가 되어있다. 나는 삶이 바빠 누구를 구제하러 다니지도, 봉사하지도 못한다. 하지만 내 이웃 가까이에서 누군가가 내게 손을 내민다면 잡아주고 싶은 거칠고, 못생긴 내 작은 손이 있음을 감사한다. '양말 사세요'라고 말을 건넨 새벽의 그녀는 예수님의 변장한 모습이 아니었을까?

도토리 키재기

한겨울 어느 날, 따뜻한 이부자리를 걷어내고 기지개를 켜며 밖으로 나왔다. 거실 창가 양지바른 쪽 작은 실내 화단, 초록 숲이 낮은 소리로 수런거린다.

창가 쪽에 앉아 있는 성이 '군' 가이고, 이름이 '자란'이 "나는 키가 작고 줄기는 따로 없고, 잎은 약간 길고 좌우 양 갈래로 2매씩 나누어져 있고, 잎끝이 둥근 모양이고, 내 꽃은 밝은 주황색으로 4, 5년 만에 피고, 아주 강렬하고 화려하지" 그러면서 "나는 군자다"라고 하며 난도 아닌 자가 진짜 난인 척 거드름을 피운다.

그 뒤에 키가 크고, 성이 '고' 가이고, 이름이 '무나무'가 "나는 잎이 크고 넓은 둥근 타원형이야. 나는 자라면 당겨지고 늘어나는 고무가 되어 자동차 타이어로도 만들어지고, 전선을 씌우는 피복 재료로도 사용하지. 그것뿐인가! 키도 크고 잎도 크지. 뜨거운 여름날에는 누군가에게 그늘이 되어주기도 하지" 그러니 "그까짓 명분이 무슨 소용인가?" 하며 큰 잎을 팔랑거리며 우쭐댄다.

그러자 고무나무 옆에 서 있는 성이 '금' 가이고, 이름이 '전수'가 "나를 두고 중국에서는 나를 선물하면 돈이 들어온다는 속설이 있지. 그래서 나는 개업 또는 집들이 행운의 선물이 되었지. 나는 잎이 둥글고 두껍고, 동전이 나무에 달린 것 같이 달려 있지. 나는 돈나무야! 꽃이 피면 행운이 열리고, 돈이 열리는, 그리고 꽃말이 번영이지. 내이파리가 무성하듯이 번영할 거야. 나는 별칭 옥수수라 부르기도 하지. 꽃이 옥수수처럼 피기 때문이지." 요즘 세상에 명분이나 실용성이 뭐 대수냐며 나무에 달린 동전 같은 잎들을 흔들어댄다. 또한, 금전수는 담석을 저절로 녹게 하는 약초라 하니 더욱 담력이 세고, 대담하게 으스댄다.

한편 금전수 옆에 서 있는 성이 '행' 가이고, 이름 '운목'이 질세라 억울한 듯이 말한다. "나는 잎이 약간 넓고 길쭉하고 끝이 뾰족하지. 나는 꺾꽂이를 할 수 있어 누구에게나 행운을 나누어 주지. 나야말로 행운을 주는 행운목이야. 7년에 한 번 꽃이 피면 행운이 오지. 나무 둥치가 자라기 전의 초록 잎들은 더 풍성해서 볼품이 있지. 꽃말이 '약속을 시행한다'이니 마음씨도 좋고, 믿음직스럽지 않은가?" 하며 잎들을 으쓱거린다.

그 틈바구니에서 키가 작아 앞쪽 양지쪽에 서 있는 성이 '스' 가이고, 이름이 '투키인 스투키'가 나서며 말한다. "나는 아프리카가 고향이야. 햇빛을 아주 좋아하고 추위에 매우 약하지. 그래서 건조기후

나 모래 환경에 적응하기 위하여 저수조직이 발달하여 두꺼운 육질로 이루어져 있는 다육식물이지. 나는 수분 증발을 막아 기관지를 보호해주고 산소를 배출해 실내공기 정화에 도움을 주고 전자파 차단 능력도 있지. 그뿐인가 나야말로 몸매가 아담하고 아늑하여 자리를 작게 차지하니 개업 및 집들이 선물로 적격이지" 하며 몸통이자 잎인 원통의 뿔을 곧추세우며 키 작은 것을 한풀이라도 하는 듯이 "나같이 미끈한 초록 몸통 속에 물을 꽝꽝 담아 놓은 자 있으면 나와 봐!" 하면서 큰소리친다.

한편 구석 쪽에 숨어있는 성은 '춘' 가이고, 이름은 '란'이 조그맣게 중얼거린다. "나만 내세울 것이 없구나. 키도 작고 줄기도 따로 없고, 이파리도 작고, 길쭉하고 가늘구나. 게다가 꽃도 이파리 색과 비슷한 수수한 초록색이라 눈에 뜨이지도 않는구나!" 하며 탄식한다.

초록 숲에서 살아가는 식물들 속에서 군자란은 명분을 들먹이며 거드름을 피우고, 고무나무는 쓰이는 실용성으로 자기 할 말을 한다. 그리고 금전수는 이 세상에서는 돈이 최고라고, 자기는 돈나무라고 돈 자랑을 한다. 행운목은 세상살이에서 행운만큼 중요한 것이 없다면서 자기 존재를 과시한다. 몸이 원형 뿔로 생긴, 키 작은 스투키까지 가세하여 자기 몸속에 들어있는 물 자랑을 한다.

춘란은 "나만 아무짝에도 쓸모없는 존재였다고, 자랑할 게 없다면서 새파랗게 주눅이 들어 잎끝을 아래로 늘어뜨리며 넋두리를 한다." 그렇지만 봄이 오면 "내가 제일 먼저 나를 닮은 연두색 꽃대를 올릴 것이야!"라고 벼르면서 홀로 다짐한다.

우리 부부에게는 세 자녀가 있었다. 하지만 모두가 결혼하고, 집을 떠나갔고, 입양한 식물 여섯 자녀가 아침저녁으로 눈을 맞춰주며 즐거움을 주었다. 그리고 겨울이 와서 찬바람이 불어왔다. 베란다에 두었던 식물들이 추위에 얼까 봐서 거실 안쪽으로 이사를 시켰다. 겨우내 집안에 공기를 정화시켜주고 여름처럼 한결같이 푸르름을 선사하는 식물들. 맑은 산소를 공급해 주는 초록 잎들이 자식들 같아 밤낮으로 들여다보았다. 그랬더니 이들의 숨결이 느껴졌다. 아롱이다롱이 이 애들은 따스한 온돌방에 사랑받고 살더니 진짜 자식들처럼 도토리 키재기를 하고 있었다. 그중에 작고 보잘것없는 숨은 꽃 춘란. 내가 자라면서 형제들 속에 치여서 천덕꾸러기가 되었던 것처럼 춘란이 내 처지 같아 마음이 쓰였다. 바로 내가 보잘것없었던 숨은 꽃, 춘란이었다.

붉은 화장대

　나는 시골 농방에서 목공의 손에 태어났고, 태어나자마자 이 부부
에게 와서 안주인의 애장품으로 안방에 붙박이처럼 서 있게 되었어
요. 이 가족을 따라 이사를 여러 번 했지만, 이 부부가 결혼하고 함께
산 이후, 우리는 한 번도 떨어져 살아 본 적이 없었어요.

　이 부부는 결혼할 때 옷 보따리 2개만을 가지고 살림방을 차렸다
고 합니다. 신부의 아버지가 간암이라 급하게 결혼을 서둘렀고, 게다
가 결혼식 날 위독해서 부모도 없고 손님도 없는, 텅 빈 예식장에서
결혼식을 했답니다. 그런 사정이니 아무것도 준비하지 못한 채 결혼
생활을 시작했겠죠. 당연히 가구는 없었을 터. 그래서 사정을 딱하
게 생각한 옆집 목공이 염가로 연갈색 티크 장과 나를 만들어 주었다
고 해요. 그 후 나는 이 신혼부부와 함께 한집에 무사하게 살게 되었
고, 내 나이는 49살이랍니다. 처음 만들어져서 지금까지 이 집에서

살아온 시간만큼의 나이랍니다.

　나의 몸엔 큰 유리 거울이 달려있고, 4개의 서랍이 있지요. 그 서랍마다 동백나무가 있고, 그 한쪽 가지에는 꽃이, 다른 한쪽 가지에는 동박새가 앉아 있어요. 4개의 서랍마다 새와 꽃의 자리를 바꾸어 가면서 전통 자개 무늬가 들어있어요. 신혼부부에게 맞는 붉은 화장대에 흰동백꽃과 새까지 심어주었으니, 아마 서로 사랑하며 동백꽃과 동박새처럼 아름답게 살라는 목공의 바람이었지 싶어요.

　이 부부는 오래전 둘이서 다녀왔던 여행지, 백련사 골짜기에서 본 동백꽃 이야기를 가끔 합니다. 겨울 잿빛 나무들 속에서 초록 이파리는 꽃만큼이나 초록빛이 강렬했고, 기름기도 반짝거렸다고 해요.

　이 부부는 백련사 골짜기에서, 많은 열정을 품고 찬사를 받던 붉은 꽃들 틈에서 흰동백꽃은 눈에 잘 띄지 않아 조금 쓸쓸해 보였다고 했어요. 그래서 이들 부부처럼 평범한 이류 인생 같아 안쓰러웠다고 했지요. 거기서 안주인은 흙바닥 위에 떨어진 동백꽃이 생생하게 예뻤고, 살아있는 꽃처럼 아깝기에 주워서 머리에도 앞쪽 호주머니에도 단춧구멍에도 브로치같이 한참을 달고 다녔다고 했어요.

　이 집에서 몇 년 전 주인집 아들네 세 식구가 3년을 함께 살다가 나가게 되었어요. 그때 공간이 필요해서 짐을 많이 추렸고, 이들이 나가자 집안이 휑해서 안주인이 오래되고 낡은 책상 2개 중 한 개라도 바꾸자고 했어요. 그런데 바깥주인은 바꾸어야 할 필요성이 없다면서 결사반대를 했어요. 수선해서 쓰면 된다는 것이죠. 안주인 처지에서는 20년도 더 되었으니 바꿀 때도 되었다고 주장했죠. 부서진

꼴이 보고 싶지 않다고도 했어요. 언쟁이 길어지고, 바깥주인은 욱하는 성격인지라 성질에 못 이겨 눈에 보이는 책상 하나를 주먹으로 쥐어박아 큰 상처를 입혔어요. 그때는 안주인도 울었고, 내 서랍장 위의 동백꽃도, 새도 우짖는 것처럼 보였어요. 안주인도 나도 함께 직접 맞은 듯이 가슴이 찢어질 듯 아팠다고 했어요.

나는 49년 동안 한 번도 고장 나지 않았기에 수리조차 해본 적이 없는 장수 골동품으로서 이 집 식구처럼 동화가 되어버렸어요. 이 집의 아이들 세 남매가 태어나고, 결혼해서 나간 것까지도 지켜본 이 집의 1호 보물이자 골동품이고, 또한 이 부부와 같이 사연 많은 인생길을 동행했어요. 신혼 시절 이들의 어려움과 기쁨도, 애들이 태어날 때마다 환희도 지켜봤어요. 그리고 티격태격 싸움도, 화해도 모두 지켜봤으니까요.

겨울의 마지막 끝자락입니다. 여태까지 붙박이처럼 안방 한구석에서 주인집과 동고동락한 나에게 동백꽃과 동박새 자개 무늬가 말을 걸어오네요. 주인 부부의 인생의 초봄 시절, 아무것도 없이 시작한 딱한 신혼부부를 위해 나를 만들어 주고, 그들을 나에게 심어준 그 목공이 생각났다네요. 지금은 어디에서 사는지도 모르고 이름도 얼굴도 잊어버린 그분이 나도 새삼 고마운 생각이 듭니다.

나는 그때의 목공 바람대로 동백꽃과 동박새처럼 이 부부와 차후의 노후 생활까지도 끝까지 함께 살고 싶어요. 안주인은 겨울을 이겨 낸 동백꽃의 모습으로 인생의 끝자락을 장식하고 싶어 합니다. 백련사 골짜기에서 예쁜 마음으로 흰동백꽃을 반가이 바라봤듯이 마지막 삶까지도 아름다운 동백꽃의 모습으로 떨어지고 싶다고 하네요. 동백꽃과 동박새처럼 다정하게, 목공의 바람대로 언제까지나 아름답게. 이것은 주인 부부의 꿈이기도 하고 나의 꿈이기도 합니다.

분홍색 봄

봄이 오면 잎도 없는 마른나무 가지 위에 꽃이 먼저 다닥다닥 붙어 붉게 예쁘게 피어난다. 꽃들은 지난해 열심히 광합성을 하여 에너지를 모았다가 가을에 겨울눈, 꽃눈들을 만든다. 꽃눈들은 추위를 버티며 다음 해 따뜻해질 때까지 눈들을 품고 있다가, 봄이 오고 날이 풀리면 꽃봉오리를 터트린다. 그 꽃눈들은 겨울부터 준비하기에 빠르게 꽃을 피울 수가 있다.

초로의 나의 삶에 인생의 봄이 올까. 불가능하겠지. 하지만 사람은 누구나 봄을 기다리며 살아간다. 육체는 늙어도 마음은 청춘이다. 그러니 우리의 몸속에는 늘 봄이 함께 살아가고, 봄의 속성을 지니고 있다. 봄의 속삭임과 생명의 소리를 듣게 된다.

'삐익 삑' 종다리 소리와 얼음을 깨고 '졸졸' 흐르는 버들개지를 품은 개울물 소리에 봄은 겨울을 깨우고, 솟아 나온다. 주름지고 무기

력하고, 느슨해진 인체에도 가라앉았던 미소가 떠오른다. 농부는 언 땅을 갈아 뒤엎고, 놀란 흙에서 온갖 구더기, 지렁이들이 꿈틀거린다. 살아있는 생물은 계절 따라 죽기도 살기도 하기 마련이다. 죽은 것 위에서 식물들은 땅의 검은 정기를 빨아들인다. 나무는 물이 오르고, 움을 틔우고, 작은 식물들도 뾰족뾰족 땅 위로 솟아오른다. 그 작은 연두색 여린 잎들은 윤기 나는 녹색 잎으로 촘촘한 그물을 채워나가고, 가지에 꽃봉오리가 솟아오르고, 붉은 꽃을 피운다.

춘삼월이 꽃씨를 여기저기 뿌리며 달려온다. 꽃은 생명의 순수와 오묘함, 환희와 신비를 맛보게 한다. 꽃은 뜨거운 햇빛과 비, 바람, 새벽의 찬 이슬방울, 은은한 달빛까지도 스며들게 한다. 검은 구름 속에서 천둥과 번개, 태풍까지도 여린 몸으로 받아낸다. 꽃은 자연 속에서 생명의 체취를 품는다.

봄꽃에는 민들레꽃, 개나리꽃, 복숭아꽃, 살구꽃, 박태기나무꽃, 명자꽃, 진달래꽃, 벚꽃, 라일락꽃 등이 있다. 꽃이 예뻐서, 색깔이 황홀해서, 진한 향기에 취해서, 모양이 고혹적이라서 형형색색의 꽃들이 눈도 코도 호강을 시켜준다. 그중에서도 내가 좋아하는 분홍색과 홍자색 꽃인 복숭아꽃, 살구꽃, 박태기나무꽃, 명자나무꽃 등은 내 눈과 마음을 빼앗고야 만다.

원래 나는 분홍색이 촌스럽다고 좋아하지 않았는데, 좋아하고 있으니 나이 탓인가 보다. 우리가 즐거이 노래를 부르는 고향과 봄의 상징인 복숭아꽃, 살구꽃을 보면 내 마음은 어느새 고향으로 달려갔다. 수년 전 우리 부부가 중국 장가계 여행을 가면서 어느 시골 마을을 지나가게 되었을 때, 강렬하고 순박한 모습의 분홍색 꽃을 만나게 되었다. 동네 앞을 가로지르는 기다란 도랑 옆으로 박태기나무가 분홍색으로 너무나 예쁘게 줄지어 서 있었다. 박태기나무꽃은 처음에는 꽃 이름의 어감이 너무 강해서 꽃 색깔과 생긴 모양과는 달라 의아했는데, 다닥다닥 붙은 꽃의 생김이 밥알 같다 해서 붙여진 이름인 것을 알게 되어 오히려 정감이 갔다. 동네에 들어가서 보니 산골짝의 작은 초가 마을이었다. 몽환적인 시골 마을의 정취가 안온해 보였기에 반가웠다. 우리나라 개발 전의 복숭아꽃 살구꽃 고향을 본 듯해서 여행길 내내 즐거웠다.

그때부터였다. 나는 분홍색이 좋아졌다. 분홍색 꽃은 잃어버린 젊음을, 고향을 찾아주었다. 어린 날의 추억들을 재생시켜주었다. 어릴 적 동무들과 놀았던 앞동산의 봄을 옮겨놓은 듯했다. 시골의 순박한 정경이 봄의 낭만과 정감을 주었다. 여태 지나간 시간만큼이나 굳어버린 무딘 감수성이 이성이란 고상한 이름을 달고 무기력하게 쳐져서 하나하나 포기하고 싶었던, 그것들에 마침표를 찍고 싶었다. 아늑하게 보이던 시골 도랑에서 물비린내가 나고, 박태기나무꽃들이 물빛에 어리어 어떤 명화처럼 화려하고도 아련했다. 그 향취는 향수를 듬뿍 자아내게 했다. 과거의 추억은 후퇴가 아니고 전진의 신호가 된다는 걸 알게 되었다. 역사의 반성과 성찰이 미래를 향한 투자이듯이.

글을 쓰면 봄은 글 속에서 언제나 아름다운 추억이란 이름으로 되살아나고, 봄의 소리를, 속삭임을 분홍색으로 전해주었다. 꽃을 보면, 젊음은 매 순간 어디서나 찾아오고 주름진 얼굴에도 동글동글 미소가 되살아나고, 긴 시간 잊어버렸던 생기를 찾아주었다. 꽃들은 활짝 '펑펑' 웃음소리를 내며 산에서 들에서 찾아왔다. 복숭아꽃, 살구꽃, 박태기나무꽃, 등 분홍색 꽃 속에서 봄이 찾아들었다. 마음이나마 아련한 어린 시절로 돌아가게 되었다. 봄꽃은 겨울 속에서 제일 먼저 몸의 기지개를 활짝 켜며 삭막한 회색빛 벌판을 밝히는 꽃등처럼 밝고, 예쁜 모습으로 꽃봉오리를 올려대며 화려하게 꽃의 꿈을, 봄을 터트렸다.

내 인생의 가을철과 겨울철 속에서 나도 따뜻한 봄을 기다리며 춘화기를 잘 견뎌내었다. 꽃 피는 봄 속에서, 내 마음의 젊음도 돌아오고, 희망도 온 듯했다. 꿈도 찾아왔다. 새소리도, 꽃들의 숨소리도 들렸다. 옷이 가벼워졌다. 어깨와 팔다리에 힘이 붙었다. 날렵해졌다. 봄을 맞은 분홍색 꽃들 사이에서 내 몸과 마음은 나비같이 훨훨 날아갈 듯 가벼워졌다. 봄꽃 속에서 마음의 봄이 반갑게 찾아들었다.

부부인가, 연인인가?

오후 3시, 강동역에서 나는 전철을 탔다. 출퇴근 시간이 아니라서 다행히 내가 타고 있던 차량 칸에는 빈자리가 띄엄띄엄 있었다. 그 틈새 자리에 나는 앉았다.

한 정거장 더 가서 길동역에서 전철은 섰고, 70대 노인 부부가 일곱 살쯤 되는 손녀를 데리고 들어왔다. A 할머니가 내 왼쪽 옆좌석에 손녀를 데리고 앉았다. 그러면서 B 할아버지를 보고 아무리 손짓해도 그 할아버지는 할머니에게 눈길 한 번을 주지 않은 채 모르쇠로 노인석 앞에 뒷짐만 지고 서 있었다.

굽은다리역에서 노인석에 자리가 나고, B 할아버지가 앉았다. 손녀는 바쁘게 할머니와 할아버지 사이를 왔다 갔다 했다. 나는 A 할머니에게 "손녀가 할아버지를 좋아하나 봐요. 자꾸만 왔다 갔다 하네요"라고 말했다. 그 할머니는 "우리가 저 애를 키워서 할아버지에게 안기는 것을 좋아해요."라고 말했다.

조금 후 명일역에 도착했다. 70대 노인 부부가 한 쌍 더 들어왔다. D 할아버지는 몸집이 크고, 얼굴이 검고, 험상궂었다. 그런데 뜻밖에도 그 할아버지는 C 할머니를 먼저 내 오른쪽 옆좌석에 앉히고 본인은 맞은편 비어있는 좌석에 가서 앉았다. A 할머니와 내가 함께 말했다. "할아버지가 참 신사이면서 할머니를 많이 사랑하고, 배려하네요"라고 말했지만, 그 할머니는 아무 말도 없이 미소만 지었다.

조금 후 맞은편 D 할아버지가 A 할머니의 손녀가 귀여운지 자기한테 와 보라고 손짓을 했다. 손녀는 스스럼없이 모르는 할아버지에게 안겼다. 나는 A 할머니에게 "손녀가 낯을 가리지 않는군요" 했더니 친할아버지에게 자주 안겨서 그렇다고 말했다. 그리고는 친할머니에게 돌아오려는데, D 할아버지가 자기 가슴팍을 더듬더니, 안주머니에 있는 지갑을 찾아서 빳빳한 만 원짜리를 꺼내어서 남의 손녀에게 쥐어준다. A 할머니는 손녀에게 깍듯이 인사하면서 받아오라고 했다. 손녀는 몸을 숙이며 "고맙습니다"라고 인사하고 돈을 받아오더니, 친할머니에게 맡겼다. 요즘은 아이가 귀한 시대인지라 손녀 딸은 노인들에게 귀엽게 보이고, 인기가 좋았다.

그런데 나는 C 할머니의 눈치가 궁금했다. 그녀는 또 아무 말없이 미소만 짓고 있었다. 처음 보는 아이한테 남편이 돈을 만 원씩이나 쑥쑥 내어주었는데도 아무 참견도 말도 없이 인상 한 번을 찌푸리지 않았다. 그래서 나는 C 할머니는 D 할아버지에게 사랑받을 만큼 마땅한 인품을 지녔다고 생각하게 되었다.

집에 와서 그 이야기를 남편에게 했다. 그런데 남편은 틀림없이 그 A와 B 부부는 진짜 부부이고, C와 D 부부는 연인 사이라고 했다. 부부라면 쑥스럽게 많은 사람이 있는 곳에서 부인을 자리에 먼저 앉히는 서양사람 같은 신사도를 발휘했겠느냐고. 또한, 처음 보는 아이에게 만원이란 돈을 아낌없이, 부인 눈치를 보지 않고 줄 수 있었겠느냐고, 딴 살림을 하고 한집에 살지 않으니, 이익이 한 가지에 걸리지 않았으니, 연인에게 멋있게 보이려고 그랬다는 것이다. 그리고 C 할머니도 아무 권한이 없는 처지였으니 좋게만 보고 있었을 것이라고 말했다.

그들이 부부이든지, 연인이든지 나는 알 바 아니다. 다만 내 예측처럼 부부이지만, 마음이 착하고 넓은 할머니이어도 좋고. 부부가 아니라도, 그 연세에 연애할 수 있는 사람들이라면 더 멋있을 것 같았다. 그 연세에도 사랑의 정열이 넘쳐나는 마음의 여유로움도 부럽다. 요즘같이 어렵고 각박한 세상에 오늘 오후의 그 전철 안은 모처럼 우리 모두에게 한가로웠다. 나도 몇 정거장 안 되는 짧은 시간이었지만 모르는 사람들과 대화도 나누고, 남녀노소가 스스럼없이 정을 나누면서 입가에 미소를 짓게 되었다. 그 시간 우리는 신식 사고이든 구식 사고이든 남녀노소 구분 없이 마음이 안온해지고 즐거웠다. 이제 겨우 노인 대열에 들어선 나였지만, 그 전철의 같은 칸 안에서 한 어린 여자아이로 인하여 우리는 모두 덩달아 모처럼 훈훈하고, 정감 있던 옛 시절로 돌아간 듯했다.

길을 나서다

길은 끝없이 길게 이어진다. 길은 직선이 되어 가르마 같이 단정하기도 하고, 뱀 같은 몸뚱이로 고불고불 고부라진 곡선이 되기도 하고, 여름의 아스팔트 길은 덥고 지쳐 퍼지기도 한다. 또 길은 꼬리를 감추기도 하는 변화무상한 모습을 보인다. 길은 때로는 하얀 눈길로, 빗발치는 빗길로, 어스름 새벽길로, 밤을 집어삼킨 어두운 얼굴로 모습을 감추기도 한다. 길은 자동차 불이 반짝이며 꼬리를 물고가는 고속도로가 되기도 하고, 큰 사거리의 모습으로 꽝 뚫리어 사통팔달의 모습을 보이기도 한다. 그리고 산골짜기 숲속에서 솔향기 풍기며 호젓한 오솔길을 꾸미기도 하고, 흙먼지 풀 풀 날리는 신작로로 털털거리며 내달리기도 한다.

길도 자란다. 길은 길어지고, 넓어지며 세월의 흔적들을 보여준다. 길은 지나간 사람들의 생장과 사랑과 아픔과 서러움을 고스란히 간직한다. 그들의 발자국들이 오롯이 길 위에 새겨진다.

우리 부부는 아이들이 어린 시기에 세 아이를 각각 한 번씩 잃어버려 찾아 헤맨 적이 있었다. 다행히 찾게 되어 지금은 잘 살아가고 있지만, 길에서 아이를, 가족을, 사람을 잃어버린 사람들의 사연은 참으로 안타깝다.

인생은 아이 때부터 길을 나서는 행위를 하게 된다. 인간의 삶은 길로 길게 이어진다. 그리고 우리는 꾸준히 길에서 사람을, 다른 무언가를 찾고자 길을 나선다. 인생의 긴 여정에서 자신의 의미에 맞는 길을 찾고, 길에서 자기에게 필요한 사람을 찾는다는 것은 어렵기만 하다. 길을 가자면 험준한 산도 넘고, 깊은 강물도 건너야 한다. 길에 절벽이 나타나 길이 끊어지기도 한다. 인간의 삶은 길에서 시작되고, 길에서 끝난다. 길은 사람들을 끝없이 유혹하고 방황케 하기도 하고, 삶의 도달점을 향해 끝없이 어딘가로 향하게 한다.

길에서 연인이나 평생의 반려자를 만나는 아름다운 날들도 있고, 꽃을 보며 반가운 웃음을 날리기도 하고, 놀이에 열중하기도 한다. 그리고 운이 없으면 길에서 강도를 만나기도 하고, 소중한 사람을 잃어버리기도 한다. 또 길을 찾지 못해 희뿌연 안개 속에서 헤매기도 하고, 어려움에 봉착하기도 한다.

길은 떠나기도 도착하기도 하는 인생의 끝없는 도상이고, 여정이다. 길이 있는 곳에 한 인생의 발자국, 인간의 이력들이 그려지고 쌓여간다. 첩첩이 쌓인 길의 역사는 아득한 인생길이 되고, 나아가서는 한 나라가 되고, 그 역사가 된다.

길은 가고 서고를 반복한다. 길은 끝이 없지만, 돌아서 가기도 한다. 길 없는 세상이란 얼마나 막막하겠는가. 그래서 어떤 개척자는 길을 내고 우리는 그 길을 답습하고 또한 새로운 길을 찾아가고 만들어간다. 길에서 인간의 관계가 맺어지기도 흩어지기도 한다. 만남도 이별도 길은 용납한다. 과거의 사람은 떠나가고 미지의 사람은 새로운 길로 다가온다. 자연 또한 인간의 삶과 다를 바 없이 길에서 인간과 함께 살아가고 사라지고 새 생명이 태어난다.

광활한 세계에서 거미줄같이 얽힌 복잡한 삶의 길에서 우리는 어떻게 살아야 할까? 각자 제 길을 산뜻하게 찾기는 쉽지 않을 것이다. 고도 문명의 발달로, 사람들의 이기심으로, 삶은 너무나 다난하고, 얽히고설킨다.

이 거대한 세상에 길처럼 선명한 것이 없다. 길은 인체의 실핏줄같이 이어지고, 광맥같이 과거 현재 미래 모두를 알고 있고, 수용한다.

내 인생의 초행길은 이른 나이에 결혼했고, 부족한 살림을 보태기 위해 세 아이를 데리고 맞벌이까지 하느라 삶이 무척 고단했다. 직장을 나가기 위해 바짓가랑이를 잡고 늘어지던 아이를 억지로 떼어놓고 눈물을 흘리며 아이 모르게 무거운 발걸음을 떼었다. 집을 나온 아이는 엄마를 찾아 나섰고, 길을 잃었다. 다행히 우리 집에 전도하러 왔던 한 아가씨가 우리 아이를 알아보고 데려와 주어서 찾기도 했지만 매우 어려웠던 아픈 세월이었다.

하염없이 시간은 흘러갔고, 40여 년 후 자식들이 결혼해서 모두 떠난 후 나는 비로소 내 삶을 문학으로, 글쓰기로 풀어내고 싶었다. 그래서 늦은 나이였지만 평생의 꿈이었던 문학을 향해 꿈을 찾아 떠나는 문학의 길을 가게 되었다. 나의 6, 70대는 문학으로 시작해서 문학으로 끝난 황금기였다. 글을 쓰다 보면 살면서 겪은 상처들, 그 아픔들이 치유되었고, 글 속에서 맘껏 한풀이도 할 수 있었다. 문학의 길은 내게는 꿈이었고, 현실이었다.

사람들 개개인의 삶을 들여다보면 세상의 부귀영화를 쫓아가는 사람도 있을 것이고, 나같이 취미생활로 글쓰기와 노래 부르기를 즐기는 사람도 있을 것이다. 또한, 운동이나 예술, 과학 분야에서 뛰어난 재능을 가진 인물들도 있을 것이다. 부러워할 것도 없고, 크게 애쓸 필요도 없는 인생이다. 대부분 사람은 이름 없이 살아가는 평범한 인생을, 가족의 굴레에서 다람쥐 쳇바퀴 돌리듯이 안주하며 살고 있다. 나 역시 마찬가지다. 구속이기도 하지만 안전하기도 하니까. 옛 선인들은 "나물 먹고, 물 마시고, 등만 따뜻하고, 배부르면 남부러울 게 없다."라고 말했다.

매우 발달한 경쟁 사회에서 나는 매일 길을 찾아 나서고 명료한 길을 찾기 위해 늘 눈과 코는 피곤하고, 입은 목이 말라 타들어 가고, 팔다리는 무거워지고 지쳐간다.

하지만 나는 매일 눈을 뜨면 문학을 향한 갈급함으로 새 길을 찾으려 하고, 또 함께 길을 가는 문학길의 동행자인 선생님과 문우들을 찾고, 만나려고 길을 나선다. 나는 만족할 만큼의 원하는 길도 사람도 찾지 못했다. 삶이 끝나는 날까지 길을 찾아보다가 끝장이 나더라도 나는 이 삶이 나의 삶인 것을 부정할 수 없다. 길을 찾아야만 하는 것은 내 마지막 인생길의 숙제가 되어버렸다. 길은 그저 묵묵히 가기만 하면 되는 것이다. 그 길이 가시밭길, 자갈밭 길이라도 나는 길을 찾으러 나설 것이고, 그 길을 헤쳐나갈 것이다.

호접란꽃의 눈물

아침에 일어나니 베란다 유리창으로 넘어온 볕살이 눈이 부셨다. 초록빛 식물들을 들여다봤더니 호접란 꽃대가 눈물을 흘리고 있었다. 꽃과 봉오리가 떨어져 나간 호접란 꽃대에 눈물방울이 맺혀있었다. 슬퍼하는 꽃대를 보니 내 마음도 애잔했다.

얼마 전 겨우내 추워서 거실로 옮겨놓았던 호접란이 꽃대를 올렸다. 꽃봉오리 2개가 맺혔다. 우리 집엔 우리 부부만 거주하고 있으니 봉오리 하나는 내 것이고, 하나는 남편의 것이다. 밤을 지나고, 호접란이 엷은 보라색을 머금은 진분홍색 꽃을 피웠다. 열대를 느끼게 하는 신비한 색깔의 꽃은 추운 겨울을 이겨내고 겨우 꽃 한 송이를 피워냈다. 나는 꽃이 피어 있던 호접란꽃을 애지중지하며 주야로 들여다보고 눈 맞춤을 했으니, 이 핀 꽃은 남편의 꽃이고, 봉오리는 남편이 수시로 정성으로 물을 주며 꽃이 피어나기를 기다렸으니 이

봉오리는 내 봉오리라고 생각했다.

우리 집 거실 바깥쪽인 실내 식물원에는 키가 큰 식물들이 안쪽에 있고, 키가 작은 식물들은 햇빛을 볼 수 있게 바깥쪽에 있다. 그래서 호접란은 베란다 쪽에 있고, 거실에서는 큰 키의 나무들에 가려서 꽃이 잘 보이지 않았다. 나는 꽃을 보고 싶은 마음에 호접란꽃을 거실 안쪽으로 옮겼다. 남편이 거든다고 나서더니 잘못 건드려 피려고 하던 꽃봉오리가 떨어져 버렸다. 피지도 못한 꽃봉오리가 너무 애틋하고 아쉽고 안타까웠다. 낮이나 밤이나 들여다보며 예뻐하던 꽃 한 송이는 며칠 전 출가한 아이들이 몰려왔다 가더니, 또 어떻게 닿았는지 꽃이 똑 떨어져 있었다.

호접란꽃은 호접몽 이야기로도 유명하다. 중국의 장자가 꿈에 호랑나비가 되어 즐겁게 놀다가 깬 뒤에 자기가 나비의 꿈을 꾸었는지, 나비가 자기의 꿈을 꾸고 있는지 알기 어렵다고 한 고사에서 유래한 말로, 자아와 외물은 하나라는 이치를 설명하는 말이다.

꽃 떨어진 호접란을 아쉬워했더니, 집에 늘 있던 호접란 화분 외에 며칠 전 화려하게 호접란꽃이 많이 피어 있는 화분이 선물로 우리 집에 들어왔다. 여러 송이의 꽃들은 3개의 진분홍색 꽃잎과 3개의 꽃받침으로 이루어져 있다. 3개의 꽃잎 중 1개는 설판으로 진화하였고, 2개의 꽃잎은 나비의 날개와 비슷하다. 이 꽃의 원산지는 태국, 미얀마, 인도네시아, 대만 등의 열대 아시아와 호주 북쪽 등이며 추위에 약하다고 한다.

꽃말은 '당신을 사랑합니다', '행복이 날아온다, 축하, 축복, 매혹'

등이다. 꽃은 겨울에서 여름까지 시기와 큰 상관없이 꽃을 피워내니 이름만큼이나 기특하다. 호접란은 고결하면서도 씩씩한 꽃잎이 내면의 음울한 자아를 품고 있는 듯이 진분홍빛 꽃술의 모양은 특별하고 신비롭기까지 하다. 강렬한 꽃의 색깔은 꽃말대로 매혹적이라 뭇사람들의 시선을 끌어당긴다. 호접란의 잎은 여성스러운 겉모습과는 달리 무척 단단한 성질을 가지고 있다. 호접란은 부드럽고 우아하지만 내면은 단단한 외유내강형의 여성의 이미지다. 힘들고 답답하더라도 난은 의연하게 두꺼운 잎을 좌우로 펼치며 다짐한다. 마냥 움츠러들 것이 아니라 난의 생긴 모습처럼 당당하게 앉아서 꽃대를 쑥 올리며 꽃잎을 활짝 펼친 채 화사하게 주변을 밝히겠노라고.

호접란 꽃말이 '당신을 사랑합니다. 행복이 나비처럼 날아오른다'이니 이 꽃은 약한 듯하지만 강하여 승진, 집들이 축하용으로도 잘 팔려나가고, 사랑도 받는다. 이 꽃은 주변을 나비처럼 환하게 밝혀준다. 이 꽃은 색깔도 화려하거니와 나비처럼 날렵하게 생긴 모습이 보기 좋아서 주위에서 꽃을 보는 사람을 기쁨에 들뜨게 한다. 그리고 오래도록 피어서 그 화려함이 돋보이고, 공기정화 식물로도 이용되고, 실내의 관상용과 침실에 두고 보는 꽃으로도 인기가 있다고 한다.

그러나 이 꽃은 화려한 외양과는 상반되게 순수하고 서러운 모습의 꽃으로 외로움을 속으로 고이 간직하는 아름다운 꽃이다. 여태 살아오면서 남편은 불뚝 성질이 있어 내게 상처를 주는 언행을 많이 했다. 젊은 시절의 남편은 길들지 않은 들판의 야생마 같았다. 나는 가정의 평화와 가족의 안위를 위해서 속앓이를 많이 했다. 나는 엄마로서 자식들이 잘 자랄 수 있게 밑받침이 되어야만 했다.

우리 부부는 젊은 시절 생활비를 버느라고, 아이들을 키우느라고 분주해서 주위 꽃들에 관심을 둘 수가 없었다. 이제 아이들이 출가해서 떠나고, 우리는 빈 둥지가 되어 이 꽃들을 자식처럼 들여다보게 되었다. 호접란꽃은 화초로서 여린 모습 속엔 아린 촉촉함이 배었고, 삭힌 고독한 우울은 겨울을 겪어내며 화려하고 예쁜 꽃으로 피어올랐다.

나는 외양과는 달리 외유내강형의 단단함과 외로움을 간직한 상반된 호접란 모습이 좋았다. 그 모습은 삶의 궤적을 속에 넣고 삭혀온 나의 인생 같았다. 나도 호접란처럼 내면이 단단하고 의연하게 나를 숙련시켜 아름답게 변화되고 싶었다.

꽃 떨어진 호접란은 자기 신세도 가엾고, 주인도 가여워 소리 없이 눈물을 그렁그렁 머금고 있었을 것이다. 주인을 원망하는지, 서러워서인지도 모르겠다. 꽃을 잃은 꽃대의 눈물에 내 마음도 서러워졌다.

지난했던 삶의 서러움들이 꽃을 잃은 꽃대의 마음으로 물밀듯이 밀려왔다. 꿈 하나하나를 포기하며 살아온 세월을 꽃을 잃은 꽃대가 상기시켰다. 호접란꽃의 운명은 내가 살아오는 동안 무거운 삶의 말발굽에 짓밟힌 꽃봉오리의 꿈이었다. 젊은 날 잃어버린 열정의 자아였고, 정체성이었다. 꽃봉오리의 꿈은 펴보지도 못하고 떨어져 버린, 펼쳐보지도 못하고 날아간 나비의 꿈이었다.

박쥐우산

우산은 비를 몸에 맞지 않도록 손에 들고 머리 위에 받쳐 쓰는, 스틱에 여러 개의 가는 살을 연결해 접었다 폈다 할 수 있는 구조로, 살에 천이나 종이나 비닐을 씌워 만든다. 우산의 종류에는 박쥐우산과 비닐우산과 종이우산이 있다. 박쥐우산은 가는 쇠로 살을 만들고 헝겊으로 씌운 우산으로 박쥐가 날개를 편 것 같은 모양이다. 색상과 무늬는 여러 가지가 있으나 주로 검은색과 회색 계통이 많고, 크고 튼튼하다. 박쥐우산은 양산이라고 부르기는 하지만, 비 우산이다. 양산은 햇볕을 가리기 위해 사용하는 용도이기에 햇빛 차단용 천을 씌우고, 비 우산인 박쥐우산같이 크고 튼튼하지는 않다.

조선 시대에는 우산이 없어 삿갓을 쓰고 다니기도 했다 하고, 우리가 어릴 때는 종이우산을 쓰는 사람도 있었고, 주로 비닐우산을 많이 사용하였다. 종이우산은 한지에 기름을 칠한 것이고, 비닐우산은 빨강, 파랑, 노랑 등 여러 가지 색깔이 있었다. 그러나 살대가 약해서 바람이 불면 휙 뒤집히고, 비닐도 얇아 잘 찢어졌다. 요즘은 투명한 비닐우산과 천 우산인 박쥐우산을 많이 사용하고 있다.

여고 시절 나는 양산 같은 천 우산이 너무 갖고 싶었다. 월남으로 파병 갔던 사촌오빠가 우리나라로 귀국할 때 "무슨 선물을 사줄까?" 하며 물었고, 나는 박쥐우산을 사달라고 부탁했다. 그때는 박쥐우산이 귀했고, 나는 그 선물을 받고 정말 기뻤다.

50년도 더 된 여고 시절에 나는 소도시 C 시에서 친구와 자취를 하고 있었다. 우리 집은 극장 근처에 있었다. 그즈음 트로트 가수 N과 M은 우리 여고생들에겐 우상이었다. 특히 M은 귀엽게 눈웃음을 치며, 영화에도 가끔 출연했기에 우리에겐 그야말로 오빠였다. 그때는 공연을 쇼라고 말했다. 그가 지방 도시인 C 시에 와서 노래와 공연을 하러 오는 날을 우리는 손꼽아 기다렸다. 드디어 그날이 왔다. 그러나 우리는 돈도 없었고, 선생님들은 단속하고 다녔다. 우리는 잠을 자지 않고 밤이 이슥할 때까지 기다렸다. 그리고 쇼가 끝나갈 때쯤엔 극장 문을 열어놓았기에 그때 뛰어 들어가 공연을 보곤 했다.

그런데 단속을 나온 J 선생님과 우리는 눈이 마주쳤다. 선생님에게 끌려 나왔는데 나와 친구는 우리의 자취방으로 선생님을 모시고 갔다. 선생님은 우리를 앉혀놓고 일장 연설을 했다. 다시는 금지하는 쇼를 보지 말라고, 이번만은 용서해주겠다고. 우리는 그저 "네! 네!" 대답만 연발했다.

아~ 그리운 시절이여!

어느 날, 학교 수업을 마치고 나오니 장대비가 억수같이 퍼부었다. 나는 자취생이라 우산을 갖다 줄 사람이 없었고, 돈도 없었다. 마침 택시가 지나가기에 무조건 손을 들었다. 운전기사는 비를 맞고 있던 어린 학생이 딱했는지 기꺼이 공짜로 택시를 태워주었다. 나는 돈도 없이 택시에 뛰어들었던 무모하고 철없던 어린 소녀였다.

그렇게 자드락 비가 내리치던 날의 공짜 택시! 지금이라면 어림도 없는 일이다. 나도 그 운전기사를 믿지 못해서 타지 않았고, 그 기사도 나 같은 공짜 손님을 태우지 않았으리라. 그렇지만 그때는 서로 믿고 사는 세상이었고, 훈훈한 인정이 살아있던 시대였다. 그 시대의 우리는 공공연히 공짜 택시를 많이 탔다.

아! 인정스러웠던 키다리 아저씨의 시절이여!

그때의 어른들은 우리를 사랑스러운 눈길로 누이동생같이 생각하고 격려해주었다. 그때는 요즘 시대 사람들과는 달리 마음들이 푸근했다. 마음 씀이 본보기가 되는 그들 덕분에 우리는 참 좋은 세상을 살아보았다. 지금은 세상이 너무 빨리 발전되고 바뀐 탓도 있지만, 사람 간의 사이와 마음들이 삭막하고 피폐해진 것 같아 슬프다. 우리는 선대같이 젊은이들을 선도하지 못하니 가슴이 아프다. 어른으로서 미래세대인 청소년들에게 꿈과 희망을 물려주지 못하고, 따뜻함도 나누어 주지 못하는 선 세대인 우리가 답답하고 아쉽고 미안하다.

선도부의 선생도, 택시 기사도 이름도 얼굴도 기억나지 않고, 살아있을지 알 수 없는 그분들의 넓은 사랑의 마음이 그립다. 그분들은 세상에서 무더기 비를 맞은 어린 청소년을, 길에서 작달비를 맞은 나에게 커다란 박쥐우산을 씌워준 세상과 사람을 사랑하고 선도하는 큰 어른이었다. 박쥐우산은 비가 서럽게 퍼붓는 날, 비를 맞은 약한 사람에게 씌워주는 키다리 아저씨인 셈이었다.

비 내리는 날 혼자 우산을 쓰고 가는 사람의 뒷모습은 쓸쓸함의 낭만이 있고, 두 사람이라면 그들 사랑의 의좋음이 느껴져 덩달아 마음이 따뜻해진다. 나는 우산을, 쓰기도 하지만 씌워준다는 것으로 생각한다. 우산은 쓰는 것도 중요하지만, 우산이 없거나 팔이 짧고, 다리에 힘이 빠진 사람에게 커다랗고 튼튼한 박쥐우산은 꼭 필요하다. 나도 누군가에게 그런 우산을 씌워주고 싶다.

제2부

달빛 속 도자기

호박꽃 어머니

초등학교 시절 방학 때면 나는 시골 이모 집으로 갔다. 시골의 겨울은 하루하루가 새로웠다. 이튿날 이모는 "어떤 음식이 먹고 싶냐?"고 만들어 주겠다 했고, 언제나 나는 "호박죽이 먹고 싶다"라고 대답했다. 나는 왜 어릴 때 그렇게 호박죽을 좋아했는지 모른다. 이모도 시골에 살지 않았던 내가 뜻밖의 시골 음식을 주문해서 신기하고도 이상했는지 몇 번이나 그 말을 들먹이며 좋아했다.

호박죽을 끓이자면 호박꽃이 호박으로 늙어야만 했다. 호박꽃 하면 떠오르는 말은 '호박꽃도 꽃이냐?'는 말과 사람의 뚱뚱한 모습을 빗대어 '호박같이 생겼다'라는 말이 먼저 떠올랐다. 호박이라면 흔히 펑퍼짐하고 흔한 모습으로 인해 그저 그렇게 두리뭉실한 여자를 비유했다. 그러나 호박은 서민들이 즐겨 먹는 식용으로 가치가 있기에, 나는 '호박이 덩굴째 굴러온다'라는 말도 괜히 생긴 건 아니라고 생각했다.

호박으로 호박죽을 끓이자면 가을에 호박을 따다가 윗목에 잘 보관했다가, 호박 속을 반쪽씩 잘라, 안 면을 모지랭이 숟가락으로 긁어내어야 한다. 호박 겉면은 예상외로 단단해서 칼이 잘 들어가지 않는다. 호박 속은 단단한 육질 안에 호박씨들이 박혀 있는 무른 부분이 나온다. 호박씨는 추려내어 씻어서 말렸다가 기름을 짜 먹으면 식물성 기름이라 건강식이 된다. 호박 속은 씨에 붙은 무른 부분을 떼고 단단한 육질을 잘라서 푹 삶아서 으깨야 한다. 그리고 찹쌀을 불려 믹서기에 갈아서 삶은 호박과 섞어 한참을 눋지 않게 저어주면 된다. 죽이 된 호박의 진노란 색감, 달콤한 그 맛은 내겐 환상의 맛이었다. 호박이 어릴 때는 애호박이라 된장찌개에 넣기도 하고, 얇게 썰어 보름달처럼 만들어 호박전을 부쳐 먹기도 했다.

키도 크고, 몸도 뚱뚱한 시어머니는 여덟 명의 자식을 키우며 평생 시골에서 농사를 지으며 사셨다. 종부로서 많은 제사까지 지내야 했으니 많이 고단했을 터이다. 농사일 중에서도 밭농사는 손이 많이 가고, 무, 배추뿐만 아니라 부추와 호박 농사까지 한몫했다. 여름날 어머니를 찾아가서 안 보이면 밭 속에 앉아 식물과 한 몸이 되어 풀을 매고 있었다. 이 모습이 풀숲에 앉은 호박꽃이기도 하고, 늙은 호박이기도 했다.

아이들 양육에, 종부 일과 농사일에 찌들어 얼굴은 누렇게 뜨고, 몸뻬를 입은 몸매는 엉덩이가 펑퍼짐한 영락없는 늙은 호박이었다. 어머니도 젊은 시절에는 호박꽃이었을 것이다.

호박꽃은 황금색의 큰 통꽃으로 가족을 위해 눈자라기 자식들을 거두려고 호롱 등불을 켜고 자기 몸이 타들어 가는지도 모르고 밝혀주는 듯한 모습이었다. 꽃을 보면 강렬한 황금색으로 꿀벌을 끌어들이지만 큰 통꽃이라 벌이 꿀을 먹으려면 꽃 안으로 깊숙이 파고들어야 했다. 꿀벌이 호박꽃 속에 꿀을 빨기 위해 꽃 속에 빠져들 듯이 자식들은 어머니의 젖을 빨기 위해 어머니의 품을 파고들었다.

호박이 어린순부터 씨까지 버릴 것 없는 채소이며 건강을 챙겨주는 보약이듯이 어머니의 깊고 넓은 품 안에서 자식들은 자양분인 어머니의 젖을 빨고 사랑을 먹으며 자랐다. 늙은 호박은 끝내는 온몸을 다 내주고 사람들의 건강을 끝까지 지켜주는 호박죽으로 헌신 산화했다.

어머니도 자식들을 위해 온몸을 다 바쳐 일생을 살고 가셨다. 밭 속에 앉은 늙은 호박을 보니 어머니 생각이 간절했다. 우리 자식들은 중풍으로 8년 가까이 몸은 식물인간이 되어, 마음과 입만 살아 있던 어머니를 처음에는 교대로 모시다가 마지막에는 요양병원에 뉘어놓고는 힘들어했다. 살아있을 때는 늘 그 자리에 있을 줄 알고 그 사랑 알지 못했다. 이제 내가 늙은 호박이 되고 보니, 못다 한 효도가 아쉽고 안타깝다. 언제나 황금빛 호박꽃을 보면, 어머니 사랑이 새삼 그리워진다.

코로나가 대순가

이사를 하여 우리 구역으로 새로 편입된 구역 식구와 오늘 만나기로 했다. 그래서 낮에 해야 할 일들을 아침 일찍부터 재빨리 해치우고 나가려는데, 그녀가 갑자기 일이 생겼다고 약속을 다음으로 미루었다. 전화상으로는 층간소음 문제를 내게 상담하려고 했단다. 그러나 나도 뾰족한 수가 있는 건 아니고 들어주는 것만이라도 하려고 했다.

갑자기 빈 시간이 생겨 당황스러워 하다가 지난번 시간이 나지 않아 만나지 못한 문학계의 선배에게 전화했다. 흔쾌히 좋다고 하는 89세의 선배는 11시 반쯤 승용차를 타고 나타났고, 나와 같이 드라이브를 하게 됐다. 오늘 우리가 갈 곳은 내 평생 한 번도 가 본 적 없던 곳이었고, 선배는 연고가 있는 곳이었다.

고양 원당으로 가서 추어탕으로 점심을 먹었고, 일산으로 가서 실내 조경이 너무 좋은 찻집에서 차를 마셨다. 작은 숲속 같은 동산, 아련한 꿈이 서린 아치형 구름다리 등이 멋이 있었다. 차 마시고 경관을 감상하며 사진을 찍은 후, 아쉽지만 그곳을 나와서 파주로 향했다.

볕살이 따사로운 가운데 길가의 매화, 목련꽃, 벚꽃 등이 모두 소담스럽게 몽글몽글 피어오르고 있었다. 하얗고 붉은 길가의 나무들은 쌩쌩거리며 유리창을 스쳐 달리며 지나갔다. 한창 화려한 봄꽃 잔치는 영화의 파노라마처럼 한때라는 것을 느꼈다. 그녀도 나도 적지 않은 나이라 좋은 꽃 시절도 까마득하게 지나갔다.

북단인 파주까지도 봄볕이 무르익어 올라오고, 꽃들은 서로 질 새라 앞 다투어 후드득 땅에서 하늘로 피어오르고, 온 천지는 꽃 대궐이 되었다. 나의 삶도 선배의 삶도 꽃이 피어오르듯이 번갯불처럼 지나왔고, 또 지나갈 것이다. 파주에서 김밥 몇 줄을 사서 서울 집으로 돌아오니 오후 6시였다. 장장 6시간 정도 차를 타고, 먹고를 반복했으니 이나마 코로나로 인하여 여행 가지 못한 한풀이를 한 셈이었다. 2년 동안 집에서 뒹굴고만 지냈으니 정말 큰 나들이였다. 모처럼 한적한 시골에서 상쾌한 공기를 마시니 울적함도 사라졌다.

코로나 때문에 서로 경계하는 각박한 시대에 시간도 내주고, 차에 태워 드라이브를 시켜준 선배의 마음이 참 고맙다. 그녀는 나이와 다르게 운전도 잘하고, 활동적이라 나도 그렇게 곱게 늙고 싶다는 부러운 마음이 들었다.

그리고 집에 돌아와서 밤 9시에 구역 임원 회의를 줌으로 한다고 하기에 아들이 핸드폰에 깔아준 줌으로 회의에 참석했다. 줌이란 방식에 처음에는 거부감을 느꼈고, 답답하기도, 두렵기도 했다. 그런데 참여해보고 나니 예상외로 간단하고 재미있었다. 이제 매월 한 달에 한 번씩 이렇게 회의하기로 했다.

'코로나가 대순가!', '코로나가 뭐?', '코로나는 차창을 스치며 쌩쌩거리며 꽃이 피고 지듯이 달리며 스쳐 지나갈 뿐'이라는 생각이 들었다. 비대면 시대에 코로나와 함께 살며 코로나 세상을 누벼 봤다. 남녀노소가 모두 동참하는 비대면의 동영상 회의는 참 신기했다.

'이 없으면 잇몸으로 살면 된다'라고 말하면서 선배와 내가 서로 옆자리에서 바라보고, 위로하며 스스럼없이 웃고 지내온 꽃 세월 하루였다.

제피나무

　몇 년 전 시부모님이 나란히 누워있는 산소에 가봤더니 붉은 동백꽃 나무와 제피나무 한그루가 봉분과 동무하고 있었다. 지금은 전염병 때문에 고향 방문을 할 수 없고 가 보지 못하니 부모님 안부가 궁금하다. 동백꽃 나무는 이른 봄을 상징하는 강렬한 꽃이라 뭇사람들에게 많은 사랑을 받지만 나는 제피나무 한그루에 마음이 더 갔다.

　제피나무는 국명이 초피나무다. 우리 고향에서는 제피나무라고 불렀다. 제피나무와 닮은 것으로 산초나무가 있다. 두 나무의 특성이 유사해서 헷갈리나 같은 과라 혼용해 쓰기도 하지만 약간의 차이점이 있다. 제피나무는 가시가 서로 마주나기로 돋아있고, 산초나무는 서로 어긋나 있다. 또 산초나무 잎과 열매에는 제피나무와 마찬가지로 향기가 있으나 훨씬 약하여 양념 재료로는 제피나무의 열매나 잎을 사용한다. 제피나무 잎을 씹으면 향기가 진동을 하나 산초나무는 향기가 거의 없고 약간 씁쓰레한 맛이 난다. 산초나무는 주로 기름을 짜 먹는 용도로 사용한다.

우리는 까맣게 익은 제피나무 열매를 빻아서 추어탕에도 넣고, 김치에도 넣어 먹었다. 제피나무가 익었을 때의 검은 열매는 '왜'한 톡 쏘는 매운맛과 특유의 진한 향은 생선의 비린내를 없애 주는 탁월한 효능도 있다. 또 산화작용도 하고, 음식을 보관할 때도 부패를 방지하고, 살균 해독작용도 한다. 그리고 까맣게 익은 제피 열매는 그대로 보관하고, 쓸 때는 작은 돌절구에 콩콩 빻아 사용해야 향이 살아난다.

시댁에는 작은어머니 두 분이 계셨다. 첫 번째 작은어머니는 토속음식에 일가견이 있었다. 어떤 음식이든지 맛있게 하고, 손도 커서 누구든지 즐겨 대접하는 손길이 너무 아름다웠다. 주변 사람들은 무뚝뚝하다고 평하는 사람들도 많았지만, 나는 속정이 깊은 그분을 많이 좋아했다. 제피나무를 생각하면 추어탕이 떠오르고, 추어탕을 생각하면 이 작은어머니를 잊지 못한다. 첫 번째 작은어머니와 두 번째 작은어머니는 성격이 너무 달랐다. 두 번째 작은어머니는 겉으로 볼 때는 잘 살고, 세련되고, 인정스러운 분이었다. 그런데 내가 애들을 데리고 방문하면 말뿐인 인심을 썼다. "배고프지! 밥 먹었니. 밥 줄까?" 하고, 내가 미안해서 "괜찮아요" 하면 "그래 밥 먹었어!" 하면 그만이었다.

그러나 첫 번째 작은어머니는 사는 것이 어려워 자식들 공부도 크게 시키지 못했지만, 음식을 먹이는 사랑에 있어서는 자식들에게도, 조카며느리인 나에게도 인심이 후했다. 작은어머니는 주위 사람이 방문하면 무조건 부엌으로 뛰어들어 음식을 한 상 차려 내왔다. 약지 못해 시대에 뒤떨어지는 사랑을 실천하고 살았지만, 나도 그런 사랑법이 기억에 남아 그런 통 큰 어머니를 둔 사촌들이 부러웠다.

시어머니의 산소에서 제피나무를 보니, 제피나무는 그 열매를 자식들과 주위 사람에게 음식으로 사랑을 실천한 작은어머니의 모습으로 보였다. 잎이 조금 뻣뻣하고, 가시도 나 있는 게 겉으로 보이는 무뚝뚝하던 작은어머니의 모습같이 거칠게 보였다. 또한, 예전에 작은어머니가 제피를 넣은 음식을 만들며 맛보기를 하던 모습도 생각났다. 그래서 작은어머니를 본 듯이 나무를 쓰다듬고, 잎을 뜯어서 씹어 향기를 맛보았다.

내가 입덧을 너무 심하게 하여 속이 뒤집혀서 제대로 먹지를 못했을 때 누구 하나 신경 써주는 사람이 없었지만, 작은어머니는 내가 좋아하는 음식들을 해 주며, 나를 위로해주었다. 입덧했을 때의 그 음식 맛들이 내 기억 속에서 한 번씩 떠올랐다. 작은어머니와 이웃에 살았을 때가 그립다. 연세가 많이 드신 작은어머니는 치매 환자이고, 다리도 좋지 않아 노인 요양병원에 입원해 있다. 하지만 작은어머니가 입원한 병원이 너무 멀고, 전염병 때문에 가볼 수가 없다. 요즘은 면역력이 필요한 때인지라 가끔 추어탕 음식을 먹으려고 식당에 가면, 작은어머니가 생각나고 보고 싶었다. 하지만 현실의 벽 앞에서 나는 작은어머니와의 추억의 추어탕으로 마음이 따뜻했던 작은어머니를 나직하게 불러만 보고 말았다.

동남아에 여행을 갔을 때, 나는 그 나라 음식들의 향료가 냄새도 맛도 우리와 너무 달라 맛이 없고, 그 향내가 속을 뒤집었다. 우리의 제피 가루의 매운맛은 강하고도 알싸하니 입안도 입 밖도 칼칼해서 여운이 남는 맛이었다. 김치를 담글 때도 제피 가루를 넣으면 그 맛이 얼마나 독특한지! 그 맛의 느낌은 잊히지 않았다. 하지만 지금은 구하기가 어려워 아쉽다.

　나는 지금이라도 시골에 갈 수 있다면 대번에 알아보고 제피 열매를 채취해 올 것 같은 자신감에 고향으로 가서, 뒷산에 뛰어 올라가고 싶지만, 마음만 훤하다. 작은어머니가 보고 싶다. 몇 년 전 병원으로 병문안 갔을 때, 무척 반가워하며 환자가 아닌 척했는데, 가족이 가보지 못한 사이 진짜 환자가 되어버렸을까 봐 걱정스럽다. 어머니의 산소도 작은어머니의 병원도 가보고 싶은 마음이 간절하다. 작은어머니를 만날 수 있다면 옛날 즐겨 먹었던 음식 이야기, 제피나무 열매와 제피 가루 이야기를 나누고 싶다. 산으로 제피나무를 찾아다니던 때의 기억이 새록새록 떠오르며 제피 냄새가 나는 듯 입안이 알싸해진다.

보따리와 손수건

유년 시절 유랑극단 천막에서 마술을 보면 보따리에서 비둘기도 나오고 장미꽃도 나와서 너무 신기했다. 보따리는 '무엇을 담냐!'에 따라 내용물이 달라지는 신비하기까지 한 추억을 소환하는 물건이었다.

그때의 시골 친구들은 검은 보따리에 책을 똘똘 말아 넣고 어깨와 허리에 비스듬히 붙여 메고 학교를 오갔다. 이때의 보따리는 책가방이 되었다. 보따리 속 양철 필통에 연필, 지우개, 칼 등을 넣고 껑충거리며 뛰어다녔으니 필통 딸그락거리는 소리와 졸졸 흐르는 시냇물 소리가 레가토로 합창을 했으리라. 또한, 초록 들판의 나무와 풀, 꽃들의 싱싱한 모습에 시선을 빼앗겼으니 지각을 많이 하고, 연필들도 다 부러졌다. 우리 집은 학교가 지척이라 그 친구들의 낭패한 모습이 우습고 즐거워 보여서 '촌놈'이라고 놀렸다. 속으로는 얼마나 재미있게 도란도란 이야기하며 걸어왔을까 싶어서 나는 무척 부러웠다.

손수건과 보따리는 사각의 천으로 평소에는 접어놓았다가 필요할 때 펼쳐서 사용할 때만 그 기능을 발휘한다. 손수건은 여러 가지 색상이 있지만, 면 소재라 피부에 닿아도 천에 힘이 없어 뾰루지가 생기지 않고, 따뜻하고 포근하게 느껴지지만 부드럽고 얇다. 반면 보따리는 미끄러운 천으로 주로 광택이 나고 색상도 화려하다. 보따리는 소재가 나일론이라 더욱 질기다.

보따리는 주로 집을 나설 때, 일을 그만둘 때, 선물할 때, 물건 등 내용물을 싸는 도구로 쓰이고, 보따리 자체의 존재감은 없고, 그 기능만 담당한다. 어떤 물건들을 싸면 그 내용물들의 형태가 고정되고, 완성되고, 풀어주면 보따리의 기능과 존재는 사라진다. 그 대상 물건을 보호해주고 돋보이게 하는 부수적인 물건이다. 채움과 비움을 반복한다. 보따리는 함께 묶어주므로 그것들을 결속시켜준다.

자식들이 명절에 선물을 들고 우리 집에 인사를 올 때는 꼭 황금색 보따리를 들고 왔다. 그 속에는 한과, 건어물, 곶감이 들어있기 일쑤다. 내가 애들에게 김장김치를 싸줄 때도 그 보따리로 싸주었다. 따라서 보따리, 보자기는 부모 자식 사이에도 서로 음식과 복을 나누는 선물을 하니 이 대수롭지 않은 물건의 가치는 통상적인 생각보다는 컸다. 보따리는 이런 면에서 따스한 정을 나누게 하고, 훈훈함을 더해주는 물건이기도 했다.

세상을 살아가고, 여행을 가고, 외출하면 작은 손수건에서 제법 큰 보따리까지 요즘은 가방까지 싸게 되었다. 우리는 가끔 여행을 갈 때 손수건과 보따리를 챙겨갔다.

결혼식 이후 우리 부부는 남편의 옷 보따리 한 개, 내 옷 보따리 한 개로 신혼 살림방을 차렸다. 우리는 안과 밖에서 서로 끌어주고 밀어주는 역할을 했다. 나는 그가 내 나무 그늘에 와서 쉬게 하는 휴식처가 되고 싶었다. 말 없는 그림자로 살기를 자처했기에 나는 그를 포근하게 덮어주고 닦아주는 손수건의 역할도 괜찮았다.

손수건은 여름날 쨍쨍 햇볕이 내리쬐면 목에 둘러 목을 보호하는 햇빛 가리개가 되었다. 갑자기 날씨가 추워질 때, 에어컨 바람이 강할 때, 목을 두르는 스카프나 무릎 담요가 되어서 세심하고 부드럽게 그 역할을 톡톡히 했다.

작은 손수건 하나를 곱게 접어 지갑 속에 넣는다. 외출준비 끝이다. 손수건은 어떤 상황에서 닦아주고, 덮어주고, 싸매주는 역할을 했다. 밖에서 갑자기 다쳤을 때 안에서 상처를 싸매주는 붕대 역할을 능히 했다. 손수건은 부드럽고 얇지만, 작은 힘을 발휘하는 없어서는 안 되는 중요한 필수품이다. 이것들만큼 세상살이에서 유용한 것이 또 있을까. 손수건은 일하며 땀이 날 때, 땀을 닦고, 음식을 먹다가 엎질렀을 때, 입가나 옷에 음식을 묻혔을 때의 그 민망함의 당혹감이 들 때 꼭 필요했다. 그리고 감기가 들어 콧물이 나거나 기침이 나오는 낭패를 당했을 때도 그 상황을 모면해 주었다. 얇고 부드러운 천 하나는 많은 쓰임이 되었다. 부엌에서 음식을 할 때, 위생적인 문제로 그리고 머리가 어수선할 때도 얼굴에 세수를, 화장할 때도 손수건으로 머리를 묶어 머리띠를 했다. 야외에 나가서 손, 발을 닦을 때도 수건 대용으로 손수건을 사용했다.

보따리와 손수건은 얇고 가볍고 부피가 없어 어디를 가더라도 상비하기가 쉽고, 쓸모도 있다. 바깥 세상살이의 무거운 짐을 지고 허덕이면서도 남편은 바깥에서 나를 감싸주는 질긴 보따리 역할을 했고, 나는 손수건으로 안에서 따뜻하고 부드럽게 남편을 보완했다. 아무것도 아닌 우리는 손수건과 보따리로써 서로 필요한 존재로 도우며 살아가야 했다. 보따리는 세상의 무거운 짐을 메고 가는 남편 같은 유용한 존재다. 보따리는 우리를 결속시켜주었고, 나를 감싸주었다. 나는 남편의 짐을 덜어주는 손수건 같은 존재로 묵묵히 이 삶을 자위하고 자족하며 살아가리라.

그는

외국으로 여행을 갔다. 나는 거칠고 차갑고 뻣뻣하고, 굳은 돌바닥에 붉은 단풍색의 그를 깔고 앉았다. 야외 공연을 보고 일어서서 버스에 앉았다. 땀을 닦으려는데 그가 없어졌다. 버스는 떠났고, 나는 안타깝고 아쉬웠다. 그동안 그를 애지중지하여 늘 호주머니에 넣고 다녔다.

그의 모습은 넙데데하고 눈, 코, 입도 숨겨져 있어 무슨 생각을 하는지 보이지 않는다. 그는 하늘 높은 줄 모르고, 땅이 넓은 줄만 안다. 도무지 키를 키울 줄도 모르고, 살을 찌울 줄도 모른다. 면만 편편하게 넓힌다. 그의 얼굴색은 알록달록 변덕스럽다. 그는 평소에는 사각으로 접혀 지갑이나 호주머니 속에 얌전히 있다. 그러다가 일이 생기면 용감하게 떨치고 나와 접혀있는 온몸을 펼치며 몸 바쳐 부지런히 제 일을 한다. 그는 일어설 줄도 앉을 줄도 모르고, 그저 펼쳐야만 더욱 살아난다. 여린 듯 강한 그는 부드럽고, 가볍고, 얇아서 자연에 가까운 재질이라 알레르기 피부에 강하다.

그는 꿈을 꾼다. 가볍고 넓게 얇게 그래도 꿈을 향해 간다. 유치환 시인의 〈깃발〉 시를 읽고 난 후, 감성의 물결이 마음에서 일었고, 소리 없는 아우성을 지르고 싶고, 영원한 향수라도 되고 싶어 한다. 공중에 깃발로 매달리고 싶어 한다.

그는 허공에서 펄럭이는 세계만방의 만국기도 되고 싶고, 우리나라를 상징하는 태극기도 되고 싶어 한다. 광활한 바다에 떠 있는 한 척 돛단배의 하얀 돛이 되고도 싶어 한다.

그는 이별이 아쉬워 서러운 사람의 눈물을 닦아주고 싶고, 아픈 사람의 콧물도 닦아주고 싶고, 기침도 막아주고 싶다. 순진한 청춘남녀의 맞선자리에선 어설퍼서 쏟은 음식 찌꺼기도 닦아주고 싶다. 춥고 바람 불 때는 머리를 덮어주고 싶고, 뜨거운 열사의 사막에서는 햇빛도 가려주고 싶고, 일을 열심히 하는 사람의 땀도 닦아 주고 싶어 한다. 그는 하찮고 더러운 것도 사양치 않고 몸을 바친다. 그는 어떤 상황에서든지 닦아주고, 덮어주고, 묶어주고 싸매주는 약한 듯 강한 존재이다.

그는 꿈을 어떻게 키워야 할지 막막하지만 꿈을 넓게 높게 뻗어나가고 싶다. 바람 부는 언덕에서 바람의 힘을 빌려 치맛자락을 펄럭이고 싶다. 입학하는 초등 1학년의 앞가슴 손수건도 되고 싶다. 반백 년 전으로 거슬러 올라가서 천막 서커스에서 마술사 앞에서 비둘기를 날려 보내고 싶고, 빨간 장미를 받아보고 싶다. 더 오랜 과거 조선 시대로 돌아가서 양반집 아녀자가 되어 쓰개치마 둘러쓰고 얼굴을 가려 존재를 숨긴 채 세상을 구경하고도 싶다. 또한, 팔 물건들을 실은 말을 타고 머나먼 외국 사막을 횡단하는 보부상의 보따리가 되고도 싶다.

그의 존재는 눈에 띄지 않지만, 누군가에게 힘이 되어주려고 온몸을 다해 안간힘을 쓴다. 그의 몸은 더러움과 깨끗함을 반복한다. 그는 어떻게 사용했더라도 물에 빨면 깨끗해진다. 그의 마음은 한바다처럼 넓기만 한가?

그러나 그는 나서지 않는다. 아무 곳에서나 묵묵히 그의 할 일을 한다. 그의 위치에서 본분을 다한다. 그는 너덜너덜하거나 해지지 않는다. 항상 반듯하고 깔끔한 모습이다. 그는 꿈을 위해서 악착같이 견딘다. 그는 연약하지만 강하다.

그는 부드럽고 포근하다. 얇고 가볍고 부피가 없어 대부분 지갑이나 호주머니에 넣고 다니는 소지품이기도 하다. 그는 흔한 물건이지만 없어서는 안 되는 소중한 필수품이다.

그는 산중 돌 위에서 하늘로 날아갔으리라. 그는 비로소 나를 떠나 자유로운 꿈으로 날아갔을 것이다. 온 세상을 구경하고 누볐을 것이다. 그의 꿈은 종속되지 않는 꿈으로써 내게서 날아갔다. 이제 그는 '연약한 몸으로 무엇을 할까?' 하며 긴장을 하고 살지 않아도 될 것이다. 하늘을 향해 날아간 그는 한 마리의 나비가 되었을 것이다.

내 내면의 자아는 그를 떠나보내고 말았다. 그는 허름한 조기가 되어 소멸할 때까지~ 하늘에서 펄럭이며 허공을 누빌 것이다. 그는 김소월 시인의 〈초혼〉 시를 노래할 것이다. "허공 중에 산화되어 버린, 부르다가 내가 죽을 이름이여!"라고. 마지막 한 줌, 숨이 끊어질 때까지 외치며 나의 이름을 불러줄 것이다. 바로 그가 나의 미성숙 자아였으니까.

박 바가지

희붐한 새벽 그녀는 물동이를 머리에 이고, 으슥한 찬새미로 내려 갔다. 일렁이는 푸른 물 위에서 박 바가지도 파랗다. 동이에 물을 채우고, 똬리를 머리 위에 얹고, 바가지를 물 위에 놓아야만 물이 출렁거리지를 않는다. 집으로 돌아와 하얀 '복福' 자가 새겨진 대접에 물 한 그릇을 떠서 장독 위에 놓고, 검은 오지항아리에 물을 붓는다. 그리곤 두 손바닥을 붙이고, 정화수 앞에서 손을 모은다.

둥근 달이 하늘에서 모습을 감추고, 별들의 여름 잔치가 끝나면 박꽃은 질 것이다. 심장을 닮은 초록 잎을 단 잎줄기들이 담장을 타고 지붕 위까지 올랐다. 바가지를 엎어놓은 듯한 초가지붕 위에서 황혼빛이 붉어지면 그 잎들 틈새에서 하얀 박꽃들이 소리 없이 피어난다. 오후에 꽃이 피고 새벽에 지는 박꽃의 일생이 경이롭다.

박꽃은 긴 여름날 붉은 해가 기울기 시작할 때 꽃이 피고, 곧이어

꽃이 지면, 가을에 늘어진 가지에 둥근 박 덩이가 주렁주렁 달린다. 박이 어릴 때는 여린박을 따서 채 썰어 볶아 박나물을 해 먹기도 했다. 어느새 짧은 솜털이 보슬보슬한 박 덩이가 지붕 위에 달이 뜬 듯 둥그렇고, 하얗게 떠올랐다. 아침이 되면 박 덩이는 새벽이슬에 말갛게 세수를 하고, 파르스름한 머리통 같은 몸체는 햇빛에 매끈하게 반짝거리며 익어간다.

가을에 그녀는 남편과 박 덩이를 따서 톱질하여 반쪽으로 쪼갰다. 모지랭이 숟가락으로 속을 파내어 깨끗이 씻었다. 펄펄 끓는 물에 소금을 넣고 20분 정도 삶아서 바람길이 좋은 그늘에서 한 이틀 말렸다. 겉은 미끈하고 속은 우둘거리는 바가지 탄생이다. 빈 바가지에 무얼 담을까는 걱정 아니해도 된다. 하나는 곡식을 담고, 하나는 물바가지로 쓰면 된다. 바가지는 쓰다가 깨지기도, 닳기도 하는 소모품이다.

그녀에겐 바가지는 수족과 같았다. 물도 바가지로 뜨고, 소여물도 바가지로 뜨고, 곡식도 바가지로 떴다. 무쇠솥의 누룽지는 물을 넣어 끓이고 긁어서 바가지로 뜨고, 가족들에겐 구수한 숭늉의 맛도 보게 해주었다. 그녀는 밤낮으로 바가지를 사용했다. 시부모 봉양을 하고, 제사 음식을 만들고, 농사를 지으며 살림을 일구고, 가정을 지키며 자식들을 키워냈다. 그녀는 부지런히 박 바가지에 내용물을 채우고 비워내는 삶을 살았다. 집 떠난 자식들을 그리워하며 남모르는 눈물을 빈 바가지에 쏟았을 것이다.

박꽃은 여름꽃으로 그녀에게는 기다림의 꽃이었다. 어스름 새벽에 그녀는 박 바가지 물로 정화수를 떠서 자식들이 잘되어 금의환향하기를 기다렸다.

그녀의 둘째 며느리인 나도 시골 시댁에 가면 꼭 해넘이 저녁노을을 기다렸다. 나는 기다림의 꽃, 하얀 박꽃이 보고 싶었다. 뿌연 안개가 걷히고 햇살이 나타나면 박꽃은 이미 지고, 고개를 숙이고 있었다. 담장 위의 청순하고 하얀 박꽃을 여름날 매일 올려보고, 또 박덩이를 복덩이로 생각하며 살았을 처연한 어머니의 삶. 바가지로 이른 새벽 샘터에서 물을 길어 하얀 대접 정화수로 자식들을 기다렸을 어머니는 이제는 박 바가지와 함께 사라졌다.

이젠 아무도 물동이를 이고, 박 바가지로 물을 뜨러 다니지 않는다. 플라스틱 바가지가 그 자리를 차지하고 있다. 요즘의 박 바가지는 탈춤을 출 때 사용하는 등, 민속적인 가치에 중점을 두고 있다. 그리고 액운을 쫓는 벽사진경이나 결혼식 전 함진아비 행차 등 특수 용도에나 사용된다.

박꽃도 박 덩이도 젊은 날에는 여리여리하고 미끈한 해맑은 모습이었다. 어머니도 박 바가지의 일생과 같이 온몸을 내주고 연골이 닳고 뼈는 으스러지며 자식들에게 어머니라는 자리를 물려주고 사라졌다. 둥그렇던 바가지는 쓰다가 닳아 형태가 볼품없이 작아졌다가 끝내는 없어졌다.

어머니의 삶에 내 삶이 겹쳐진다. 어머니는 자식들을 위해 빈 바가지에 곡식을 담아내고, 물을 떠서 마시게 하고, 구수한 숭늉을 검은 가마솥에서 만들어 먹게 해주었다. 그리곤 애태우며 안달하다가 삶이 끝나고 사라지는, 이름도 없고 존재도 없는, 고단한 여자의 일생이었다. 박 바가지는 어머니의 일생과 닮았다. 나는 어머니와의 추억을 박꽃에서 찾게 되었다.

여름날, 박꽃은 들판에 하얗게 무리 지어 피어나건만 어머니도 박 바가지도 보이지 않는다. 나만이 해 질 녘 박꽃과 박 바가지의 일생을 어머니가 사시던 빈집 마루에 앉아 아득하게 바라본다.

도라지와 자리공

　우리 집은 몇 년 전 도라지 농사를 지었고, 2년 후 도라지 뿌리를
수확했다. 도라지의 뿌리는 굵고 줄기는 굳게 서며 줄기를 자르면
흰 유액이 나왔다. 우리는 도라지 뿌리의 껍질을 벗겨내어 하나하나
찢어서 초고추장에 찍어 먹기도, 무쳐 먹기도, 하얗게 볶아서 비빔밥
나물로 먹기도 했다. 나는 도라지에 관심이 많고 즐겨 먹는다. 나는
목이 약하고 코에 비염이 있어 인삼도 더덕도 도라지보다 못하다고
여기며 평소 도라지즙과 도라지 사탕을 즐겨 먹었다.

　남편은 몇 년 전 도라지를 심었던 밭에다가 고구마를 심었지만,
뒤쪽 야산에서 멧돼지가 내려와 고구마 줄기를 다 헤쳐놓았기에 비
워놓고 들깨만 심었다. 어느 날 밭에서 일하고, 밭가에서 점심 도시
락을 먹으려는데 하얀 뿌리가 보이기에 캐어 씻어서 '오독오독' 맛있
게 씹어 먹었다고 했다. 얼마 후 배가 아프고, 속이 메슥거리고 토사

물이 자꾸 넘어와서 정신을 차릴 수가 없었단다. 그래서 남편은 내게 전화했고, 나는 혼비백산해서 작은아들한테 차를 빨리 갖고 오라고 했다. 아들과 며느리는 승용차 갖고는 안 되고 119구급차를 불러서 남편의 일터로 가겠다고 했고, 나는 큰 병원에서 기다리기로 했다.

남편은 119구급차가 출발했다지만 몸이 견디지를 못해 고통스러 웠다고 한다. 그때 옆집 비닐하우스 주인이 보기가 안타까워 남편을 그의 화물차에 싣고 가까운 병원으로 출발했다. 그런데 작은 병원을 찾아갔는데, 마침 퇴근 시간이라 길은 좁고 차가 많아 막히기도 해서 겨우 병원에 도착했다. 하지만 그 병원에는 응급실이 없어 안 된다고 퇴짜를 놓아, 다시 구급차가 싣고 오기로 한 병원으로 출발하여 많은 시간이 걸렸다고 한다.

한편 아들과 며느리는 구급차를 타고 갔는데, 위치를 못 찾아서 좀 헤매다가 사고가 난 밭에 가서 보니 아무도 없어 많이 놀랐단다. 연락은 안 되고, 온 들판과 야산을 목이 터지도록 소리치며 샅샅이 찾았지만 찾을 수 없었고, 혹시 절벽에서 떨어졌나 하는 걱정을 많이 했다고 한다. 그때 내가 전화를 하여 화물차를 타고 출발했다고 알려 주어 그들은 구급차를 보내주고, 안심하고 집으로 돌아갔다.

또한, 나는 처음 오기로 한 대학병원 응급실에서 아무리 기다려도 남편이 탄 차가 오지 않았고, 겨우 연락만 되었다. 헤매다가 늦게 온다는 소리에 그 병원 응급실에 접수하고, 휠체어를 빌려놓고, 응급 실 구급요원들에게 앉혀달라는 부탁까지 하며 기다렸다.

얼마 후 남편이 도착해서 구급대원들과 겨우 휠체어에 앉혔는데,

못 견뎌 몸을 들썩이다가 휠체어에서 바닥으로 떨어지고 해서, 또다시 태우고 하는 반복을 했다. 또 계속 토해서 비닐을 들고 따라다녔다. 그리고 설사를 하는 바람에 옷을 벗기고, 변기를 갖다 대고, 옷을 입히고, 옷에 묻은 토사물을 닦고 하느라 정신이 하나도 없었다.

의사가 무얼 먹었냐고 묻는데 남편은 '장뇌'를 먹었다고 했고, 의사가 그게 뭐냐고 재차 물으니, 남편은 의사가 그것도 모르냐면서 다 죽어가는 사람 같지 않게 큰소리를 질렀다. 그러다가 겨우 소통되었는데 그 독초가 '자리공'이라 했다. 남편의 말인즉슨 어릴 때 살았던 고향 경상도 시골에서는 자리공을 '장뇌'라고 이름 불렀다고 한다. 의사는 그에 맞는 치료는 따로 없다면서 독을 중화시켜주려고 중화제를 넣은 링거 주사를 천천히 놓아주었다. 그는 몇 시간 후 한숨 자고 난 후 겨우 진정되었다.

남편은 몇 년 전에 도라지 뿌리를 캐면서 땅속에 남은 게 있는 줄 잘못 알았다고 했다. 배가 아프고 토하게 되면서 자리공을 먹은 걸 눈치챘다고 했다. 도라지를 탐하다가 황천길로 갈 뻔했다. 도라지의 꽃말은 영원한 사랑이지만, 남편의 도라지 사랑은 영원한 사랑이 아닌 영원한 이별인 죽음의 길로 갈 뻔했다.

자리공 독초는 약재로 쓰기도 하지만 독성이 있다. 5~6월에 꽃이 피고, 꽃은 분홍색의 총상꽃차례로 핀다. 까만 열매가 포도송이 같이 달리고, 줄기는 붉다. 잎줄기는 확연히 다르나, 며칠 전 남편은 주변 풀들을 다 베어버렸기에 잎줄기로는 구별이 되지 않았다고 한다. 이 풀은 아무 곳에서나 잘 자라는 흔한 풀이지만 뿌리가 어릴 때는 도라지와 비슷하다. 남편은 자리공 뿌리를 도라지 뿌리로 착각하여 먹다가 위급해서 응급실에 실려 갔다. 예전 조선 시대 궁중 비사에서는 자리공으로 사약을 만들어 사람을 죽였다고 하니 정말 아찔하게 위험한 순간이었다.

남편은 시골에서 자라 어지간한 야생식물인 나물과 버섯에 대해 취미도 있고, 아는 것이 많았지만 무모한 자신감이었지 싶다. 선무당이 사람 잡는다고 어중간하게 아는 것도 병이다. 몸에 좋다고 탐하다가는 독이 되는 독초를 먹게 된다. 그는 도라지를 탐하다가 부주의해서 죽다가 살아났고, 나까지 간담이 서늘했다. 남편은 도라지가 몸에 좋으니 건강에 보탬을 주려고 탐하다가 죽을 뻔했으니 섭생은 조심해야 하고, 지나침은 화를 부른다는 것을 깨달았다. 우리 부부의 도라지 사랑도 이제는 거리를 좀 두어야 할까 보다. 건강은 중요하나 목숨은 단 하나뿐이니 말이다.

친절한 마스크, 햇살 웃음

　나는 걸음을 걸을 때, 빨리 걸으면서 군인 같이 박력 있게 걷는 걸음 걷기를 좋아한다. 혼자 걸을 때는 이런 걸음을 잘 걷고 다녔다. 몇 달 전 이른 아침 K 역사 안으로 걸어 들어갔다. 잘 모르는 내 또래의 A 여성이 날 보더니 웃으며 다가왔다. 그리고 "씩씩하게 어딜 가느냐"고 물었다. 나는 그 여성이 왜 내게 이런 질문을 하는지가 의아해 고개를 갸우뚱하고 있으려니, 그녀는 "마스크는 쓰고 가세요"라고 말했다. 나는 "아뿔싸! 마스크를 깜빡 잊고 안 쓰고 나왔네요"라고 말하며 "알려주어서 고마워요"라고 인사하고, 늘 비상용으로 마스크 한 장은 갖고 다니기에 가방 안에서 꺼내면서 잠깐 짧은 시간이었지만 그 친절함이 고마워 웃어주고, 마스크를 썼다.

　코로나 시대를 맞아서 작년부터 2년째 마스크는 필수품이 되어버렸다. 언제쯤 마스크를 안 써도 되는 민얼굴로 다니는 세상이 오려는지 아득하다. 예전에는 아무리 황사가 심해도 마스크를 쓰면 환자 같고, 수상한 사람처럼 보여 쓰는 게 어색했다. 또 마스크를 얼굴에 붙여 쓴다는 것 자체가 번거롭고 이상하게 보일까 봐 싫었다. 그리고 마스크를 쓰고 있는 사람을 보면 환자 같기도, 범죄자 같기도 해서 경계심이 생겼다. 그런데 이제는 마스크를 미처 쓰지 못한 이웃을 엘리베이터에서 만나면 "마스크 쓰세요"라고 권하게 되고 그들은 "어머나! 깜빡했네요" 하면서 내가 엘리베이터에서 내리자, 그들은 도로 엘리베이터를 타고 본인 집으로 마스크를 쓰려고 올라갔다. 이웃들은 이사 갔고, 새로운 이웃이 이사를 오고 했지만, 서로 얼굴을 볼 수가 없다. 잘 나오지 않으니 안부도 알 수가 없다. 새로 이사온 사람들은 마스크에 가려져 얼굴을 익힐 수가 없다. 그나마 민얼굴을 볼 수 있는 것은 함께 사는 우리 부부 둘뿐이다.

가끔 다니는 헬스장에서 문자가 왔다. 며칠 전 아침 8시경에 3일간 운동을 하고 간 B 여성이 코로나에 확진됐단다. 그녀 남편의 회사 직원이 확진되어 검사했더니 확진됐다는 진단을 받았다고 한다. 오늘 새벽에 운동 갔더니 늘 번호를 입력했던 PC가 없어져서 고장이 난 줄 알고 수기로 적었는데, 동선을 조사하려고 가져갔던 모양이었다. 다행히 B 여성은 마스크를 쓰고 운동했고, 전파 수치가 40 이상일 경우 같은 공간에 있었던 모두가 확인이 필요하지만, 11이라는 낮은 수치가 나왔다고 한다. 그래서 동선이 겹치는 그 날짜, 그 시간에 운동 한 사람들만 검사받으라는 연락이 갈 것이니 동요하지 말고 검사받고, 나머지는 안심하고 운동해도 좋다는 문자였다. 그리고 며칠 후 검사받은 사람 전원이 음성이 나왔다는 문자를 받았다.

마스크를 늘 쓰고 다녀도 하루하루 사는 게 살얼음판이다. 큰일 날뻔했다면서 가슴을 쓸어내리며 안도의 한숨을 쉬었다. 수치가 많이 나왔다면 모두 검사받아야 하고, 격리되고, 헬스장이 폐쇄되어 당분간 운동도 하지 못하게 되었을 터이다. 또한, TV에도 나오고, 불편해서 야단이 났을 것이다. 그래도 이만하고 만 것은 마스크를 열심히 애용하고 지내 온 덕이었다.

마스크를 잘 쓴다는 게 쉬운 일은 아니었다. 그래도 이젠 어느 정도 습관이 되었다. 우리도 불편하지만 제일 불편한 사람은 호흡기가 좋지 않아 마스크조차 쓸 수 없는 환자일 것 같다. 또한, 한창 뛰어노는 어린이들이 매우 불편할 터이다. 밖으로 나가지도 못하고, 마스크를 쓰고 뛰어놀기가 갑갑하고 힘이 들고 어려울 것이다. 오늘은 어린이날이다. 몇 년 전만 하더라도 어린이날에는 애들을 데리고 놀이공원도 가고, 선물을 사러 큰 매장에 많이 다녔다. 그래서 인파가 몰린 매장 풍경도 뉴스 화면에 많이 나왔다. 그리고 어린이 공원에서 놀이기구 타는 모습, 야외 풍경도 흥청거리고 여행도 갔는데, 옛이야기 같이 되어버렸고, 지금은 어려운 시절이다.

지하철에 앉아 앞좌석에 마스크를 쓰고 앉은 모습들을 보니, 사람들의 입 모양이 그립다. 그래서 상상도 해보지만 이젠 상상도 안 되었다. 각양각색의 다른 입 모양에서 입꼬리를 올려주는 것을 잊지는 않았을까 싶어 염려스러웠다. 그동안 웃을 일이 너무 없었다.

며칠 전 K 역사 의자에 무심코 앉아 전철이 오기를 기다리고 있었다. 잘 모르는 젊은 남성 C가 다가오더니 나에게 말을 건넸다. "마스크 없으세요" 하며 내게 마스크 한 장을 주었다. 나는 깜짝 놀라며 "미안해요, 제가 마스크를 깜빡 잊고 안 썼나 보군요, 감사합니다"라고 인사를 꾸뻑하며 "가방에 비상 마스크 있어요" 하면서 마스크를 꺼내 썼다. 나이답지 않게 얼뜨기 같이 마스크도 못 쓰고 나온 내 정신없음이 젊은 사람 보기에 좀 머쓱했나 보다. 그리고 타인을 위하여, 자신을 위하여 마스크를 준비하고, 마스크를 권하는 친절한 마스크 속 보이지 않는 입술소리와 아름다운 손. 그 마음에 잠깐이나마 퍼져나가는 햇살 같은 따뜻한 웃음을 웃어주고 마스크를 썼다. 코로나가 병균을 전파한다면 우리는 이웃에 웃음이라도 잃지 않게 전파해야 하지 않겠는가.

행운목꽃 1
- 사랑의 향기

　행운목은 집들이 선물로 제격이다. 이름만 들어도 행운이 올 것 같다. 행운목은 열대에서 자생하던 식물로 꽃말이 행운, 행복이다. 이 식물은 공기 정화 능력이 우수해서 집들이 선물이나 개업 선물로도 널리 애용된다.

　칼처럼 생긴 잎의 끝은 넓은 타원형으로 새로 나온 잎은 뒤로 젖혀져서 곡선을 그리며 늘어진다. 행운목은 뿌리보다 잎이 먼저 나온다. 잎은 보통 줄기 끝부분에서 잎자루 없이 옥수수 잎처럼 빽빽이 붙어서 달리고 줄기는 나무같이 딱딱해진다.

　행운목은 7년 만에 꽃이 핀다고 하지만 매년 피울 수도 있고, 또 꽃이 잘 피지 않을 수도 있고, 꽃이 피면 행운이 온다는 속설도 있다. 꽃은 계절에 상관없이 꽃대가 나오고 중심의 긴 줄기에 무리를 지어 하나하나의 꽃이 짧은 꽃줄기에 매달려 각각 원통 모양으로 몽글몽글하게 쌀알 같이 뭉쳐서 실처럼 하얀색 꽃이 핀다. 그 속에 작고 길쭉한 다섯 개의 꽃잎과 다섯 개의 꽃술을 활짝 펼치고 있다. 낱개의 꽃 하나하나가 낮에 온도가 높을 때는 꽃잎이 오므려 들었다가 밤이 되어 기온이 떨어지면 활짝 피게 된다. 놀라운 일은 꽃향기가 너무 강해서 백합 향기 같기도 하고, 풀꽃 냄새 같기도 하고, 감로꿀의 풀잎 냄새 같기도 했다.

신기하게도 이 꽃은 저녁 무렵 온 집안에 향기가 진동하다가도 아침이면 시침을 떼고 꽃은 오므라들고, 냄새도 사라진다. 꽃은 특별하지 않아도 꽃이 피는 것에 따라서 꽃의 향기도 강하고, 게다가 꽃에 꿀이 뚝뚝 떨어진다. 이 꽃과 향기는 밤·낮에 따라 일어났다가 사라지는 신기루 같다. 그래도 꽃이 피어있는 동안에는 꽃모습과 향기로 행복하다.

4월 말 처음에 꽃대가 올라오고 그 속에 한 개의 꽃을 받치는 잎을 둘러싸고 흰 쌀알 같은 것이 뭉쳐있어 그게 꽃인가 싶었다. 그래서 꽃이 예쁘지 않아서 듣던 말하고 달라서 이상했다. 남편도 꽃이 꽃같지 않게 핀다면서 실망했는지 미운 소리를 했다. 나는 꽃이 듣는다면서 피는 과정인데 지켜볼 일이지 너무 성급하게 입방정을 떤다고 짜증을 냈다. 남편은 내게 말해봤다고 하면서 꽃은 못 듣는다고 하고, 나는 꽃도 다 듣는다고 했다. 나는 미안해서 꽃에 가서 "예쁘게 잘 피어라" 하고 격려를 해주고, 쓰다듬고, 사랑스럽게 들여다봤다. 나는 남편에게 말 주문은 무서운 것이니 아무 말이나 하지 말라고 했다. 꽃이 피는 중이니 어떤 모습으로 피려는지 기대하고 진득이 지켜보자고 했다.

　사실 물은 남편이 열심히 주었지만 매일 가서 보고 사랑해 준 것은 나였다. 나는 매일 이 꽃을 귀하게 여기며 정성으로 들여다봤다. 꽃은 무척 오래 뜸을 들이고 꽃이 피는 과정이 오래 걸리니 특이한 꽃이다. 꽃 이름은 허명이 아니었다. 이 꽃이 피는 오랜 시간을 여자가 아기를 잉태하고, 출산의 산고를 겪는 것과 같다는 생각이 들었다.

　꽃을 받치는 한 개의 꽃받침 잎이 나오고 그 속에 한 덩어리씩 꽃들이 알같이 둥글게 뭉쳐있다가 점점 자라났다. 꽃받침 잎이 꽃 알갱이들을 품고 있는 형상을 보며 산고가 얼마나 힘들면 꽃이 피기까지 이리 긴 시간, 긴 날짜가 필요할까 싶어 짠했다. 꽃들이 긴 시간 산고를 겪고 있었다. 그러다가 19일 만에 향기와 동시에 피어난 꽃은 얼마나 기특하고 대견한지. 꽃이 피고, 향기가 터져 나왔다. 나는 이 냄새에 취했다. 행운이란 쉽게 오는 것은 아니리라.

　예전 젊은 시절 멋도 모르고 결혼을 했고, 시골에 살면서 아무 준비도 없이 아기를 가지고, 병원도 못 가본 채 주변의 누구의 보살핌도 없이 집에서 밤새 진통을 혼자 견디며 자연 분만을 했다. 그것도 세 아기 모두를 출산 때마다. 우리 부부는 왜 그렇게 무지하고 용감했을까. 잘못하면 죽을 수도 있었지만, 다행히 아기들을 무사히 순산하였고, 잘 자랐다. 이제 모두 결혼을 시켜 보냈으니 이것이 행운이었다는 사실을 새삼 깨닫게 되었다. 행운목꽃의 산고도 이리 힘든데, 나는 그 세월을 어떻게 살아왔을까. 40년도 더 된 오래된 젊은 시절

의 이야기다. 그 진통의 순간들을 어떻게 들녘의 풀꽃 야생화野生花
같이 혼자서도 잘 겪어내고 살아왔는지 나 자신이 대견했다. 나야말
로 사랑의 향기를 독하게 뿜어내는 남들이 모르는 독한 사람이었고,
해가 지는 밤에 피는 밤의 꽃 야생화夜生花였다. 내 삶의 자취는 자
생력을 갖게 된 것이다.

　야생화 행운목은 열대지역에서 우리나라로 들어와서 우리 집 베
란다에 선물로 들어온 행운을 몰고 온 행운목꽃이었다. 이 꽃은 예쁜
꽃과 향기를 선사해주는 사람[人]의 꽃인 아이들을 잘 키워낸 행운,
행복의 꽃이었으니 나는 이것으로 충분했다. 또 다른 행운까지는 바
라지도 않았다. 우리 애들이야말로 나의 행운이었다. 오늘 저녁에도
애들이 찾아온다고 했다. 애들과 함께 행운을 몰고 오는 행운목꽃을
감상하며 이 밤도 꽃의 향기에 취해보리라.

여권 사진과 영정사진

사진 속의 나는 10년 만에 사진을 찍었더니 표정이 많이 늙어 보였다. 사진을 들여다보니 추레하게 변모한 내 모습에 이질감이 느껴지고, 세월을 도둑맞은 듯한 기분이 들었다.

이웃에서 사진관을 하는 지인이 20여 년을 운영했던 사진관의 문을 닫는다고 했다. 왜냐고 물었더니, 건물을 새로 산 주인이 전체를 부수고 새로운 건물로 재건축한다면서 입주해 있는 점포 모두를 비우라 했다고 한다. 그러니 사업을 접겠다고 했다. 요즘은 핸드폰에 카메라가 장착되어 사진관이 사양산업인 데다가, 코로나 전염병 때문에 대면 사업이 어렵고, 나이도 들었으니 은퇴를 하겠다는 것이다. 좋은 재주를 버리는 것이 안타깝지만 어쩔 수 없다고 했다. 그래서 나도 이 사진사가 그만두기 전에 여권 사진을 찍고 싶었다.

나는 올해 연말이 여권 만료 기간이라, 여권 사진을 지인인 사진사에게 찍어야 편할 것 같기에 이분이 그만두기 직전에 찍기로 그 시기를 맞추었다. 이분에게 도움도 되고, 마지막 사업의 정리를 기념해주는 일이기도 해서였다.

사진사와의 오랜 만남의 인연, 그리고 한 울타리에 묶였던 우리 가족도 죽음의 이별에서는 자유롭지 않다. 죽음이란 무거운 문제 앞에서는 누구나 엄숙해질 수밖에 없다. 그런 점에서 나는 마음의 열정이 식기 전에 좀 빠르지만, 영정사진도 함께 찍기로 했다

사진을 찍었을 때의 내 표정은 자꾸만 굳어졌다. 이 사진이 여권 사진으로는 마지막이고, 영정사진이기도 한 것을 내 마음이 알아채고 심통을 부리는 것 같았다. 나는 사진사에게 '영정사진치고는 너무 예쁘고, 젊지 않아요' 하며 웃으려고 했다. 하지만 사진사가 여권 사진은 웃으면 안 된다는 바람에 표정이 또 굳어졌다. 몇 년을 코로나 전염병 때문에 몸을 사리고, 여행을 못 갔으니 여행보다는 죽음에 가까운 영정사진의 용도가 된 듯했다. 나는 웃지 못하는 여권 사진과 웃는 영정사진을 각각 연달아 같은 시간대에 찍게 됐다.

영정사진이란 죽을 때 관 앞에 두거나 큰 상주가 상여 길을 나갈 때 몸에 메고 가는 죽음, 초상길의 사진이다. 말하자면 영정사진을 찍는 것은 죽음을 준비하는 것이다. 만남이 없다면 이별도 없다. 누군가를 만나면 이별은 필연적이다. 우리는 만났다가 헤어지고, 헤어졌다가 다시 만난다. 하루하루가 순간순간이 이별의 연속이다. 이처럼 끊임없이 반복된 이별을 우리가 큰 아픔 없이 참아낼 수 있는 것은 다시 만날 수 있다는 확신 때문이다. 이런 이별과는 다른 이별

이 있다. 다시 만난다는 기대도, 기약도 할 수 없는 이별, 어쩌면 영원한 이별, 죽음이 바로 그 이별이다. 숨어 있던 이별이 한꺼번에 쏟아지는 커다란 사건이 죽음이다. 죽음, 곧 기약 없는 이별은 만남이 끊어지고 만다.

죽음을 맞이한다면 이 세상에서의 만남은 불가능하다. 죽음은 다시 만날 가능성을 가차 없이 빼앗고 인간관계의 실타래를 무정하게 싹둑 잘라버린다. 또한, 자신이 죽는다는 사실만큼은 다른 어떤 진리보다 확실하지만 동시에 죽는 순간만큼은 누구도 마음대로 조절, 결정할 수가 없다. 인간이면 반드시 죽을 수밖에 없다는 의미이다. 대체 언제 죽음이 찾아올는지는 아무도 모른다.

사진 또한 태양에 의해서 채색된 환상에 불과하다. 그리고 사람은 누구나 한 가닥의 추억을 소중하게 생각하게 된다. 한동안 많은 사람이 여기저기 세계를 누비며 여행 다니고, 사진을 찍어 추억의 기록으로 저장했다. 사진에서는 기쁨과 슬픔, 삶의 흔적들이 차곡차곡 추억이란 이름으로 쌓였다. 그렇다면 삶의 행진, 여행을 위한 사진과 삶의 종말, 정리를 위한 영정사진과 무슨 차이가 있을까. 결국은 죽음도 하나님 앞으로 여행을 가는 것이라는 생각이 들었다.

이생의 삶이란 부부가 만나 한 가정을 이루고, 돈을 벌며 아이들을 낳아 양육하고, 결혼시키고 또 손주가 태어나는 과정이 아닐까. 가끔 책도 읽고, 여행을 가서 삶의 간접 경험을 얻고 새로운 것도 배운다. 아이들은 성장하고, 손주들도 자라고, 모든 관습을 이어받는다. 그리고 어른들은 사업을 접고, 퇴직하고, 자리를 물려줄 준비를 한다. 아이들에게, 미래 세대에게.

나는 삶과 죽음의 경계에 서서 사진으로 서성였다. 시간은 내 마음대로 흐르지 않았다. 하나님의 시간은 아무도 알 수 없었다. 삶의 시간을 갈무리하면서 여권 사진을 찍어놓고, 영정사진을 바라보며 여행할 수 있는 그 시간을 기다릴 것이다.

영정사진은 하늘로 여행가는 여권 사진, 비자가 되어버렸다. 여권 사진은 웃지 않았지만, 하나님 앞으로 여행 가는 영정사진은 웃을 수 있었다. 코로나 전염병 때문에 여행을 못 가는 내 여권 사진의 인상은 초라한 몰골이지만, 하늘로 갈 내 영정사진의 미래는 환하게 웃고 있다.

또한, 영정사진은 속세에서 말하는 액막이가 되어, 여생의 짧은 시간을, 죽음을 늦추고 건강을 보장하는 보험이 되어 행복한 노후를 부여해 줄 보험증권이 될는지도 모르겠다. 보험회사에서는 보험금을 지급하기 싫을 수도 있겠다.

코가 선 가죽구두

어릴 적 어머니가 새 신발을 사주면 너무 좋아 집 안에서도 막 신고 돌아다녔다. 밤에 자다가 깨어서 신발이 달아날까 봐 만져보고 신어봤다. 그리곤 엄청나게 들떠서 깡충깡충 뛰고 싶어, 그 설렘에 잠은 달아나고 날이 새기만 기다렸다.

나와 남편이 처음 만났을 때 우리는 20대라 젊고 힘이 넘쳤고, 기쁨에 들떠서 결혼식을 했다. 우리는 풋풋했지만, 매사가 어설펐다. 그 시절 나는 코가 선 세모꼴 가죽구두를 즐겨 신었다. 그 구두는 세련되고 여성스럽고 예뻤다. 그때 우리 부부의 코도 날이 서 있었다. 우리는 삶의 방법이 서툴러서 자존심 세고 지기 싫고 단순해서 상대방을 이해하는 데 큰 어려움이 있었다. 각자 기를 세웠다. 결혼 전 정반대의 환경에서 살아왔으니 서로를 맞추어 가는 데 많은 시간이 걸렸다.

나는 신혼 초 한복을 입고 그에 맞추어 코가 올라온 흰 버선과 꽃무늬 코고무신을 신었다. 코가 쭈뼛하게 올라온 코고무신을 처음 신어본 나는 그 모양이 신기해서 신혼 시절 친척 집 나들이할 때마다 한복에 꽃고무신을 신고 신혼 티를 내고 다녔다.

나는 결혼 후에는 주로 운동화와 가죽구두를 신고 다녔다. 가죽구두는 코가 세모꼴로 올라있고, 나는 바닥이 뾰족한 중간 높이 굽의 구두를 신었다. 나중에 이 신발은 볼이 좁아 엄지발가락 옆의 뼈가 튀어나오고 아프게 했다. 그 뼈는 신발을 신을 때마다 닿으면 아프더니 무지외반증을 동반했다. 하는 수 없이 뼈를 깎아내는 수술을 했다. 그런데 요즘은 발바닥이 아픈 족저근막염이라는 병을 하나 더 얻어 신발에 쿠션이 있어야만 했다.

나는 한동안 세모꼴 가죽구두를 신고 외출했다가 돌아오면 발이 무척 아팠다. 발가락 마디가 아프고, 앞발바닥에는 티눈이 생기고 굳은살이 배겨 신발에 닿으면 아팠다. 새 가죽구두를 신으면 가죽이 단단하고 발뒤꿈치에 물집이 잡혀서 쓰라리고 불편해서 절뚝거리고 다녔다.

남편은 고무신을 신고 시골에서 자랐고, 나는 읍내에서 운동화와 구두를 신고 살았기에 자라온 환경이 많이 다르다. 그럼에도 어린 시절 시골 생활이 그리운지 남편은 시골에서 살기를 고수했다. 나는 생활수준을 10년 정도 낮추어 겨우 결혼생활을 순조롭게 할 수 있었다. 맞지 않는 점을 맞추느라 긴 시간 마음고생이 많았다. 세 아이를 안고, 걸리고 내 결혼생활은 고난의 연속이라 늘 발이 아팠다. 그러다가 우리 부부는 서로에게 길이 들었다. 굳은살까지도 품어주고 서로 융화되어 양보하게 된 것이다.

예전에 젊은 시절 나는 코가 우뚝 올라온 세모꼴 구두에다가 발바닥 뒷굽이 양산 꼭대기 같은 뾰족한 가죽구두를 신고 다니곤 했지만, 이젠 그런 신발은 모두 갖다버리고 말았다. 코가 선 뾰족구두는 발이 불편하여 언젠가부터 싫어졌기에 내 신발장에서 자취를 감추었다.

나는 발이 아파서 코가 선 세모꼴 뾰족구두를 포기하고 멋대가리 없이 둥근 코인 통굽 구두에서 비로소 발의 안정과 해방감을 맛보게 되었다. 게다가 가죽이 오래되어 길이 들어서 부드럽고 헐렁해졌으니 이 품위 없어 보이고, 예쁨과 여성스러움을 포기한 신발이 얼마나 편한지, 내게 맞는지 그저 고맙다. 이제 나는 이 구두를 신고 삶의 현장을 멋지게 걸어 다니며 살고 있다.

구두를 알맞게 신게 된 나는 발이 편하고 날렵해서 가끔 뛰기도 하면서 아무 곳이나 잘도 다닌다. 지금의 나는 새 구두보다는 오래되어서 가죽이 늘어나고 헐렁한 구두가 더 편해졌다. 짧지 않은 세월에 닳고 낡은 이 구두는 나와 함께 어디든지 갔으며, 비가 오든 눈이 오든 스며든 물기를 다 받아냈다. 그런 습기는 신발에 모두 배이고 달라붙었다. 내 구두는 오래되고 좋지 않은 나쁜 냄새들과 내 발의 체취까지도 모두 빨아들여 분신같이 한 몸 일체가 되었다. 이젠 내 발에 맞추어지고 길이 든 헌 구두가 편하고 좋아졌다.

우리 부부도 서로에게 맞추어졌으니 젊을 때처럼 서툴게 콧날을 세우며 부딪치지는 않는다. 늙어지도록 함께했으니 상대방의 마음을 먼저 헤아리게 되어 안쓰러울 따름이다. 늙어져서 맞는 헐렁한 내 가죽구두가 대견하고 편하듯이 남편과 나 또한 같이한 험한 세월만큼 서로에게 깎여져서 둥글고 유연하게 되었다. 지금의 우리는 서로에게 필요하고, 푹신하고 부드럽고 편안하고 만만한 가죽구두 같은 존재가 된 것이다. 구두코가 날이 선 세모꼴 가죽구두는 내 삶의 아픔과 자취를 남기고 어느새 내 인생에서 사라져 가고, 남편과 나는 같은 곳을 바라보며 삶의 연륜을 익혀간다.

체리

나는 이른 새벽 홀로 깨어 기도했다. 뭘 간구하냐고? 기도할 것이 너무 많았다. 코로나라는 궁극적인 문제 외에도 개인적이고, 종교적인 답답함도 많았다. 종교는 내게 답을 해 주는 게 아니라 점점 기도의 제목을 늘여주고 있었다. 몇십 년이 지난 묵은 문제들도 해결되지 않았고, 어려운 일들도 가끔 생겼다. 자꾸만 이일 저일 막혀서 주께 아뢰며, 하루를 기도로 시작하게 되었다. 우울하고 답답한 마음을 새벽부터 기도라는 정성으로 풀고 있다.

요즘 와서 살맛, 밥맛을 잃었다. 얼마 전까지만 하더라도 내가 제일 좋아하고, 잘하는 것은 밥을 잘 먹는 것이었다. 나는 군것질을 좋아하지 않는다. 시장에 가면 필요한 것만, 메모한 것만 사 오고 아무것도 눈여겨보지를 않는다. 가성비를 중요하게 생각하는 알뜰파다. 답답해서 거리를 배회했다. 저만치 길목에 자동차를 대놓고 과일을 파는 노점상을 발견했다. 알록달록 보기 좋았다. 무조건 가보았다.

노란 참외, 초록색 줄무늬 수박, 빨간 토마토, 보라색 포도 등 먹음직스럽고 푸짐했다. 그런데 홍조를 띤 심장 같은 체리가 영롱한 구슬같이 반짝거리며 "나를 사랑해 주세요!"라고 하는 듯이 내 선택을 바라고 있었다. 눈이 번쩍 뜨였다. 나는 여태까지 체리를 한 번도 내 손으로 사서 먹어 본 적이 없었다. 왜냐고! 비싼 수입품이고 사치품 과일이라 생각했기 때문에 늘 외면했다. 그러나 지금 이곳에서 빨간 색깔의 심장 모양과 새콤달콤한 향기에 내 심장도 쿵쿵거리며 반가워하고 있었다. 당장 1만 원을 빼주고 체리를 샀다. 뜻밖에 검붉은 체리가 나를 사로잡았다.

체리는 식물의 열매로 과일 중의 다이아몬드라고 불린다. 체리는 보통 6~7월에 산지에서 수확하여 바로 우리나라로 수입되고, 열량이 낮아 다이어트 식품으로 사랑받고 있다. 체리는 알이 중간 크기로 둥그스름하고 생김이 하트 모양을 하고 있고, 꼭지가 길고 열매가 2, 3개씩 매달려있어 그 모양을 보는 것만으로도 먹음직스러워 군침을 삼키게 된다. 체리의 색깔은 처음에는 선홍색이다가 점점 검붉은 색으로 익어간다. 육질은 단단하면서 상큼하고 새콤하고 달콤하다. 체리는 즙이 많고 연하여 은은한 향이 나고, 식감이 좋다.

우리 애들이 어릴 때 우리 집 마당가에는 양 앵두나무가 한그루 있었다. 매년 앵두가 빨갛게 주렁주렁 달려 애들과 깔깔대면서 따먹었다. 그때는 토종 작은 알의 앵두에 비해 개량종이라 알이 굵다고 좋아했는데, 지금은 그 자리를 체리가 수입되어 사랑받고 있다. 그때는 아이 셋을 키우느라 바빠서 정신이 없었는데, 지금은 모두 출가했으니 빈 둥지가 되었고, 이제는 하루가 무료하고 무상했다.

체리를 산 이후에는 지하철 역사 앞으로 이동했다. 비는 부슬부슬 뿌리고 있었지만 내 발걸음은 멈추지 않았다. 역사 앞 길바닥에 난전을 편 아주머니가 또 비가 온다면서 보따리를 싸야 할지 말아야 할지 불안해하고 있었다. 나는 홍삼 젤리 2봉지를 사고, 마른 대추와 고구마까지 샀다. 젤리 또한 여행 가면 여행 선물로 사 봤지만, 집에서 내가 먹으려고 사 본 적이 없었다. 참 답답하게 살아왔다는 걸 새삼 깨달았다. '까짓것, 이래도 저래도 한세상이다'라고 중얼거리며 두리번두리번하는 사이에 비는 멎었다.

집으로 돌아와서 시장 보따리를 풀어놓고, 체리를 물에 넣어 살살 씻었더니 손에 닿는 감촉이 탱탱하고 싱싱해서 어여쁜 아가씨 피부를 만지는 것처럼 느껴졌다. 물방울이 맺힌 체리는 더욱 윤기가 돋보였다. 한 꼭지에 달린 탐스러운 체리를 보기만 해도 입안에 군침이 돌았다. 빨갛게 씻긴 얼굴로 하트 형의 몸체를 반짝이는 모양이 사랑스럽게 보여서 먹기도 아까워졌다. 바라만 보고 싶어서 가만히 들여다봤다. 체리가 내게 말을 건네는 듯했다. '오늘 하루, 현재를 사랑하라! 너 자신을 사랑하고, 이웃과 친구를 사랑하라'라고 말하는 것처럼 체리는 하트를 보냈다. 삶에 충실하고 자부심을 느끼며 용기를 잃지 말라는 격려의 뜻일 것이다.

체리의 모양과 향기를 음미하며 체리 한 개를 꼭지에서 따서 입맛

으로 목으로 넘겼다. 홍삼 젤리도 곁들여 먹었다. 먼저 마음의 포만
감으로 배가 불러왔다. 입맛 없어 밥 못 먹어도 체리도 있고, 젤리도
있다. 내일 일은 내일 다시 기도하면 되리라. 심장을 닮은 검붉은
체리는 내 삶의 동력을 다시 힘차게 돌아가게 해 주었다. 입과 목
안이 뻥 뚫렸다. 다이어트 식품이라 콩팥도 좋아할 것이고, 떨어져
나간 밥맛도 다시 돌아오리라. 체리의 단맛, 신맛이 모처럼 내 삶의
심장에도 신바람을 일으켰다. 입 안이 환하고 상큼해졌다.

달빛 속 도자기

초저녁에 고단하여 잠깐 잠이 들었다가 한밤중에 깨었다. 조용하고 어두운 밤, 물을 먹으려고 식탁에 갔다. 식탁 위에 하얀 둥근 달이 떴다. 깜짝 놀랐다. 밖에도 둥근달이 떴다. 달은 2개였다. 아니, 달은 8개였다. 우리 집 식탁의 조명등 1개와 6개의 도자기, 그리고 진짜 달이 우리 집을 안팎에서 둘러싸고 있었다. 식탁 등은 불을 켜지도 않았지만, 달빛은 달처럼 하얗고 둥그렇게 생긴 그 등을 은은하게 밝혀주고 있었다. 도자기 하얀 목으로 은은한 달이 빛을 내며 스며들었다. 인공과 자연이 조화로운 밤에 이들은 하얗게 은근히 빛을 내고 있었다.

도자기 중에서 고려청자가 가을 하늘을 담아놓은 마음의 그릇이라면 조선백자는 달밤을 담아놓은 영원의 그릇일 것이다. 달밤에 백자와 청자 도자기를 바라보며 지나간 날의 마음의 문을 열고, 그리움을 초청해보았다. 이 도자기들은 눈부시지는 않았지만, 맑고 은은하게 달과 달을 닮은 식탁 조명등과 어우러져 내 마음까지도 비춰주고 있었다. 백자는 달을 형상화 시킨 것이라 말들을 하고, 도자기들의 곡선은 보름달의 곡선과 흡사했다.

나는 10년 가까이 이 도자기들을 예사로 보고, 장식품으로만 여겼을까 싶다. 도자기 속의 흙이 숨을 쉬며 달빛과 사람을 그리워하며 그들을 만져주고, 닦아주기를 기다렸을 텐데, 나는 그 많은 시간을 어디에다 허비했을까. 도자기 속의 소나무, 대나무, 매화, 모란, 난초꽃의 꽃냄새, 풀냄새가 나는 듯하더니 진짜 풀벌레 소리가 여름밤을 자욱하게 울렸다. 도자기는 달빛을 받아 목을 타고 오르는 입과 하얀 피부를 빛내주었다. 백자는 하늘에도 땅에도 영원히 떠 있는 달이었다. 그 빛깔은 우리에게 달을 닮은 미소를 품게 하고, 자손을 품게도 하고, 우리의 밝은 미래를 꿈꾸게도 했다.

우리 집에는 6개의 도자기가 있다. 내가 쓸데없이 바빠서 여기저기 놓아두기만 했기에 새삼스럽게 도자기에 미안한 생각이 들었다.

우리 집에서 첫 번째 큰 도자기는 내가 동네 통장을 그만두면서 기념으로 받은 도자기로 현관 출입구에 진열되어 있다. 내가 들기도 어려울 정도로 크고 둥글고 도자기 입구도 넓다. 도자기는 백자로 3면에 그림이 있고, 1면에는 통장이었던 나를 기념하는 글이 적혀 있다. 2면의 그림은 매화꽃이고, 3면의 그림은 난 줄기와 분홍색 꽃이 그려져 있고, 4면에는 대나무 무늬가 그려져 있다. 그분들과의 동료애를 생각하며 그날들을 기억해야 하나 과거의 한날로 까맣게 잊고 지냈으니 새삼 그분들이 고맙고, 그립다. 나를 보내면서 그 공로와 기념으로 증정한다고 되어 있으니 자부심이 있었으나 잊고 있었다. 각 면들의 꽃과 말이 의미하는 바가 크니 그 면들을 돌려가며 한참을 보고 있다. 너무 커서 우람한 백자의 모습은 검은 고목의 가지 끝에 핀 연분홍빛 매화가 달빛을 머금고 겨울을 지나고, 봄을 만난 듯이 화사하다.

두 번째 중간 크기의 도자기는 진짜 달덩이만 하고, 달덩이처럼 생겼다. 이것도 현관 출입구에 진열되어 있다. 달빛이 물든 백자는 둥근 모양으로 도자기 입구가 넓고, 푸른 꽃잎에 붉은 모란꽃은 활짝 웃고 있는 듯하다. 이 꽃은 화려한 꽃이지만 도자기 속의 꽃은 사치스럽지 않고, 담백하다. 이 꽃은 꽃 중의 꽃으로 꽃말이 부귀이니 의미하는 바가 클 것이다. 1면에는 모란꽃 그림이 있고, 2면에는 '당신의 향기'라는 남편을 기리는 동료들의 글이 적혀 있다. 교장으로 퇴직할 당시 같이 근무했던 교사들이 글까지 지어서 적어가며 맞춤으로 마련해 준 것이다. 문장들을 읽어보니 남편에 대한 동료들의 사랑과 존경이 넘친다. 19명의 이름까지 적혀 있으니, 옛사람의 좋은 인연의 향기가 도자기와 함께 마음에 남았다. 하지만 남편 또한 그분들을 잊고 살고 있다. 남편도 이 밤 깨어서 나와 같이 이 도자기와 교감한다면 그분들이 그리울 것이다.

세 번째 크기의 도자기도 현관 출입구에 진열되어 있다. 도자기 좁은 목선으로 달빛이 숨을 몰아쉬고, 하얀 피부는 둥그스름하고 기다란 달빛이 비쳤다. 도자기 바탕에는 죽죽 뻗은 직선의 대나무 무늬만 단순하고 산뜻하게 그려지고 새겨져 있다. 대나무 마디마디 푸른 댓잎이 공간을 만들고 달빛은 그 사이로 하얗게 스며들어 달항아리가 되었다.

네 번째 크기의 도자기는 작은 방에 있는데, 모양은 백자로 도자기 주둥이가 하얀 두루미 목같이 좁고 길어 처연했다. 검고, 운치 있는 소나무 가지에 푸른 솔이 걸려있고, 달빛 속 푸른 솔은 무척 청정해 보였다.

다섯 번째 크기의 도자기는 둥근 모양의 파르스름한 청자로 도자기 입구가 넓다. 이 도자기는 길쭉한 푸른 댓잎을 둥글게 감아놓은 듯한 모양으로 달빛 속의 청자는 자기라기보다는 미술작품으로 보였다. 이 무늬는 자연스러움과 세련됨을 동시에 담고 있어 고전과 현대가 양립하는 듯한 느낌이 왔다.

여섯 번째 크기의 도자기는 하늘빛 청자로 동그랗게 작고, 도자기 주둥이가 호로병같이 좁고, 난초꽃이 고상하고 우아하게 그려져 있다. 하얀 달빛은 파란 청자와 어우러져 한껏 청자의 멋을 살려주었다.

도자기에 글씨가 쓰인 2개를 제외한 4개의 도자기는 언제 어떤 경로로 우리 집에 들어왔는지가 기억나지 않지만, 이 도자기들은 골동품들은 아니기에 값은 나가지 않을지 몰라도 선물한 사람들의 마음을 찾아가는 여백으로 그만한 가치는 있다. 이제 도자기를 한 번씩 들여다보고 닦아주고 교감을 나누고 싶어졌다. 세상 무엇에 홀려 도자기를, 옛 추억을, 옛사람을 잊었단 말인가. 여유가 아쉬웠지만, 문화적 식견이 없어서이기도 했다. 도자기 6개는 개성과 모양이 다 다르지만, 그 나름대로 출중하다. 자세히 보니 하나하나의 색다른 매력들이 있어 은근히 끌린다. 이 재미에 선인들이 도자기를 사랑했으리라. 도자기의 둥그스름한 선이 진짜 달덩이 같다. 달그림자에 도자기의 소나무 대나무가, 매화와 모란꽃과 난초꽃이 살아 있는 듯 꿈틀거린다.

고려청자는 청명하고 은은한 하늘처럼 깨끗한 마음의 그릇이고, 조선백자는 간결, 소탈하고 단정하고, 단순하다. 둥근 곡선의 도자기를 보노라니 삶의 여유와 유연함이 느껴진다. 백자의 빛깔에는 달빛의 명상과 고요가 담겨있다. 우리 조상들이 백자를 사랑했던 것은 달빛처럼 정갈하고 깨끗한 삶을 살고자 했으리라.

조선 시대 조상들이 달을 바라보는 은근하고 소박한 삶의 미가 도자기의 정서와 더불어 역사를 따라 흘러옴이 자랑스럽다. 방안의 도자기를 근 10년 만에 은은한 달빛 아래서 은근하게 바라보며 말을 건넸다. 과거 문화의 흔적과 현대의 시간이 다투지 않고 서로 동거하게 하는 이 조명등으로 인하여 잊고 살았던 달빛을 우러러봤다. 달빛 속에서 도자기를 쓰다듬어보며, 내 과거의 인연과 삶으로 되돌아가서 옛사람의 추억과 그리움에 잠겨보는 은은하고 고요한 달밤이 하얗다.

문사동 계곡의 바윗돌

문우들 몇 사람이 모여 도봉산에 가게 되었다. K 시인이 시집 제목을 《문사동 가는 길》이라고 하여 나는 문사동이란 곳이 어떤 곳인지 매우 궁금했다. 그의 인도에 따라서 우리는 문사동을 향했다. 도봉산역에서 나와서 건널목을 건너서 산 초입에 들어서니 별천지 세상이었다. 나는 이 산을 처음 왔기에 외국 여행지에 관광을 온 착각이 들었다. 등산복 차림의 사람들은 왜 이렇게 많은지. 사람의 큰 물결이 산을 향해 발걸음을 뗐다. 그리고 길가에 등산복 옷가게, 먹거리를 파는 음식점 등이 즐비해서 여느 시장을 방불케 했다.

산 아래 동네의 풍성함은 전염병 때문에 죽은 동네 상가와 비교되어 살아 있었고, 활력이 있어 보였다. 산에 가지 않더라도 여기까지 눈요기 삼아 시장 구경, 옷 구경, 맛 구경만 해도 괜찮을 것 같다는 생각이 들었다. 나는 이곳이 초행길이고, 코로나 전염병 때문에 산을 거의 오른 적이 없었기에 오래간만의 산행이라 마음이 긴장되기도 들뜨기도 했다. 가볍고 산뜻하게 출발하기 위해 짐을 최대한으로 줄이고, 처음으로 스틱 2짝을 다부지게 든 채 산에 올랐다.

도봉산에 오르는 사람들은 많았지만, 한쪽은 북한산으로, 다른 쪽은 문사동 계곡으로 나뉘어서 올라갔다. 우리는 문사동으로 향했다. 이윽고 목적지에 도착했다. 길 위에 세워진 팻말에는 도봉계곡 문사동 마애 각자라고 팻말이 세워져 있고, "스승을 모시는 곳 또는 스승에게 묻는 곳"이라는 뜻풀이 글이 적혀 있었다. 길 아래 계곡 큰 바위에는 초서체로 문사동問師洞이라는 계곡을 압도하는 멋진 각자가 새겨져 있었다. 이 계곡을 오르내리며 느낀 것은 이 골짜기에는 왜 이렇게 바윗돌이 많은가 하는 점이었다. 조선 시대 당시 깊은 산중이었을 이곳에 왜 이러한 각자가 새겨져 있을까? 군자의 '도' 실현을 가장 중시했던 조선시대 학자들은 군자의 도를 가르쳐주는 스승이었다면 그 스승이 아무리 깊은 계곡에 숨어 있어도 찾아갔다고 한다. 이 글씨는 도봉계곡 내 도봉서원과 관련된 3선 선비가 새겼을 것으로 추정된다고 하고, 그 선비는 굽이굽이 흐르는 도봉계곡을 따라 올라가며, 학문의 길을 떠올렸을 것이다. 조선시대 선비들의 멋과 철학을 문사동이라는 각자에서 느낄 수 있었다.

우리 일행은 계곡 넓적한 바위 위에다 등산 가방에 담아온 간식과 김밥을 함께 펼쳐놓아 맛있게 먹고, 계곡물에 손, 발을 담그며 재미있게 담소했다. 거울같이 맑은 개울물은 올라올 때 더웠던 땀과 열기가 단번에 가실 만큼 시원했다.

주변을 가만히 살펴보니 여기저기 중간 바윗돌 위에 각자의 염원을 담은 작은 비손 작품인 탑들을 세워놓았다. 어떤 것은 개구리 모양의 돌이 얹혀 있었고, 파랗게 이끼까지 덮여 있어서 진짜 청개구리 같았다. 나는 신기해서 밥 먹다가 일어나서 계속 사진을 찍었다. 그뿐이 아니었다. 쭉 올라오고 내려가면서 보니 계곡 크고 넓적한 바위마다 사람들이 삼삼오오 옹기종기 모여 쉬고, 음식을 먹으며 이야기를 나누고, 심지어는 낮잠을 자는 사람도 있었다. 지금도 경치가 이럴진대 예전에는 오죽 풍광이 좋았을까. 선비들이 이곳 골짜기로 스승을 찾아 모여들었을 것이니, 그 스승들이 공부하고 수련하는 은둔생활이 기이하고 신선 같았을 것이리라. 눈을 감고 앉아 있어 보니 수염이 하얀 도인이 하얀 도포를 입고, 큰 절벽 위에서 수련하는 모습이 상상되었다.

　이 계곡에서 내려와서 동네로 들어서니, 많은 사람이 식당 바깥에 의자를 갖다 놓고 음식을 먹고 있었다. 우리나라 사람들이 유난히 산을 좋아하는가, 아니면 유서 깊은 산의 유적들을, 돌에 새겨진 선인들의 글귀를 본보기로 삼고, 공부와 수양을 하고 싶었을까. 조선시대의 멋과 철학을 느끼고 싶었을까. 아니면 굽이치며 흐르는 도봉계곡을 따라 선인들의 학문의 길을 따라 올라가고 싶은 건 아니었을까. 이런저런 생각 후에 내가 내린 결론은 코로나 때문에 답답해 주말에 이 겸 저 겸 몸도 마음도 쉬고 싶었을 것이리라는 생각이 들었다.

　하지만 나는 느낀 점이 많았다. 조선 시대 선인들의 바윗돌에 새긴 글귀들이 본보기도 되었지만, 그때의 한학을 중시하고, 스승을 존경하고 따랐던 그들의 좋은 삶의 모습을 조금이나마 엿보게 된 것이 제일 큰 수확이고, 계곡과 차가운 물에도 매료되었다. 이것은 냉철하고 싸늘한 학문의 찬물 세례 맛이었다. 맑은 개울의 찬물에 정신이 번쩍 들었다. 이래서 선인들이 이 계곡을 사랑하여 모여들고 글귀도 새겼을 것이다. 결국, 선조들의 학문의 은둔지였던 문사동 계곡은 후대의 휴식처, 관광지가 되고 말았지만, 역사 교육의 현장이 되어 선조들의 삶을 배우게 됐다.

코로나 이후 오래간만의 산행에서 동행한 문인들과의 소속감 및 친교도 좋았다. 산속에서의 바윗돌 글씨가 살아 있는 듯 꿈틀거리며 우리를 유인했다. 긴 세월 오랫동안 산과 계곡, 우리나라 금수강산을 지켜주는 문사동 계곡. 선조들의 소중한 유산인 글씨가 새겨진 바윗돌은 우리에게 선인들의 삶의 흔적으로 역사를 가르치고 빛내주었다.

파란 이끼 바위

도봉산에는 유독 시비와 문학비들이 바윗돌에 많이 새겨지고, 세워져 있다.

나는 도봉산을 오르내리는 길목에서 숨어 있는 파란 이끼 바위를 발견했다. 지나쳐도 좋을 작은 바위였다. 파랗게 세월의 이끼를 둘러쓰고 있는 바위였다. 한참 그 바위를 마주하고 바라봤다. 너른 바위가 아니라서 글귀도 못 새기고, 장소도 좋지 않은 스쳐 가는 곳, 눈에 띄지 않는 곳에 있으니, 누구 하나 눈여겨보지 않았을 바위. 나는 그 바위에서 고독이 어떤 것인지, 소외가 어떤 것인지를 봤다. 세상 속에서도 생긴 모양이나 어느 곳에 태어났느냐에 따라 삶의 질이 달라지고, 촉망받기도, 소외되기도 서럽기도 하지 않은가. 이 바위는 유서 깊고 유명한 도봉산에서 파란 이끼를 안고 음지에서 자기 자리를 지키고 있었다.

나는 파란 이끼 바위에 말을 건넸다. 파란 이끼 바위 그는 산에서 태어난 산의 자식으로 산을 닮아가고 싶다고 했다. 사소한 것, 혹은 자잘한 것을 품은 산을 닮고 싶다고 했다. 개울가 양지쪽 크고 넓적한 바위에는 가끔 사람들 무리가 찾아와 맛있는 음식 냄새를 풍기고, 즐거운 대화를 이어가며 깔깔대기도 했단다. 그의 잘 난 형제인 넓적한 바위에는 사람들이 앉았다가 가기도 하고, 멋있는 글귀를 새겨서 뭇사람들의 이목을 끌기도 했단다. 그러나 그는 홀로 작은 몸으로 음지 길목에 앉아 여름날 파란 잔디처럼 마르지 않는 물때를 이끼로 키우고, 가을에는 울긋불긋 단풍나무를 우러러보며 계절이 지나가는 것을 바라보았다고 했다. 그래도 봄·여름에는 작은 풀꽃의 살랑거림으로 위안을 받았다고 했다. 때로는 외롭고, 고독하고, 소외감도 있었지만 멀리 있는 부모 형제가 보고 싶기도 했단다. 그는 외돌아져 앉은 자리에서 사람들 땀방울이 그립고, 외로이 소외된 고독이 온몸을 짓누르고, 촉망도 기대도 없었지만, 산 높고 깊은 골짝에서 도토리나무와 작은 풀포기를 친구삼고 묵묵히 인내했단다. 그는 혼자 견뎌온 외로운 시간을 내게 말해주었다.

그의 부모는 그를 외진 곳에 왜 떨어트려 놓고 갔을까? 너무 작아 여려서 구실을 못할까 봐서인가 아니면 보채지 않으니 귀찮아서 눈에 띄지 않았을까? 촉망받는 자식들을 챙기느라 그를 잊어버렸을까? 그는 겨울 갈색 알몸으로 홀로서기를 하느라 모진 시간을 세찬 바람을 맞으며 고생을 많이 했단다. 그렇지만 그는 눈, 비가 와도 바람이 몰아쳐도 그 자리에서 죽은 듯이 엎드려 살아왔다고 했다. 산을 돌아가는 구석진 모퉁이 음지가 그의 자리였다. 그의 나이는 몇백 살인지 헤아릴 수조차 없다고 했다. 그저 이름 없는 파란 이끼 바위라고 기억해 달라고 했다. 바위에 있어 이끼는 여름날 그에 기생하는 친구이기도 하고, 그의 몸을 덮어주는 옷이 되기도 했단다. 그에 기생하는 파란 이끼는 바위에 의지와 위안, 나아가 힘이 되었다고 한다.

나는 5남매 중 둘째 딸이었다. 위로는 장녀인 언니가 엄마의 사랑을 듬뿍 받았고, 아래로는 장남인 남동생에 대한 부모님의 사랑과 기대가 유별났다. 그 틈바구니에서 내 자리는 없었다. 위아래로 치어서 빛을 보지 못하고, 늘 울었고, 바보라는 소리를 들으며 주눅이 들어있었다. 아무에게도 관심은커녕 질시만 받았다. 그런 내가 결혼을 한 후 세 아이를 키우며 가족을 지키고 살아야 했으니, 세상과 싸우며 견뎌내야만 했다. 나는 강해질 수밖에 없었다. 이 고독 속에서 나의 내면은 성장했고, 내 자리를 지킬 수 있었다. 예전 선비들이 공부하기 좋은 산이라고 드나들며 뛰어난 글귀를 큰 바위에 새겼던 이 큰 산. 그 뒤안길인 음지에서 새파란 이끼를 안고 한 귀퉁이에 앉아 있던 바위가 서럽고, 외롭고, 고독했던 나의 예전 모습을 본듯해서 가엽고 대견스러웠다. 작고, 연약했던 나에게 세 아이는 힘이 되었고, 파란 이끼를 안은 바위의 모습이 그 삶에 충실했던 내 모습같아 기특했다.

이 바위도 산이 낳은, 산의 자식인 셈이다. 이 바위는 겨울에 푸른 옷을 벗고 갈색 몸 그대로를 보이고, 여름에는 나무를 닮은 푸른 이끼 옷을 입은 채로 작고 단단한 모습을 지켜나갈 것이다. 나는 옛 선비들이 크고 넓은 위치가 좋은 바위에 뛰어난 글씨를 새긴 것을 보니, 작고 파란 이끼 바위에도 '외유내강外柔內剛'이라는 글귀를 새겨 주고 싶었다. 그러나 그럴 수 없으니 아쉽지만, 내 마음속에 그 글귀를 새기며 굳세게 그 자리를 오래 지켜주기를 바라면서 발걸음을 돌리고 말았다.

하지만 나는 외돌아진 음지에서 푸른 이끼를 안은 작은 바윗돌에 삶의 생명성, 활력을 부어주고 싶어졌기에 서로 교감했다. 파란 이끼 바위를 만나고 내려온 후, 오래간만에 산을 완주했다는 뿌듯함에 나 또한 살아 있다는 희열을 맛보게 되었다.

제3부

끈 떨어진 가방

노인의 시간

은행에 갔다. 기계에서 찾은 돈 1만 원짜리가 허름해서 깨끗한 돈으로 바꾸어 달라고 번호표를 뽑는데, 안내가 코로나 때문에 080-000-0000에 전화를 하라고 했다. 써야 하지 않나 했더니, 정보 노출이 된다고, 전화하는 게 낫다고 했다. 서 있을 때라 가방에서 돋보기를 미처 꺼내지 못하고 전화를 거니, 잘 보이지 않아 몇 번 잘못하다가 겨우 전화 걸기를 마쳤다.

한편 창구에서 실랑이가 벌어졌다. 창구 여직원이 뭔가를 큰소리로 설명하는데, 80대 할머니는 도대체 알아듣지를 못하니 둘 다 답답할 노릇이다. 입출금 창구 직원은 두 사람뿐이었다. 자꾸 줄어들더니 이젠 두 명이 일을 봤다. 지점을 줄이기 위해 폐점하는 영업점도 늘어날 것이라 하는 말도 있으니 영업점이 있는 것만 해도 다행이다. 요즘 사람들은 핸드폰, 인터넷으로 은행 일을 보고, 은행은 타산이 맞아야 하니 원망을 할 수가 없다.

　나는 돈을 부치는 것은 핸드폰이나 텔레뱅킹으로 하고 교회 헌금은 지저분한 돈을 낼 수가 없어 한 번씩 깨끗한 돈으로 교환하려고 은행 창구를 이용한다. 한쪽 창구에는 할아버지가 돈을 찾으면서 컴퓨터 화면에 숫자를 쓴 게 명확치 않다고 다시 써달라고 하는데, 귀가 들리지 않아서 소통하는데, 시간이 오래 걸렸다. 좀 한가한 오후 시간에는 은행 창구도 노인 전용창구가 되고 말았다. 그러니 그 사람 다음 번호인 내가 많이 기다리게 되었다. 나도 돋보기를 꺼내지 않아 안 보여서 간혹 착각하는 실수를 하곤 했다.

　얼마 전 가방점에서 가방을 샀다. 가격표가 있었는데 7만 원이었다. 그런데 집에 와서 돋보기를 쓰고 보니 70만 원이었다. 동그라미 하나를 잘못 봤다. 나는 가방을 들고 뛰어가서 환급하고 왔다. 70만 원짜리 가방은 나에겐 사치품이었다. 큰일은 아니더라도 가끔 노안 때문에 잘못 보는 실수를 저질렀다. 가는 세월은 막을 수가 없다.

　젊은 세대에겐 잘 들리는 귀도 있고, 잘 보이는 눈도 가지고 있고, 컴퓨터나 핸드폰, 기계를 다루는 솜씨가 좋지만, 노인에겐 너무나 어렵고 어색한 게 컴퓨터나 핸드폰 등 인터넷을 하는 일이었다. 요즘은 컴퓨터나 핸드폰, 인터넷을 잘 못하면 어딜 가든 뒤떨어지고, 소외된다. 육체도 노쇠해지고, 눈도 나빠지고, 귀도 들리지 않아서 세상에서 도태되니 어떡하나. 그뿐 아니라 이해력도 떨어지고, 잘못하면 치매라는 병까지 찾아온다.

　예전에는 대가족이 함께 살며 노인을 모시고 다니고, 인도해주곤 했지만, 요즘은 노인을 모시고 사는 집이 귀하다. 세상이 빨리 돌아가는 시대라 그렇게 살면 그 젊은이도 시대에 뒤떨어지게 된다. 냉혹한 삶의 전장에서 뒤로 주춤주춤 물러서서 노인이 어렵게 살아가는 고난 시대이다.

신문에서 본 기사에는 "디지털혁명 시대, 기하급수라는 유령"이라는 특별한 제목이 붙어 있다. 이 말의 기하급수적 변화는 디지털혁명의 가장 큰 특징 중 하나란다. 이 유령은 미래 불확실성을 증폭하고 변화에 뒤처지는 사람은 가차 없이 패배의 나락으로 밀어버린단다. 이 속도는 산업혁명 때와 비교가 안 될 정도로 빠르다고 한다. 산업혁명이 산술급수라면 디지털혁명은 기하급수라고 한다. 디지털 혁명기를 살아가려면 2배 이상으로 빨리 뛰어야 한다는 것이다.

나에겐 90세 가까운 문학 선배가 이웃에 살고 있다. 그녀는 60대 말에 자동차 경주대회에 나가 두 번이나 수상했던 대단한 열정파이다. 최근 가끔 만나는데, 나를 후배이고, 동생이라면서 마음을 써준다. 그녀는 나를 자동차에 태우고, 함께 드라이브하며 맛집, 찻집을 순례하고, 그리고 주변 경관이나 경치 구경도 시켜주며 바람을 쐬곤 했다. 요즘 뭘 하고 지내냐고 물었더니, 처음에는 놀러 다닌다고 하더니, 나중에는 공부한다고 했다. 무슨 공부를 하느냐고 물었더니, 요즘 컴퓨터와 핸드폰 등 신기술이 너무 빠르게 바뀌어 그걸 따라잡느라고 늘 공부를 한다. 문학 공부는 기본인지라 책도 읽고, 글이 간절히 쓰고 싶을 때는 쓰고, 간혹 청탁이 오면 보내기도 한다. 그래서 여전히 생활이 바쁘니 아플 여가도 없다고 한다.

이제 우리 세대도 노인의 시간에 점점 가까워져 가고 있다. 이제 삶을 정리할 시간이다. 노인이 살아가기가 어려운 디지털혁명 시대이다. 노인의 시간을 어떻게 슬기롭게 써야 할까? 핸드폰이나 인터넷을 배워야 하는 걸까? 노후화된 신체는 어떻게 바꾸어야 할까? 신체는 꾸준히 관리 보수해가며 사용해야겠지. 자신의 심신을 아끼고 건강을 지켜야겠지.

창피해도 인터넷 사용법이나 핸드폰, 전자기기 사용법은 막힐 때마다 젊은이들에게 물어가며 배워야겠지. 이 방식이 노인과 젊은 세대가 디지털혁명 시대에 더불어 살아가는 방법이다. 한마디로 몸도 마음도 건강하게 살면 노인이라고 구박하지 않을 것이다. 어른이라고 내세우고, 섭섭해하고, 대접받으려고 징징거리다가는 진짜 늙어지고, 노인이 될 것이고, 천시당할 것이다. 삶의 태도와 자세가 낮아져야만 한다.

컴퓨터가 나오면서 노인이라고 우대받던 시대는 지났다. 컴퓨터나 스마트폰에 들어가면 온갖 정보가 있으니, 구태여 노인에게 예전 경험을 배울 필요가 없다. 디지털혁명 시대의 세상을 함께 살아가자면 오히려 노인이 젊은 사람에게 배워야만 한다. 노인과 젊은이의 위치가 거꾸로 가는 시대가 도래했다. 하루가 다르게 급속히 세상이 디지털화되어 가고 있다. 이것이 현실이다.

섭섭하게 생각할 필요는 없다. 현실에 수긍해야 더는 늙어지고, 뒤떨어지지 않고, 낙오되지 않을 것이다. 어떤 동정이나 인정 같은 것은 기대하지 말고, 디지털혁명 시대에 동참해서 함께 살아가야지 싶다. 구순 이웃 선배의 인생을 대하는 긍정적 태도, 공부와 열정, 노력을 닮아가고 싶어진다. 건설적인 건강함이 부럽다. 나도 고운 모습으로 늙어가고 싶다.

물외

　우리 고향에서는 물이 많은 오이를 또 다른 외인 참외와 구별하기 위해 '물외'라고 불렀다. 나는 시장이나 슈퍼마켓에서 돈을 주고 사는 것은 오이로, 집 반찬용으로 노지에서 직접 키운 것은 물외라고 구별해서 불렀다.

　남편이 하는 양봉원 이웃에서 채소를 하우스로 재배하는 지인이 오이를 가져다주었다고, 남편이 집으로 오면서 가지고 왔다. 이 오이는 길고 미끈한 게 싱싱해 보이고, 짙은 초록색이었다. 이런 오이는 상품으로 출하되고, 우리가 사서 먹게 되는 오이다.

　남편은 꿀벌을 키우는 산밑 양봉원 자투리 비탈밭에 물외를 심었다. 산비탈 밭의 물외는 장마에 쑥쑥 잘도 자라더니, 장마가 끝나자 뙤약볕을 견디기가 어려운지 노랗게 익어서 늙은 오이가 되려고 했다.

7월 말의 여름날, 아침부터 따가운 화살 볕이 내 생활을 침범했다. 이젠 안방, 거실, 주방까지도 파고들었다. 화살 볕의 뜨거운 공세에서 벗어날 길이 없었다. 고스란히 그들을 맞아야 했고, 나아가 뜨겁게 껴안아야만 했다.

점심때 남편이 일터인 양봉원에서 꿀벌을 돌보고 돌아왔다. 그는 집에 올 때마다 비닐봉지 두 개씩을 가지고 들어왔다. 땀에 절어 물이 줄줄 새는 메리야스 상의와 일복인 와이셔츠가 담긴 옷 봉지와 밭에서 따온 물외와 가지, 들깻잎 등 채소 봉지였다.

나는 물외를 씻어 식초를 넣고 냉국을 만들고, 깻잎을 삶아 양념장을 타서 3장씩 잡고 양념장을 발랐다. 그리고 가지를 뜨거운 물에 데쳐 찬물에 식혀 일일이 손으로 찢어 나물로 무쳤다. 꼬박 2시간 동안 땀을 좍좍 흘리고, 연신 손수건으로 닦아내 가며 가스레인지 타오르는 불 앞에 서서 일했다. 나는 남편에게 "당신은 집에 들어오기만 하면 내게 일거리를 가져다주네"라고 하면서 짜증을 냈다. 두 식구가 얼마나 먹는다고, 농작물을 쓸데없이 많이 심어서 본인도 고생, 나도 고생시키냐고 했다. 남편이 밭에서 농사짓는 일이 매우 힘들고, 이런 땡볕에 하나하나 채소를 따오는 일조차도 얼마나 땀을 흘렸을까 싶었지만, 나도 더운 날에 불 앞에서 힘들다고 말했다. 이렇게 더울 때는 우리 두 식구만 사니, 간편하게 먹으면 좋겠다고 말했다.

아이들이 벅적거리는 이웃이 있으면 좋으련만, 서로 상대가 되어서 채소를 나누어 먹을 만큼 편한 이웃이 별로 없다. 이 아파트가 교통이 좋고, 오래되어서 그런지 젊은 사람들은 대부분 신도시나 주택지에 몰려 사는 것 같다. 여기는 카드나 돈만 들고 나가면 원하는 좋은 물품을 얼마든지 구매할 수 있는 그런 곳이다. 나는 농사짓기 힘들고, 먹을 식구 없고, 예전 시골 사람들같이 문 열어놓고 살면서 못난이 채소도 아무렇지 않게 함께 나누어 먹을 수 있는 만만한 이웃이 없다고 누차 심지 말라고 말렸는데도 남편은 고집을 부렸다.

노지에서 키운 물외는 길이가 조금 짧고, 오돌오돌 약간씩 튀어나온 돌기가 크지 않고, 색깔도 연두색에 가깝다. 그런데 외양과는 달리 맛은 연하고 씹히는 맛이 아삭했다. 남편은 벌을 돌보느라 여력이 없어서 물외 밭에 물을 주지 못했다. 그러니 7월 한더위 땡볕에 가는 넝쿨에 아등바등 매달려있는 물외는 안쓰럽게도 이내 노랗게 늙은 오이가 되어버리니 빨리 따 먹어야만 했다.

나는 남편에게 "당신하고 사는 한 늘 바쁘고 부산하고, 밥순이가 되고 만다"라고 싫은 기색을 했으나, 낮에 노력한 만큼 저녁 반찬은 푸짐했다. 깻잎에 물외 김치에 물외 냉국에 가지나물, 배추김치에 밥상이 풀밭이었다. 힘들게 농사지은 것을 함부로 할 수가 없어서 나도 땀을 흘리면서 부지런히 정성스레 반찬을 만들었다. 남편은 이 재미에 힘든 줄도 모르고 농사를 지었을 터이다. 채소는 물러지니 바로 반찬을 만들어야만 한다. 농사일은 짓는 것도, 수확 후 채소 음식을 하는 것도 부지런해야만 하는가 보다.

물도 주지 못한 채 심어만 놓은 남편의 물외는 제멋대로 자란 자연의 맛이었지만, 우리 부부의 삶은 시골 사람들이 오이를 물외라고 명명했듯이 몸에 물만 찬 듯 실속이 없다. 우리 삶이 물외의 삶과 닮은 듯했다. 땡볕에서 볕에 바래어지고, 외양부터가 구부러진 모양이다. 우리는 농사꾼도 아니면서 농사꾼 흉내를 내며 살고 있으니 힘든 건 당연했다. 우리는 남들처럼 깔끔한 차림으로 마른자리에서 톡톡 털고, 튕기며 도시적으로 살 수는 없었을까. 그런데 생각하니 남편에게 뭐라 투정 부린 나도 남편 따라 맞추어주다 보니 반 시골 사람이 된 듯싶다.

물외는 여름 반찬으로는 수분이 많아 서걱서걱한 물맛을 내며 그런대로 속맛을 보여주며 수분 섭취를 도와주는 중요한 채소였다. 여름에 우리 몸에 물이 부족하다면 얼마나 어렵겠는가. 긴장을 늦출 수 없이 땀을 흘려야 하는 우리의 삶도 부끄럽지는 않았으나 고되고 힘들었다. 우리 부부는 뜨거운 삶 속에서 여름날을 보내고 있다. 우리는 자연의 물을 품은 물외를 키우고 먹으며, 따가운 햇볕을 껴안고 이 여름을 지내보리라. 뙤약볕 아래 자연히 늙은 오이가 되어가는 물외처럼.

청각

그녀는 넘실거리던 푸른 바다를 잊지 못하고, 건어물집 좌판에 쪼그라져 박혀있었다. 그녀의 귀에는 자꾸만 바닷물 소리가 출렁출렁 들려왔다. 11월 말이나 12월 초, 겨울이 와야만 그녀를 찾을 사람이 오리라. 그녀에게서 이 야속한 시간은 그녀를 찾아줄 겨울 손님을 기다리는 것이 전부였다.

그녀의 몸체는 바다에서 건져져서 말려지고, 뻣뻣해지고 허옇게 되었다. 바다의 친구들과 그 푸른 물이 그녀를 부르는 것 같고, 비린내 나는 바다 냄새가 그리웠다. 그녀에겐 바위에 하얗게 부서지던 파도도, 소금 알갱이를 품은 바람조차도 그리움의 대상이었다.

그녀는 물에 담그면 소금기가 빠지면서 색깔은 새파랗게 살아났고, 스펀지가 물을 머금은 것처럼 불어나서 커지고 부드러워졌다. 그녀의 몸은 백제, 신라시대의 왕관 같은 모습으로 변했다.

그것도 잠깐 그녀는 나무 도마 위에서 칼춤을 추는 칼에게 왕관의 몸체는 토막토막 잘게 잘리고, 지렁이 모습으로 되었다. 김장 양념 다라 속의 빨간 고추 양념과 다른 채소들과 섞였다.

겨울에 아이들이 통배추 김장김치를 먹으며 "이게 뭐야! 지렁이 아니야!"라고 말할 때마다 그녀는 "아주 좋고 상쾌하고 시원한 바다의 맛! 청각이라고 한단다."라고 가르쳐주었다. "아주 좋고 상쾌하고 시원한 바다의 맛! 청각이라고 한단다."라고 일러주곤 했다. "이것은 남쪽 바다 맛이야! 이 김치의 맛은 청색 바다를 닮아 아삭하고 청신한 맛이야!"

남쪽 여름 바다가 그리웠던 그녀는 겨울에 빨간 김치로 새롭게 태어났다.

나는 왜 글을 쓰는가?

- 불평등과 정체성

    나는 왜 글을 쓰는가? 하고 생각해 보다가 또한 왜 '글을 쓰게 되었을까'로 거슬러 올라가 보기로 한다. 나는 억울함과 서러움의 분노가 폭발하는 날, 결단을 내린다. 마음 방황의 역마살이 시작된다. 나는 안정을 좋아하지만, 환경은 나를 가만두지 않고, 상황이 어떤 서열로 나를 핍박하면 견디지 못 하고 자유를 찾아 떠나고 만다. 나는 불평등에 굉장히 예민하기에 결코 피하거나 굴복하지 않고 새로운 길을 찾아 나선다. 그것이 내 문학의 시작점이다.

    그 시작점은 언제 어디서였을까? 과거로 돌아가면 초등학교 때 오 남매의 둘째 딸이었던 나는 늘 막내 남동생을 등에 업고 다녔다. 등에 지린내가 마를 날이 없었다. 언니는 장녀라 귀했고, 남동생은 장남이라 금지옥엽이었다. 중간에 끼인 나는 엄마의 구박 대상이었고, 언니와 남동생에게도 위, 아래에서 치었다.

봄빛이 따사로운 어느 날, 나는 막내 남동생을 업고 집을 나와 뒷집 대청마루에 내려놓았다. 빈집 화단에 검은 흙을 뚫고 올라오는 삐죽삐죽 연두색 난초 싹을 쪼그리고 앉아 쳐다보느라 시간 가는 줄 몰랐다. 동생은 축담으로 뚝 떨어졌다. 이마에 혹이 생기고, "앙" 울음을 터트렸다. 나는 겁이 났다. 엄마에게 혼날까 봐 얼른 동생을 업고, 나무 꼬챙이로 흙 마당에다 "빨리 어른이 되고 싶다. 엄마에게 꾸중을 듣지 않아도 되고, 어떤 간섭도 받지 않고, 내 마음대로 살고 싶다"라고, 마음속의 불만을 글로 썼다. 최초의 자유를 갈구한 글쓰기였다. 나는 그때 도서 선생님의 꽁무니만 따라다녔다. 책이 너무 읽고 싶었다. 그때는 동화책과 만화책을 주로 읽었다.

여고 시절, 우리 고장에서는 현충일 날이면 충혼탑에 가서 조사를 읽고 위령제를 지냈다. 우리 반에 6·25 때 전사한 대위의 딸이 있어, 이 친구가 조사를 읽었다. 우리 담임인 국어 선생님은 그 글의 초안을 나에게 써보라고 시켰다. 나는 자신이 없었지만 써보았다. 그게 최초의 글쓰기 시도였다.

그리고 중학교 때 물상 시간에 있었던 일을 여고 시절에 콩트를 써서 교지에 발표했다. 처음으로 내 글이 지면에 발표된 날이었다. 중학 시절 나는 수업 시간에 졸다가 긴 자로 머리통을 맞았고, 너무 속상하고 부끄러워서 점심시간에 먹은 음식을 다 토하고 말았다. 그 이야기를 제법 재미있게 썼다. 그때의 나는 어렸지만, 자존감이 강하고 예민했던 것 같았다. 나는 시인이었던 국어 선생님의 영향을 받아 문학에 눈을 뜨게 됐다.

이십 대 초반 나는 결혼했다. 사방이 적이었다. 부모 형제도, 남편까지도 사랑과 인정을 받지 못했다. 왜냐하면, 또 둘째 아들이었다. 온통 집안의 관심은 큰아들에게만 가 있었지만, 남편은 효자였다. 친정에서와 똑같은 일이 벌어졌다. 예전엔 엄마가 호랑이같이 무서웠고, 결혼해서는 남편이 호랑이같이 성깔이 드셌다. 호랑이를 피해 왔더니 또 호랑이를 만난 셈이었다. 나는 아이들을 위해서 참고 견뎌야만 했다. 세 명의 아이를 주렁주렁 매달고 사는데, 어느 출판사에서 어머니 독후감을 공모하였다. 대상 작품은 심훈의 상록수였다. 나는 써냈고, 장려상과 상금을 받아서 아이들 장난감으로 목마를 샀고, 한참이나 아이들을 태우고 다녔다. 그 시절엔 책 한 권도 볼 수 없는 처지였다.

나는 학창 시절에 국어 시간이 재미있었고, 그 공부가 참 좋았다. 삼십 대 후반 못다 한 공부를 하고 싶어 대학의 국문학과를 가고 싶었다. 살아온 날의 쌓인 서러움과 한도 많았고, 내 삶의 모습은 진정한 내가 아니었다. 바보가 된 것 같았다. 내 존재성과 정체성을 찾고 싶었다. 그런데 애들에게 일이 생기곤 해서 기회를 놓쳤다. 그 후 사는 일이 바빠서 이십 년 세월을 흘려보냈다. 나는 비로소 오십 대 끝자락에 여태 하던 부동산업을 접고, 국문학과를 갔다. 졸업하자 바로 육십 대 중반쯤 수필 공부를 시작했다. 국문학과에 다닐 때, 채만식의 《태평천하》와 현진건의 《운수 좋은 날》의 아이러니 소설 공부가 나를 매료시켰다. 그러나 늦은 나이라 자신이 없어 수필 공부를 시작했다.

나는 속상함을 토로하고 싶어 고백문학으로 수필을 선택했지만, 수필 쓰기는 쉬운 게 아니었다. 세상과 상대를 비판하는 글을 쓰더라도 우회해서 아름답고 품격있게 써야 한다. 세상을 풍자하며 지혜의 글을 써야 한다. 또한, 적확하게 표현해야 한다. 수필은 이 대상에서 저 대상으로 순발력 있게 이동해야 한다. 치고 빠지는 건 수필의 언어이다. 수필의 언어는 절제와 차분함이 있어야 한다. 정제된 언어, 우아하게 잘 닦은 언어는 나직이 속삭이거나 아니면 혼자서 중얼거리게 된다. 수필은 관조의 문학이고, 자기 성찰의 문학이다. 수필은 경험 문학이지만, 경험만 써서는 기록물에 불과하다. 그것을 의미화하고, 자기화하여 재구성하고 자기만의 것으로 창작해야 한다. 그것을 철학적으로 해석하고, 문학적으로 상상하고 형상화하여 독자들을 공명의 세계로 불러들여야 한다.

나는 글을 쓰면서 혼란스러운 내 정서와 생각을 정리하게 되었고, 내 안의 질서를 부여하게 되었다. 처음엔 나를 핍박한 주위 사람들 때문에 마음이 편치 않아 쓴 수필이었는데, 그들을 곱게 표현하게 되었고, 결과로 미움은 사라졌다. 그들은 내 글 속에서 아름답게 다시금 새로운 모습으로 태어났고, 나도 그들을 사랑하게 되었다. 내 사랑의 결핍은 반대로 수필 속에서 따뜻한 글로 표현되었다. 결국은 내 속의 아픔이 글로서 위로받았고, 치유되었다. 수필 쓰기는 인간적, 문학적으로 좀 더 높은 차원의 성장, 성숙의 길로 나를 인도했다. 글쓰기 속에서 나는 자아를 찾았고, 이것이 내 삶을 지탱하는 힘이 되었다.

에세이는 문학적 정확성을 달성하면서 동시에 전체를 통찰하고, 보편성을 추구하는 문학이다. 수필에서는 상대적으로 주제와 제재의 비중이 크다.

나는 아직도 나를 찾아서 떠나는 글쓰기의 여행, 수필 쓰기를 멈출 수 없다. 내 마음 방황의 역마살은 글쓰기에서 멈추었다. 이 수필을 쓰는 일이 타인을 통해서 또는 사물을 통해서 나를 깨닫게 하고, 좀 더 나은 사람으로 발전시켜나간다고 생각하며 수필 쓰기를 완주하고 싶다. 나는 글쓰기에 어떤 욕심도 부리지 않는다. 쓰고 싶은 내 안의 잠재력과 그 열정만으로 만족한다. 수필 속에서 나의 정체성은 되살아났고, 나의 존재성은 길을 찾았다. 문학, 글쓰기는 나의 인생 길의 길잡이가 되었다.

그믐달

빨간 고추잠자리가 가을을 데려오면 너른 들녘에 누런 나락이 익어가고, 열매가 무거워져 저절로 고개를 숙인다. 나무에도 열매가 익어가는 냄새가 달콤하다. 가을의 색깔은 노랗게, 붉게 익어간다. 보랏빛 들국화는 가을을 재촉하고, 해거름에 하늘도 황금빛으로 물들어간다.

산들바람은 산들산들 불어오고, 하늬바람은 신선하게 불어 곡식들을 어루만진다. 뒤이어 건들바람이 선들선들 불어오고, 곧 소슬바람이 외롭고 쓸쓸하게 갈잎들을 갈무리하려고 으스스하게 불어온다.

젊은 시절, 시골 기와집 넓은 땅에 살던 나는 풀밭에 살다시피 했다. 어스름 새벽에 눈을 뜨면 먼저 밭을 향해 갔다. 씨앗의 싹이 잘 트는지, 심어놓은 작물이 잘 자라는지 들여다보는 게 낙이었다. 그때의 푸른 풀은 내겐 잡초였다. 나는 밭의 작물에서 열매를 얻기 위해 부지런히 잡초를 뽑아야만 했다.

내가 육아 때문에 직장을 그만두자 남편은 나도 모르게 시골에 집을 샀고, 일방적으로 그 집으로 이사를 강행했다. 나는 농사일을 해보지 않아 너무 어려웠다. 하지만 그는 집을 내게 맡기고 직장에 전념했고, 주말이면 효자 노릇을 하려고 인근 본가의 농사일을 거들어주려고만 했다. 우리 집은 푸름 일색의 잡초로 둘러싸인 500평 밭과 그 밭 속에 대지 140평의 제법 큰 한옥이었다.

그래서 나는 호미가 성에 안 차서 괭이를 들었다. 한 아이는 등에 업고, 두 아이는 밭둑에 앉혀두고 집 마당과 집 둘레 땅을 날마다 괭이로 풀과의 전쟁을 치렀다. 그때 내가 아이를 업고 괭이를 들고 풀을 매는 모습은 달 속에서 토끼가 자식들의 먹을 떡을 위해 방아를 찧는 모습과 흡사하다고 생각했다. 시대에 맞지 않는 달의 전설이지만, 그때 나의 시골 생활은 어디에서라도 위로받고 싶을 만큼 지쳤기에 눈을 들어 달을 우러러 바라보며 달에게 하소연했다. 나는 자식의 일생을 달에게 소망했다. 내 인생의 열매인 자식을 잘 키워야 했으니 말이다. 행복했을 그때의 흙담 옆 감나무에 걸린 한가위 보름 달그림자는 참 시리고 쓸쓸했다.

며칠 전 추석 전후로 추석맞이를 하려고 나는 분주하게 움직였다. 결혼해서 집을 떠난 세 자식과 배우자들, 손주들이 오기에 크게 하는 건 없지만 밥이라도 먹으려면 대청소도 하고, 음식도 만들어야 했다. 자식들이 몰려왔다가 가고 난 후 나는 추석 밝은 보름달에 달의 상념에 젖었다.

우리 부부가 애들을 키우며 시골에 살다가 도시로 이사를 했던 시점, 그들의 10대에서 20대까지가 우리에겐 애들의 양육기였다. 그때 애들이 꼬무락거리고 뛰어노는 게 참 예뻤지만 사는데 바빠서 살뜰하게 보살피지 못했다는 생각이 들었다. 그때를 달의 주기와 비유하면 애들에겐 초승달에서 상현달로 가는 시기였다.

20대에서 30대는 그들에겐 청년기이다. 달로 비유하면 상현달 시기에 애들은 사춘기와 청년기의 방황을 어렵게 무사히 통과하고, 직장을 잡고, 결혼하고, 본인들 아이가 생겼다. 아이에서 어른으로 휘몰아치는 변환기, 자립기였다. 그때 나는 애들의 진로가 걱정되어 참 많이도 기도에 매달렸다. 30대에서 40대 사이 그들은 이제 보름달로 환하게 차올라서 자기 애들을 키우며 젊음을 누린다. 그 시기가 그들이 제일 행복한 순간이었을 게다. 우리 자식들은 2살 터울이라 40대 초반에서 후반 사이의 나이다. 이제 애들은 40대에서 50대 하현달을 향해 가고 있다.

우리 부부는 삶의 마지막 향연을 불사를 그믐달로 가고 있다. 우리의 육신은 흐물거리고, 그믐달처럼 얼굴색이 검게 변하고, 주름살이 잡혀갔다. 팔다리는 삐걱대고 찬바람이 불어오면 무릎이 시릴까봐 두렵다. 낡은 몸이 쪼그라들고 힘이 빠지니 병원 순례하기를 일삼는다. 삶의 마무리 시간이다. 우리 인간의 일생이 달의 일생과 닮았다는 생각이 들었다.

한가위 추석날, 만월의 달밤 아래 우리 집은 만원이었다. 자식들이 음식을 먹고 웃고 떠드는 그 맛에 우리 부부는 배보다 마음이 먼저 부풀었다. 달의 완전한 형상인 만월, 둥근달처럼 둥글둥글 웃음이 떠오르는 우리 가족의 모인 모습이었다. 밝은 달의 푸근한 품은 부모가 자식을 사랑하는 마음과 같다. 달이 그믐달이 되어 마지막 한 조각마저 소멸할 때까지 우리는 자식만을 바라봤다. 자식들 또한 이런 모습으로 살아갈 것이다.

한가위 날에 우리는 알알이 익어 벌어진 밤과 알록달록 예쁜 반달 송편을 먹으며 저마다의 희망을 소망하며 온전한 미래를 꿈꾸어 봤다. 내가 부엌일을 하고, 자식들이 손님이 되었지만 괘념치 않았다. 이 순간 우리 집도 만월의 행복을 만끽했다.

내가 젊은 날, 아이를 업고 괭이를 들고 어깨를 구부리고 밭일을 하던 모습은 늙어 어깨가 구부러진 어머니와 할머니의 모습이기도 했다. 이제 달은 망에서 조금씩 줄어들기 시작하고 하현달 그믐달로 보이지 않는 검은 달이 되리라. 부모가 자식을 낳아 키워서 결혼시켜 내보내는 일은 달이 줄었다가 차오름과 다르지 않다는 생각이 들었다. 길게 보면 우리의 인생도 아기에서 청년, 중년 그리고 어깨가 꾸부정한 노인 같은 모습으로 변모하다가 끝내는 죽음에 이르리라. 한편 새로운 생명, 아기가 태어나기도 할 터이다.

달은 망望에서 소망하다가 하현달, 그믐달로 스러졌다가 다시 없는 듯 있는 삭朔에서 초승달로 상현달로 만월滿月로 갈 것이니 애들의 인생이 커진다면 부모의 인생은 줄어드는 정리기일 것이다.

애들이 떠난 자리에 빈 그릇들과 설거짓감만 쌓였다. 나는 가족들이 먹은 빈 그릇들을 정리했다. 식혜와 육개장이 담겨있었던 솥단지를 닦고 또 닦았다. 음식 찌꺼기를 묻힌 그릇들을 온몸과 마음을 다해 닦았다. 수세미가 닳아 너덜너덜해졌다. 이는 곧 없어질 성싶다. 하지만 솥단지와 그릇들은 반짝반짝 빛이 났고, 달빛과 호응했다. 부모는 수세미로 희생하고 산화하더라도 배부른 만월의 모습으로 남을 것이다. 우리는 달에 소망하고, 언젠가는 달도 우리의 몸도 보이지 않게 될 것이다. 한가위 둥근 달이 차츰차츰 줄어서 그때가 되면 그믐달로 스러져 가듯이.

강릉에서의 비의 모습

아침 일찍 집에서 출발하여 동서울 터미널에서 시외버스 우등을 타고, 우리 부부는 강릉으로 출발했다. 버스가 오기를 기다리며 터미널 의자에 가만히 앉았는데, 추웠다. 코트 깃을 세우고 단추를 채우고, 가방에서 오리털 조끼를 꺼내어 외투 위에 겹쳐 입고, 담요 대신 스카프로 무릎을 덮었다.

30분 후 버스가 와서 타고 가면서 차창 밖을 내다보니 파란 하늘과 몽글몽글 하얀 구름 송이의 색감이 너무나 청명했다. 솜이불 같은 구름 송이는 포근하고 신비스러워 구름 속에 손을 넣어 만져보고 싶었다.

3시간 후 강릉에 도착하여 택시를 잡아타고 오죽헌으로 갔다. 바람이 불더니 이내 빗방울이 후드득거려서 우산을 꺼내 들었다. 비 오는데, 우산을 들고 가방을 멘 관광길은 험난했다. 핸드폰으로 사진을 찍으려 했으나 화면에 물이 맺혀 소매로 연신 닦았으나 흐려서 사진을 찍을 수가 없었다.

나는 우산을 들고 작은 가방을 메고 핸드폰을 들었고, 남편은 본인의 가방과 내 가방까지 양쪽 어깨에 메고 우산을 들었다. 비는 계속 오고 우산을 들고 가방을 메고 행군하는 길은 관광길이 아니라 비와의 전쟁 길이었다. 남편은 밖에만 나오면 신사도를 발휘했다. 내 손가방은 어깨에 메었기에 작은 가방 한 개는 달라고 해도 고집을 피웠다. 집에서와는 달리 밖에 나와서 나를 위하는 그 마음이 안쓰러워서 보는 내 마음도 무거웠다. 우리는 택시를 불러 타고 다음 코스인 선교장으로 갔다.

선교장은 99칸의 집으로 조선 후기 전형적인 상류 주택으로 효령대군의 11대손인 이내번에 의해 처음 지어져 10대에 걸쳐 발전하고 증축되었다. 300년이 지난 현재까지도 그 후손들이 거주하며 명성과 전통을 이어가고 있고, 1967년 국가 지정 문화재 5호로 등록, 20세기 한국 최고의 전통 가옥으로 선정되었다고 한다.

선교장이란 명칭은 그 옛날 경포 호수를 가로질러 배로 다리를 만들어 건너다녔다고 하여 지어졌고, 지리학적으로 보면 뒤쪽 야산 노송의 숲과 '활래정' 아래의 연못에 피어난 연꽃, 그리고 멀리 보이는 백두대간 사계절 변화의 모습을 바라보는 운치가 최고라고 한다.

'활래'란 '끊임없이 활수가 들어온다.'라는 뜻으로, 실제로 서쪽에서 흘러내리는 물이 연못에 고이고, 그 물이 경포호로 빠져나가는 우로라고 한다. 뒷산 둘레길도 운치가 있어 데이트 코스로 좋다고 하지만 우리는 비 때문에 돌아다닐 수가 없어 집안에서만 뱅뱅 돌았다. 집이 넓어서 볼 것도 많았지만, 사진조차 찍기가 어려웠다.

비가 오는 유물관 안에는 옛날에 우리가 사용했던 익숙한 물건들도 전시되어있어 반가웠다. 결혼 전 친정집에서 아버지와 내가 부엌에서 서로 불을 때려고 티격태격하며 돌렸던 풍구도 있었고, 엄마와 내가 사용했던 다듬잇돌과 방망이도 있었다. 내가 결혼식 후 신행길에 신었던 코고무신도 있었다. 그나마 실내라 이 물건들은 사진으로 담을 수가 있었다. 나는 옛사람들의 손때가 묻은 물건들을 쭉 들어가며 본 후 유물관 옛집 처마 앞에서 비가 낙수로 똑똑 떨어지는 소리와 땅을 파고 고이는 물의 모습을 우두커니 바라봤다. 이것 또한 어릴 적 비 올 때마다 봐 왔던 옛날 비의 모습이다.

이 집은 집이 많아 집 속의 집, 이 집에서 저 집으로 다른 채의 대문을 향하며 지나가게 되어있다. 문지방을 건너 지나갈 때마다 어릴 적 아버지는 내게 '가시나가 아침부터 문지방을 넘으면 재수 없다' 하며 나를 꾸중했던 그 말이 생각나서 슬며시 웃음이 나왔다. 이 집은 집의 이름인 열화장, 활래정, 동별당 등 이름을 붙여놓지 않았다면 같은 곳인 줄 모르고 계속 빙글빙글 돌아다녔을 것이다. 예전 상류층 집이 이렇게 넓었을까 싶고, 미로 같아 빗속에서도 신기했다. 그러나 아쉽지만, 발걸음을 돌리고 말았다.

또 택시를 불러 타고 경포대 해변으로 갔다. 경포 바다는 파도가 심해 서핑, 파도타기를 하는 사람들이 많았다. 바다는 하얀 물거품을 몰고 와 강변의 모래알까지도 사정없이 부스러뜨리고 있었다. 우리는 온몸이 떨렸다. 내가 보기에는 파도가 심해서 바다는 푸르다 못해 검게 보이고, 무서운 공포로 느껴졌다. 뭔가 집어삼킬 듯한 기세였다. 내 눈에 비친 관광지 강릉에서의 춥고 무서웠던 바다의 모습은 비의 모습과 함께 우리의 추억이 되었다.

숙소에 여장을 풀고 해변 식당 창가에 앉아서 홍게 황태해장국에 밥을 말아 먹는데, 창문 갑판에 하얀 싸라기 같은 우박이 툭툭 떨어졌다. 저녁을 먹고 숙소로 돌아와 침대에 누워 큰 창으로 하늘을 보니 비가 막 개인 후의 하늘 풍경이, 하늘을 온통 덮은 검은 밤의 시커먼 구름이 너무 가깝게 느껴지고 무서웠다. 방 창문이 액자로 느껴졌고, 우리가 액자 속에 갇힌 기분이 들었다.

이튿날은 모처럼 날이 개었다. 하지만 찬 바람이 불었다. 우리는 아침에 일어나 경포 해변 식당으로 나와서 우럭미역국에 밥을 말아 먹은 후에 바닷가를 지나 경포호수 산책을 했다. 넓은 호수는 바다와 달리 잔잔했다. 그곳에서 나와서 안목 해변으로 가려고 택시를 불러 놓고 흙 마당 주차장에서 기다리는데, 마당 곳곳에 어제 내린 비로 인한 누런 물웅덩이가 패어있었다. 비는 흔적을, 비의 발자국을 물웅덩이로 남겼다.

안목 해변에 도착하니 솔숲 속의 벤치가 먼저 우리를 반겼다. 사람들도 많았다. 바다는 잠잠했고, 아늑했다. 바람도 이젠 조용해졌다. 아베크족들이 손을 잡고 빨간 등대가 있는 방파제 길을 산책하고 있었다. 우리도 함께 산책하고, 바닷속에 우뚝 앉은 듯한 할리스 커피숍으로 올라가 카페라테를 마셨다. 바닷속에는 거북이 두 마리가 검은 바위로 앉았는데, 한 마리는 무슨 말을 하고 싶은지, 무엇이 먹고 싶은지, 나발처럼 입을 벌리고 있어 신비스러웠다.

나는 서울로 돌아오는 버스에서 생각해 보니 강릉에서 비가 관광 길을 방해했으니 남은 게 없었을까? 또한, 얻은 게 있었을까? 하는 상념에 젖었다. 비에 씻겨간 내 발자국에는 물만 절벅거렸다. 빗속에서 우리의 흔적, 자취는 사라졌다. 우산과 가방 때문에 무거운 발자국만을 떼었다. 춥고 무서운 바람과 파도로 바다의 성난 모습을 보았다. 식사 때의 비의 모습은 싸라기 우박으로 내렸고, 300년 전의 집과 물건이 있는 유물관 앞에 떨어지는 낙숫물과 낙수 소리는 아련하고 슬픈 옛사람의 회상을 더듬는 비의 모습이었다. 주차장에서의 비는 군데군데 누런 비의 발자국으로 찍혔다. 여행길에서 우리 부부는 비를 맞으며 무거운 짐으로 고생했지만, 함께하면서 서로의 정으로 추운 몸을 따뜻한 마음으로 데울 수 있었다.

행운목꽃 2
- 경계가 없어 가깝게

이 이상한 괴물은 숨었다가 나왔다가, 기세등등했다가 수그러졌다가 하면서 사람들의 마음을 우롱하고 애태운다. 그러기를 꼬빡 2년이다. 여행도, 나들이도, 마음대로 갈 수 없고, 보고 싶은 사람조차 만날 수가 없다. 마스크를 써야 하는 불편함이 이제는 생활화가 되어갈 만도 한데 여전히 귀찮고 답답하고 우울하다. 아직까지는 병에 걸리거나 격리되지 않았지만, 마음은 항상 불안감을 떨칠 수가 없다. 행동반경이 점점 좁아지는 느낌이다. 계절이 가고, 꽃이 피고 져도 멈추지 않는 병원균의 지독한 혈전에 지쳐가는 형국이다.

11월 어느 날, 날이 추워져 베란다에 있던 화분들을 실내로 옮겼다. 행운목이 가까이 있어 들여다보니 꽃대가 올라오고 있다. 예전에 같은 구역에 있던 권사님이 선물로 준 것인데 기도를 많이 하신 분이라 그 행운을 내가 받는 듯했다.

행운목꽃은 키가 작아 작은 화분에 심겨있는데도, 올 5월에 처음으로 요란한 향기를 풍기며 작고 하얀 꽃을 피웠다. 작은 꽃에서 진한 향기가 나는 게 너무나도 신기했다. 그런데도 또다시 꽃을 피우려는지 꽃대가 앙증맞게 올라오고 있다. 이제 막 올라오기 시작했으니 내년 1월쯤이면 행운을 가져다줄 꽃이 피어나리라.

5월에 피었던 행운목 꽃향기는 보이지도 만질 수도 없었지만, 그 진한 향기는 오묘하고 신비스러웠다. 행운이 날아들 것 같은 느낌이랄까, 전염병으로 마음이 어지럽던 차에 핀 꽃이다 보니 더 귀하고 소중하게 느껴졌다. 한동안 꽃향기에 젖고, 황홀한 행복감에 젖어 지냈다. 지금도 그때를 생각하면 살아 있음의 생기가 나고 보약 같은 기쁨이 솟는다. 그동안 그리운 연인을 만날 날을 기다리듯 꽃이 다시 피어나기를 은근히 기대했다.

행운목은 꽃의 향기로 우리 부부를 기쁘게도 했지만, 거짓말처럼 진짜 행운을 가져다주었다. 17년간 팔지 못해 애를 태웠던 땅을 처분했고, 우연인지 필연인지 몰라도 묵은 일이 해결되고 나니 행운목꽃이 안겨준 선물인 듯싶어 마음이 흐뭇했다. 이 행운은 일이 잘 안 풀렸던 내게 회복의 늦은 단비처럼 느껴졌다.

꽃보다는 행운목이라는 이름이 너무 좋아 꽃 이름을 듣는 순간, 행운이 올 것 같은 기분이 느껴졌다. 뭐랄까, 꽃이 사람 속에 들어앉은 듯한 묘한 설렘 같은 특이한 경험을 한 듯싶다. 행운목은 실내에 있는 꽃이라 같은 공간에서 기거하게 되어서인지 식물과 사람의 경계가 없어 꽃이 더욱 가깝게 다가왔다. 꽃이 뿜어내는 향기가 진하다

못해 묘한 마력에 끌리듯 밖에 외출했다가도 빨리 집으로 돌아가 꽃 속 향기에 취해보고 싶어졌다.

올해 겨울 속에 피어날 꽃으로 또 한 번의 어떤 행운을 가져다줄지 기다려 봤다. 그 꽃향기가 진해서 천 리, 만 리 아름답게 뻗어 나가 긴 병이나 우울증에서 시달리는 사람들의 마음을 위로해 줄 수 있으려나. 기도와 기대의 행운이, 나의 간절함을 뛰어올라 하늘에 상달되어 온 세상을 도와줄 수 있다면, 이 또한 나의 지나친 욕심일까? 그래도 기다려 보리라. 전염병이 세상에서 사라지는 그날을. 넓고 높은 하늘 볕이 온 누리에 쏟아져 내릴 찬란한 그 날을. 다 함께 큰 소리로 웃는 그런 날을 위하여! 우리 모두에게 행운목꽃의 향기와 행운을 전하고 싶다.

끈 떨어진 가방

전염병은 사람의 마음을 참 많이도 위축시켰다. 여행도 못 가고, 모임도 취소하고, 친구도 못 만난 지가 2년이나 되었다. 답답한 마음에 티브이 채널만 여기저기를 돌려 보았다. 뭔가 좋은 소식이 없을까 하고.

화면 속, 벽을 사이에 두고 창문으로 서로의 눈만을 바라봤다. 입으로 무언가를 중얼거려도 입을 막은 하얀 마스크 때문에 아무 소리도 들리지 않아 늙은 어머니는 짓무른 눈에 눈물만 뚝뚝 흘렸다. 아들의 마음은 더 찢어졌다. 전염병 시대에 자식들은 양로원에 모셔놓은 어머님의 건강이 걱정되지만, 부모님을 면회하기가 무척 어려웠다. 그러다가 어찌어찌해서 겨우 얼마만의 면회인지 몰랐다.

하지만 그 후 그의 어머니는 확진되고, 가족들은 그 죽음을 지키지도, 가서 뵙지도 못한 채 영영 떠나보내고 말았다. 아리고 슬픈 그

장면이 며칠째 내 눈에도 아롱거리고 요양원에 계신 작은어머니 생각이 간절하고 생사가 걱정되었다.

아침나절 집안 볼일을 보려고 길을 걷는데, 가방끈이 툭 떨어졌다. 두 손으로 가방을 가슴에 우두고 다니다가 일을 보고, 집으로 돌아왔다. 가방 속에 든 것을 바닥에 모두 쏟아내어 다른 가방에 옮긴 후 수선 집으로 가서 가방을 맡기고 왔다. 나 또한 끈 떨어진 가방 신세가 되어서 많이 불편했다.

수선 집에 맡긴 가방은 딸이 하와이 여행 가서 사 온 것이라 소중해서 버리지 못하고 이어가며 수명 연장을 해서 사용하고 있다. 벌써 두 번째 수선에 들어갔다.

내가 13살 때였다. 중학교 입학을 하려고 하루 전날 여고 3학년이었던 언니 자취방으로 가서 잠을 잤다. 언니와 나는 잠을 자다가 의식을 잃었고, 아침 일찍 같이 학교 가자고 데리러 왔던 언니 친구에 의해 발견되어 구급차에 실려 병원에 가서 급하게 치료를 잘 받고, 겨우 목숨을 건졌다. 연탄가스 중독이었다.

어린 시절 나는 엄마 치마폭에 싸인 채 어려움을 모르고 자랐다. 어려운 일은 엄마가 다 해주었다. 무엇이든 엄마가 해 주는 대로 밥을 먹었고, 때로는 반찬 투정을 부리며 까탈을 부리기도 했다. 부모님이 군불을 때주고, 방을 덥혀주는 덕에 추운 것과 배고픈 것을 몰랐다. 나는 마르고, 키가 작고, 간도 작고, 추위도 많이 타는 온실 속의 화초 같았다. 엄마의 작은 꾸지람에도 움츠러들고 울어버리고 마는 몸도 마음도 작은 미숙아 같았다. 다행히 공부를 잘해서 근교

소도시에 중학 입학시험을 쳤는데, 합격하여서 유학 가게 되었고, 언니의 자취방으로 거처를 정하게 되었다. 나는 스스로 그 길을 선택할 수도 없는 어린아이였으니 마음의 준비 같은 건 없었다. 운명의 끈에 이끌리어 부모 품을 일찍부터 떠나오게 되었다.

그때, 엄마로부터 끈이 떨어져 나온 나는 무엇이든지 혼자 해내야 하는 끈 떨어진 가방 신세가 되었고, 연탄과의 전쟁이 시작됐다. 매일 시커멓고 구멍이 뻥뻥 뚫린 연탄의 파란 불꽃이 퍼석퍼석한 흰 재로 변할 때까지 불을 때며 밥과 반찬을 해 먹었고, 연탄 불문을 지켜야만 했다. 방심했다가는 연탄가스를 마시기도 했고, 불을 꺼트려 냉돌방에서 추워 오돌오돌 떨며 밤을 지새우고, 밥을 굶고 학교 가기가 일쑤였다. 1년 후 언니가 여고를 졸업하고, 타지 대학으로 떠나가고 나는 5년간 그렇게 지냈다. 나 홀로 떠돌이 객지 생활을 14살부터 시작했다. 부모님이 없는 끈 떨어진 삶이 얼마나 어려운지 일찍부터 깨달았다.

나는 친정과 시댁 부모님이 모두 일찍 돌아가셨다. 하지만 작은집 부모님들은 생존해 계시니 나도 티브이에서와 마찬가지로 해야 할 일을 못 하는 불효자다. 안타깝고 속상하지만, 작은어머니가 계시는 요양원 면회를 가보지 못했다. 폐가 될까 봐 발이 있어도, 다리가 있어도 아무 데도 갈 수가 없었다. 더욱이 작은어머니는 치매도 있고, 몸 건강이 약한 환자라서 방문이 어려웠다. 코로나 시대의 나를 포함한 자식들은 몹쓸 전염병에 구속되어 어떤 구실도 못 하는 끈 떨어진 가방 신세처럼 자유롭게 다니지를 못했다. 우리도 미래의 예비 환자가 아니라고 아무도 장담할 수 없는 일이다. 이 시대에 부자 간이든 친지와의 사이든지 점점 멀어져가는 인정 없는 세상이 되어 가는 듯해서 안타깝다

이 시대에 거리두기를 지켜야 하는 우리는 끈 떨어져 제구실도 못 하는 가방 같은 존재가 되었다. 사람은 사회적 동물이라 서로 상부상조하며 살아가야 하나 물리적 거리를 두고, 마음은 가깝게 지내야 하니 어려운 문제였다.

그동안 나에게 의지가 되고, 힘이 됐던 가방은 무리하게 너무 무거운 것들을 넣어 사용했고, 오랜 시간을 썼으니 낡아 끈이 약해서 떨어지고 말았다. 끈 떨어진 가방은 어떤 구실도 못 하고 주인의 힘이 되기는커녕 짐이 되어 안겨 있어야만 하는 환자가 되었으니 가방의 존재가치는 없어지고 말았다.

가방 수선 집에서 가방 수선이 끝났다고 찾아가라는 문자가 왔다. 우선 가방이나 찾고, 끈 떨어진 가방 신세나 면해봐야지 별수가 없다.

코로나바이러스는 우리에게서 많은 것을 빼앗았고, 이런 위중한 시점에도 우리는 사회 규약대로 살아가고, 의료진들이 고생한 덕에 건강을 잃지 않고 삶을 영위해간다. 이것은 소리 없이 우리 삶을 침범하고, 많은 제약으로 가두었지만, 겨울이 지나면 봄이 오듯이 슬그머니 꼬리를 감추는 날도 오리라. 우리는 소중한 가방이, 그 끈이 떨어지지 않게 각자의 삶을 잘 견뎌내고, 건강을 지키며 일상이 돌아올 날을 기다려야겠다. 그런 날은 조만간 오리라.

하 귤

친구들과 제주도에 여행을 갔다. 서귀포 펜션에서 새벽 일찍 일어난 일행 몇 명과 바닷바람을 쏘이고 싶어 바닷가로 산책을 하게 되었다. 지나가는 주택가에는 새벽 어스름이 채 가시지도 않아 어둑한데 황금빛이 가로수로 반짝인다. 태양을 기다리고, 그 태양을 닮아가며 하 귤 열매는 차츰 익어간다. 길가에 먼지를 듬뿍 둘러쓴 귤나무의 커다란 황금빛 열매는 햇빛과 바람에 바래어도 푸른 잎에 육중한 열매를 성큼성큼 매달고 섰다.

어릴 적, 기다랗고 좁은 초등학교 가는 길, 양쪽 길가에 배추밭이 있었다. 나와 친구들은 마치는 종이 땡땡 치자마자 바로 뛰어나와 배추밭에서 연두색 배추벌레와 호랑나비를 잡느라고 그 밭을 헤집고 다녔다. 그때쯤이면 밭 주인은 우리를 보고 소리를 지르며 나타났고, 우리는 다리야 날 살려라! 하며 줄행랑을 쳤다. 배추밭 가에는 탱자나무를 울타리로 심었고, 탱자가 달려 있었다. 그 황금색 빛깔에 혹하여 탱자를 따다가 가시에 찔리기도 했다.

꿈같은 시절, 그때 아버지는 허름한 차림새에 후줄근한 모습으로 학교 교실에 나타났다. 손에는 황금색 탱자를 몇 개 쥐고, 나는 선생님과 친구들에게 창피했다. 아버지를 집에 가라고 밀어내고 쉬는 시간에 탱자 향기를 흠흠 맡으며 그것을 깨트려 입에 물었다. 쓰고, 시고, 떫고 겉모습과 너무 다른 맛에 오만 상을 찡그리며 아버지 탓을 했다.

커다란 황금색 열매가 열려 있는 가지에 하얀 꽃이 피어있는 모습이 매우 신기했다. 사람들 가정에서 어머니한테 아기가 업혀 있는 모습 같았다. 한 나무에 한 가정의 모양새가 되어있는 셈이다. 여름이 제철인 하 귤은 한 나무에 3대가 살아간다. 할아버지와 아들과 손자까지, 한 나무에 커다란 열매가 익어가고 새로운 하얀 꽃이 핀다. 옛날 3대가 살았던 지체 있던 고대광실처럼, 제주의 지체 높던 토종 과일은 가로수나 조경수로 존재감을 과시하고 있다.

하 귤은 대량으로 농사짓는 과일이 아닌 토종 농산물로 농약이나 성장 촉진을 위한 비법을 쓰지 않아 모양은 조금 못생기고 껍질도 울퉁불퉁한데, 크기가 큰 것과 색이 진한 것이 맛이 좋다. 야생 그대로의 상큼한 향기와 쌉싸래하면서도 새콤한 하 귤은 2년이나 나무에서 익어가기 때문에 농약을 치지 않아도 먼지가 많은 편이다.

하 귤은 자생할 수 있게 두어서 그 꽃과 열매들은 스스로 자기 몸을 강건하게 지키며 햇빛과 바람, 병충해를 굳세게 견디며 살아간다. 바다 먼지, 바람 먼지를 둘러쓰고 그 나무에서 3대가 함께 살고, 열매의 향기와 꽃의 향기 서로의 냄새를 익히며 존재가치를 인식하고, 서로 살아 있음에 안심한다. 하 귤은 하얀 눈 위에도 황금빛 열매를 매달고 있는 과일이라고 한다. 꽃이 피고, 지고, 열매가 열리고, 따서 내보내고, 그렇게 3모작으로, 3대가 존재한다.

길가에서 등잔불 같은 커다란 황금색 열매로 몸체를 으스대는 하 귤. 크고 까먹기 힘들고 쓰고 시큼해서 즐겨 먹지 않고, 잘 모르던 하 귤. 그런데 이 하 귤은 푹 익으면 달콤해진다고 한다. 이 잠깐을 위해 기다려야만 비로소 단맛을 볼 수 있다는 기다림의 미학이 필요한 평범치 아니한 과일이다. 하 귤의 삶이 한 나무에 주렁주렁 열려 있다. 푸른 바다 위 가로수로, 하얀 꽃잎과 푸른 잎으로, 황금색 열매로 크고 짙게 존재의 향기를 인근에 퍼뜨린다. 바다의 방파제 위, 높다란 윗길에 서서 먼바다를 바라보며 이 나무는 햇빛과 바람과 비와 바다의 푸른 짠 내음까지 머금고 하루를 열어간다.

바닷바람이 너무 심해 몸을 가누기도 힘들어서 우리는 머리칼과 옷자락을 휘날리며 찬바람과 맞서있다가 온몸에 소금기를 둘러쓰고, 다시 길가로 올라왔다. 우리는 하 귤 앞에 또다시 발걸음을 멈추었다. 나는 하 귤 나무를 보며, 아버지와 내가 살았던 어린 시절, 탱자 향기를 맡고 입에 물며, 그것이 쓴맛이었지만 아버지의 깊은 사랑이었음을 깨닫게 되었다.

나는 삶의 방식이 서툴러 시행착오의 시간을 지나며 떫은맛에서 쓴맛, 신맛을 보는 기간을 견뎠다. 그리곤 그런대로의 내 삶을 만들어왔다. 결국, 나는 떫고, 쓰고, 시린 맛 후에 가끔 단맛을 보며 세상을 살게 됐고, 아들과 손자가 살아오고 살아갈 일생도 생각해 보게 되었다. 그들 또한 인생의 노정에서 온갖 바람을 맞고, 견디며 살아가는 그런 삶을 이어가야 할 테니까. 하 귤처럼 인생이 무르익을 때까지는 떫고, 쓴맛이리라. 긴 기다림의 결과는 시간과의 싸움이었다. 집에 두고 온 가족이 떠오르고 그리워진다. 그런데 여행을 마치고 집으로 돌아가면 이 하 귤이 생각나겠지. 황금색 열매와 하얀 꽃, 짙은 향기로.

돌의 나라 1

- 제주의 돌

교우 몇 명이 어울려 제주도 여행을 갔다. 서귀포에서 잠을 자는 펜션의 마지막 밤. 후드득후드득 떨어지는 빗방울 소리가 요란하더니 새벽녘엔 바람 소리가 겨울 같이 쌕쌕 거친 숨소리를 지른다. 이곳이 예측할 수 없는 바닷가라는 것을 알려주는 신호음이다.

아침 일찍 일출랜드 테마공원으로 갔다. 먼저 미천굴로 가는데 비가 와서 우산을 쓰고 다녔다. 굴 안이 시야가 어둡고, 빗물 때문에 바닥이 미끄러워 관람하다가 위험해서 중단하고 밖으로 나왔다. 오전에는 비가 오락가락해서 우산을 들고 다니고, 그것을 펼쳤다가 접었다가를 반복했다.

이곳에서의 첫날과 둘째 날은 덥기도 했고, 바람이 불기도 했다. 변덕스러운 4월 말의 제주 날씨이지만, 지구온난화로 인한 이상기후의 영향도 받았을 터이다. 일출랜드 안에 있는 초가집으로 가는 데

"날씨를 알려주는 돌멩이"라는 제목의 팻말을 만났다. 검고 동글동글한 돌멩이를 달아놓았다.

날씨를 알려주는 돌멩이

돌이 하야면 눈
돌이 안 보이면 안개
돌이 없으면 태풍

제주도 사람들이 돌멩이가 알려준 대로 살았다는 바다와 바람의 섬인 제주, 화산과 돌의 고장. 제주도 사람들의 생활 속의 지혜가 깃들인 돌멩이의 말이라고 하니, 재미도 있고, 감탄도 나오고, 공감도 되어 기발하다는 생각이 들었다.

이곳을 나와 중문 대포 주상절리로 갔다. 주상절리는 뜨거운 용암이 빠르게 식으면서 생긴 것으로 불과 물이 만나 이루어졌다. 주상절리를 따라 1㎞에 이르는 해안에 걸쳐 높이가 30㎝ 정도의 사각이나 육각형 바위가 깎아지른 듯한 절벽의 모양은 자연이 저절로 만들어 놓은 걸작품이다. 나는 시커먼 고래가 거품을 물고 헤엄을 쳐 가는 모습 같아서 유심히 보았더니, 작고 길쭉한 바위에 파도가 부서지는 모양이었다. 주상절리는 육각형의 돌기둥이 겹겹이 쌓여 성처럼 우뚝 솟아있었다.

해안 주상절리에서 공원으로 올라오니 수령이 오래된 키가 큰 야자수 나무들이 많았다. 남국에 온 듯한 이국적 모습이 좋아 우리는 사진찍기에 바빴다. 6년 전에 왔을 때도 같이 온 친구들은 달랐지만, 우리는 함께 즐거워하며 서로 사진을 찍어주었다.

그리고 그곳을 지나서 제주 돌문화공원으로 갔다. 6년 전 친구들과 왔다가 다시 오리라고 다짐했던 곳을 지금에야 온 것이다. 그때도 지금도 들어가는 넓은 야외 전시물 중에서 진입로에 오백 장군 군상들이 커다란 돌들로 도열해 있었던 것이 무척 인상 깊었다. 설문대할망과 오백 장군 아들들의 전설은 참 신기했다. 그리고 여러 모양의 돌들의 모습, 숲속에 띄엄띄엄 있던 아기 동자들, 고려와 조선의 비석과 돌들. 그 돌들로 인해 제주의 생성과 역사와 뿌리를 알게 됐다. 언제 와서 봐도 싫증나지 않는 제주 돌들의 과거와 현재의 역사이다. 곳곳에 서 있는 돌하루방들의 익살스러운 모습에는 웃음이 절로 났다. 이제 돌 박물관 안으로 들어간다.

돌 박물관에 있는 하늘 연못은 한라산, 백록담 영실靈室의 죽 솥, 물장오리를 상징하는 박물관 옥상에 설계된 지름 40m, 원둘레 125m의 대형연못으로, 실내 박물관의 지붕이다. 이것은 설문대할망의 죽 솥을 상징한다.

제주 돌문화공원은 한라산 영실에서 오래전부터 전해 내려오는 설문대할망과 오백 장군 설화를 중심 주제로, 제주의 형성과정과 제주민의 삶 속에 녹아 있는 돌 문화를 종합적이고 체계적으로 보여주는 박물관이자 생태공원이다. 민관 공동작업으로 3,269,731㎡ 대지 위에 조성하고 있는 돌문화공원은 제주 돌 문화의 과거, 현재, 미래가 살아 숨 쉬는 공간으로서 종합문화공원으로 꾸며졌다. 신화 속의 거인 여자인 설문대할망은 한라산과 제주도를 만든 존재로 소개돼 있다. 설문대할망은 제주도 창조의 상징이다. 이곳은 한라산 백록담을 베개 삼고 두 다리로 관탈섬에 걸쳐 낮잠을 잤다는 설문대할망 신화를 바탕으로 건축이 이루어진 테마공원이다.

둥근 연못을 돌아서 지하로 내려갔다. 넓은 실내 박물관에 진열된 여러 가지 돌들, 화석들을 보며 돌들의 생성과 역사에 대해 지난번에는 설명하는 분이 없어 듣지 못한 설명을 오늘에야 듣게 되었다. 설명 들으며 돌들의 여러 가지 기묘한 모습을 보니 돌에 대한 아픈 역사인 화산에 대해 깊이 알게 되었고, 돌 수난의 슬픈 역사는 한동안 가슴이 아프고 시렸다.

돌의 나라 2

-용암

제주도는 화산폭발로 이루어진 섬이다. 제주도 화산폭발은 한라산에서 불길이 치솟아 올라온 자연재해이다. 제주도 대부분 지역에서 화산폭발의 흔적을 확인할 수 있는데, 가장 대표적인 것이 바로 돌이다. 마을 골목길마다 쌓인 돌담과 돌하르방, 바닷가 파도와 싸우는 바윗덩이도 화산폭발이 남긴 흔적이다. 눈에 보이는 곳에서도 돌이 가득하지만, 눈에 보이지 않는 곳에도 돌이 가득하다. 이 때문에 비가 내려도 돌에 구멍이 나 있어 물이 금방 빠져서 제주도에서는 벼농사를 짓는 곳을 찾기 힘들다.

4월 말, 교우들과 제주도를 다녀왔다. 6년 전에도 친구들과 제주도 돌 박물관을 들렀으나 그때는 설명하는 분이 없어 듣지 못했던 설명을 오늘에야 들을 수 있었다. 그때는 전체적인 돌을 봤다면 이번에는 용암에 대한 느낌이 뜨겁게 다가왔다.

용암은 화산의 분화구에서 분출한 마그마, 또는 그것이 식어 굳어서 된 암석이다. 지하 깊은 곳에서 형성된 마그마는 지표로 올라오면서 압력이 낮아져 마그마가 가진 휘발성이 급격히 팽창하여 폭발력을 가지게 된다. 이때 뿜어져 나온 용암 방울(64㎜ 이상)이 공중에 굳어 떨어지면 화산탄이 된다는 그림판도 보인다.

특이하게 생긴 기형의 돌들에 대한 설명을 들으며 찬찬히 살펴본다. 들어가면서 보니 뾰죽하게 서 있는 용암의 이상한 형체도 보인다. 땅속 깊은 곳의 마그마 및 암석, 가스등이 땅 밖으로 터져 나왔고, 그들은 한 몸으로 엉켰다. 어떤 바위는 바다로 빠져서 바닷속에 잠겨서 식혀지고 응고되었으리라.

용암류가 수목을 둘러싸면서 흐를 때, 수목은 타고 흔적으로 구멍이 남은 것을 용암 몰드라고 한다. 만약 나무를 둘러쌌던 용암이 다시 그 수위가 낮아져 마치 굴뚝처럼 서 있는 경우 이를 용암수형, 용암 속에 남겨진 수목의 형태라고 한다. 용암 몰드와 용암수형 내부 안쪽 벽에는 수목의 표면 구조가 관찰되기도 한다.

이것은 용암 몰드나 용암수형이 만들어질 때 내부에 타다 남은 숯 혹은 나뭇진 재들의 틈으로, 그 후에 흘러온 용암이 흘러 돌아 생성된 독특한 형태의 용암 구조물로 제주에서는 부채물이라 부르기도 한다.

옛날 옛적 알 수 없는 오래전에 따뜻한 제주에는 여러 나무가 자랐다. 나무들 사이사이에 바위들도 나무들의 자람을 흐뭇하게 지켜보며 드문드문 앉아 있었다. 그런 어느 날 한라산에서 대폭발이 일어났다. 땅이 뜨거워지고 불길이 치솟아 오르고 산에서 치솟은 붉은 불덩이들은 지상의 모든 것들을 삼켜버렸다. 불덩이들이 흘러내렸고, 나무는 바위를 얼싸안았다. 나무는 끝내 불에 타 버리고 바위가 나무의 모습으로 변형되어 굴뚝같이 서 있기도 했다. 기이한 형상의 돌들의 모습이었다. 돌의 모습은 불로 타버린 나무에 돌이 녹아버린 형체였다. 처참한 불길 속에서 그 몸부림들이 여러 모양의 돌들로 남아 그 흔적으로 머물러 있었다.

용암들의 기이한 모습에 심장이 오그라든다. 화산폭발 당시에 나무가 용암에 녹아 타버리고 남은 돌의 흔적이다. 나무는 흔적도 없이 타서 돌에 구멍만 남기고 없어지고, 돌은 나무가 없어진 틈을 구멍으로 남긴 채 저런 모습이 되었다는 것이다. 철저히 뜨거운 화산 속에 몸을 맡겨야만 했던 돌들. 돌에 몸을 의탁했던 나무들의 일생. 사라진 나무들을 보며 우리 인생 또한 흔적을 남기든 남기지 않든, 존재가 없어지든지 변형되든지 한다는 사실에 가슴이 덜컥 내려앉았다. 큰 재해를 당하면 우리 몸 또한 죽어 없어지거나 다쳐서 불완전한 몸으로 살아야 한다. 처절한 고통 속에서 몸부림쳤을 그들의 삶에 우리의 삶을, 나의 삶을 비추어본다. 사라진 나무들의 죽음으로 한이 서린 검은 돌, 화석들, 제주에서의 돌들의 삶을. 나무는 뜨거운 화석을 만나 타서 사라지고, 나무가 있던 자리에 구멍만 남겨진 돌들. 그들은 기묘한 모양으로 굳어있다.

인간의 삶 속에서 사고로 다쳐서 불완전한 모습으로 살아가는 사람들과 용암의 기이한 형상이 겹쳐진다. 나는 큰 인생의 질고는 겪지 않았지만, 나무이든, 돌이든 그 불바다 속에서, 화마의 큰 고통 속에서 울부짖었을 나무와 돌의 고통이 티브이나 재난영화의 한 장면으로 스친다. 그러니 저렇게나마 우리에게 경종을 울리며 고통스러운 모습을 보인다. 오늘을 사는 우리의 피와 살도 조상들의 고난 속 질고의 세월을 안고 살아간다. 약육강식의 역사적 전쟁, 지진, 화재, 홍수 등 뜻하지 아니한 사고로 많은 사람이 다치고, 죽는다. 현재도 화재나 교통사고, 산업현장 등에서 사고를 당해 어려운 처지에 놓여 아파하며 사는 사람들이 많다. 뉴스에서 안타까운 사연을 들으면 이웃의 어려운 사정에 가슴이 무너지곤 한다. 불안전한 세상 속에서 자연은 더욱 어떤 일이 일어날지 모르는 곳이다. 앞서간 사람들의 커다란 희생과 죽음 위에, 길닦음 위에 인류는 문화를 꽃피우기도 하지만, 자연환경은 우리에게 많은 것을 주기도 빼앗기도 한다.

　나 또한 태워 없어진 나무와 깨진 돌과 같은 모습으로 언젠가 부서져 흙으로 돌아가는 인생이니 저들이나 나나 이런 삶이 허망한 생각이 들고 만다. 화산폭발로 망가지고 합체가 된 나무와 돌들. 그들 수난사의 일그러진 흔적들이 가슴이 아팠다. 지구상에서 어느 생명인들 소중하지 않겠는가. 설사 그게 나무이고, 돌들일지라도. 살아남은 돌들의 기묘한 모습에 가슴만 저려온다.

떠나는 버스

　삼복더위가 지났는데도 날씨는 여전히 찜통처럼 푹푹 찐다. 하늘이 화가 났는지 잔뜩 찌푸린 검은 구름이 축 처져있어 금방이라도 큰비가 한바탕 쏟아져 내릴 것 같다. 사위는 점점 어둠을 향해 달려간다. 마치 세상을 암흑 속으로 가두어 둘 것처럼.

　길가에 버스가 정차해 있은 지가 오래인 듯했다. 여행은 가고 싶으나 여건이 안 되어 가지 못하지만, 내 마음은 늘 버스에 두 발을 올리고 어디론가 떠나고 싶어 한다. 아무래도 내게 방랑벽이 숨어 있는 것 같다. 그래서일까, 나는 가끔 정차된 버스에 앉아 책을 읽기도 하고 사색하듯 조용히 쉬기도 한다. 힘겨운 삶을 달래주기 위해 때론 휴식이 필요할 때도 있었다.

　사람들이 정차된 버스에 소리 없이 탔다. 흰 두루마기를 입은 기이한 사람들이 오르내렸다. 그들은 입이 봉해 버린 듯 말없이 앉아 있었다. 유심히 살펴보니 예전에 보던 집안 어른들 같기도 하고, 이웃 사람들 같기도 했다. 알 듯 모를 듯 음울한 기운이 맴도는 사람들이다. 그들도 나를 아는 듯, 모르는 듯 무심한 눈길로 바라만 보았다. 호의도 적의도 없는 무관심, 경직된 무감각한 표정, 뻣뻣한 몸의 동작들, 서늘했다. 그들은 자기들의 종착점을 우리가 알 수도 없는 먼 곳이라고만 말했다. 이제 곧 버스는 떠날 거라고 했다. 순간 나는 내려야 된다는 걸 직감하고 몸을 일으켰다. 나는 허겁지겁 버스에서 내렸다. 꿈이었다. 연이어 또 다른 꿈을 꾸게 되었다.

이웃집에서 우리 집 부엌 앞에 놓여있는 석유풍로에다가 자기네 집 음식을 말도 없이 올려놓고 석유 불을 켜놓고 가버린 것이다. 속이 쓰려도 말을 할 수가 없었다. 며칠 후, 초등학생인 그 집 딸 희선이가 왔다. 나는 대뜸 희선이에게 퉁기듯 말을 쏟아냈다.

"너희 엄마는 말도 없이 남의 풍로에다 음식을 해 가니?"

그러자 며칠 후 희선이가 제 엄마가 가져다주라고 했다면서 돈 1,000원을 기름값이라고 하며 준다. 어린애에게 과한 말을 한 듯싶다. 그렇다고 곧이곧대로 돈까지 보낼 게 뭐람.

"괜찮아, 농담이야!"라고 말하고는 도로 네 엄마에게 갖다 드리라고 했다.

지루한 비와 무더위에 지쳐 대낮에 잠깐 잠이 들었다가 두 토막의 이상한 꿈을 꾸었다. 버스 속의 그들은 누구였을까? 그 버스는 어떤 버스였을까? 나는 과거로의 여행을 했을까? 아니면 죽음의 버스에 여행을 다녀온 것일까? 이웃집 희선이는 오십 년 전의 이웃집 아이였고, 그때는 석유풍로에 밥을 해 먹었고, 1,000원은 큰돈이었다. 그 시절은 이웃 간 인심이 좋아 담장도 없고, 네 것 내 것도 없던 시절이었다. 이렇게 현몽까지 한 것을 보면 순박했던 그 시절이 그리웠던 듯싶다. 그들과 나는 분명 딴 세상 사람이었고, 꿈에서도 서로 넘지 못할 어떤 선이 있었음에도 마치 어제의 일처럼 생생했다.

요즘 성경 공부를 너무 열심히 했나 보다. 십자가의 죽음을, 천국을 너무 생각했나 싶다. 결과적으로는 과거도 현재도 미래로 이어져 있고, 내 곁의 사람들이 소리 없이 떠나게 되고, 나 또한 언젠가 그 길을 따라가게 될 터인데, 그 전 남은 생은 누군가와 나누며 살아야 하겠다는 생각이 들었다. 아무래도 받는 것보다 베푸는 삶의 정이 더 찰질 것 같다.

별아 내 가슴에

- 이생의 꿈

　8월 말 여름의 막바지, 우리 30여 명은 문학회에서 몽골 문학여행을 함께 하게 되었다. 우리는 드넓은 얄트산 푸른 초원 야산에서 말과 양과 염소와 소가 방목되어 풀을 뜯어 먹는 것을 신기하게 바라봤다. 초원에는 야생화가 참 많았기에 꽃을 보는 우리는 너무 기뻐서 추억 사진을 찍으며 즐거워했고, '올라갔다 내려갔다'를 반복하며 구릉인 야산을 누볐다. 날씨도 쾌청했고 언뜻언뜻 보이는 하얀 구름 사이의 하늘은 높고도 파랗다. 그 틈에 하얀 구름 송이들의 변환에 눈이 시원해졌다. 높은 지대라 공기가 좋고 주변 자연의 그림은 한 폭의 수채화였다. 여태까지 초원의 기이한 구릉 광경은 사진에서만 봐 왔었다. 그 넓고 푸른 초원에 나 있는 기다란 흙길이 사람들의 지나간 흔적을 보여주었고, 그 풍경도 너무나 아름다웠다.

　그리고 우리는 물이 꽉 찬 몇 개의 도랑을 건너고 초원을 건너며 말이 이끄는 대로 말을 탔다. 우리 대신 말이 '첨벙첨벙' 물을 건너며 내는 물소리는 한마디로 경쾌한 음악의 효과음이었다. 이 모두가 하늘의 은총이고 나는 그 시간 행복했다. 이게 여행의 묘미인 것 같았다.

높은 지대이고, 추운 곳인 몽골에 와서 우리는 어두운 밤중에 무리를 지어 숙소인 게르 뒷산을 향했다. 옷을 두껍게 겹쳐 입고 추위를 무릅쓰고 야산을 발로 더듬으며 올라갔다. 말똥이 많다는 이야기도 있었지만, 우리는 상관없었다. 점점 하늘과 가까워졌을 때 나는 숨이 가빠졌다. 하늘의 별은 나에게 무언의 빛으로 다가왔다. 어릴 적 길동무였던 별을 뛰는 가슴으로 우러러봤다. 밤하늘에는 참 별이 많았다. 하늘에서 반짝이며 "나를 봐주세요."라고 별빛으로 말하며 우리를 내려다보는 듯했다.

돗자리를 깔고 누워서 별을 가만히 숨죽여 바라봤다. 별은 먼 하늘에만 있는 것은 아니었다. 지구 어디라도 별은 무수했다. 하다못해 인기 연예인들도 별이고, 군대에서는 별을 단 사람이 많다. 내 마음에 심은 꿈도 별이었다.

젊은 시절, 아기를 가질 때쯤 꿈을 꾸었다. 나는 시댁 산골짜기를 남편과 터벅터벅 걸어갔다. 산마루는 가팔랐고, 오를수록 하늘이 가까워졌다. 그날 밤도 별과 달이 어두운 골짜기를 밝게 비추어주었고, 나는 그 덕에 그리 무섭지는 않았다. 그때, 갑자기 별을 품은 하늘이 내 가슴에 '쑥' 들어왔다. 평생 하늘이 나와 붙은 일은 그때가 처음이고 마지막이었다. 아찔했다. 나는 하늘 속에 있었다. 한순간이었다.

그렇게 내 아기는 내게 안겼다. 이제 그 별은 자라서 제 갈 길로 떠나갔다.

30대 후반에 문학 공부를 하는 꿈을 꾸었으나 그 아이들 치다꺼리 하느라 여유가 없어 몇십 년을 미루다가 60대 중반에 비로소 수필과 시 공부를 하게 되었다. 별은 우리 아이들만이 아니고, 문학의 꿈이기도 했다. 어릴 때부터 무수한 별을 바라보며 꿈을 꾸었고, 그 별이 나에게 많은 꿈을 선사했다면, 나는 별에 어떤 꿈의 기대를 걸어야 할까?

몇 년을 기다리던 몽골 여행을 따라나선 것은 어린 시절 하늘에 떠 있어 나를 비춰주고, 내 친구도, 내 집도 비추어주었던 반짝이는 별을 찾고 싶어서였다. 그 별은 순수의 별이었을까? 자연의 별이었을까? 아니면 희망의 꿈이었을까? 우선 자연 속에서 별을 찾기로 했다.

별이 나에게 꿈들을 주었다면, 나는 '별에 무엇을 줄 수 있을까?'를 생각해 봤다. 무공해는 주지 못한다. 그렇다면 주먹 손을 활짝 펴고 주위 사람을 눈여겨보고 사랑하고, 나눌 수 있다면 하늘의 별까지도 좋아하지 않을까?

"별아 또 한 번 내 가슴에 안기는 그런 좋은 꿈을 다오.

이 땅의 별 같이 살고 싶어"

"나 그렇게 살다가 별이 되어 저 하늘로 가고 싶어"

이것이 나의 이생의 꿈이란다.

오늘 이곳, 황금 시간

오늘 오전에 친구들을 만나려고 시내버스를 탔다. 지하철도 있었지만, 늘 여행을 그리워하는 나는 지하로 내려가서 걷는 것보다 한쪽 발을 버스에 올리는 것을 더 좋아한다. 이 행위는 늘 어딘가로 떠나고 싶은 내 마음을 충족시켜주기 때문이다.

시내버스를 타고, 가방 속에 있던 작은 카드지갑을 꺼내 카드기에 대었다. 체크가 안 되었다. 그 지갑 속을 들여다보니 카드는 없고 주민등록증과 가족사진만 들어있다. 평소에 카드를 사용하고 이 지갑에 도로 넣어놓았는데, 빼서 쓰고 넣지 않았나 보다. 그렇지만 나는 그것을 알지 못했다. 가방 안에 있던 장지갑을 찾았으나 그것도 없었다. 이럴 때는 가방 속 지갑에 있던 현금들을 속 지갑에 옮겨놓는데, 그것도 없었다. 정신을 어디에다 두고 덜렁 빈 지갑과 가방만 들고 버스를 탔는지 황당하고 창피했다. 늘 가지고 다니지 않는 다른 가방을 가지고 나오다가 생긴 일이다. 비어있는 내 가방은 텅 빈 내 인생 같았다.

　나는 돈도 카드도 없이 버스를 탔으니 운전대를 잡은 기사에게 사정을 말했다. "기사님! 카드는 안 되고, 지갑도 집에 두고 왔네요. 어떻게 하면 좋을까요?" 했더니, 뜻밖에 기사는 "괜찮아요. 내리고 싶을 때 내리고, 다음번에 내세요."라고 한다. 고맙고도 무안하여 다음 정거장에서 황급히 내려 걸어 집으로 돌아와 카드와 지갑을 가방 안에 넣고, 다시 약속장소로 출발했기에 만나야 할 사람들과의 약속 시간에 지각했다. 그나마 나는 약속 하나는 꼭 지켜서 주변 사람들에게 완벽주의자라는 평을 많이 받던 사람이었다. 이젠 나 자신에게 자신이 없어졌다. 물론 원숭이도 나무에서 떨어지는 날이 있다고 하지만 내 인생에 처음으로 무임승차를 하고 남에게 고개를 숙인 날, 나는 한없이 움츠러들었다. 이래서 인생은 살아봐야 하고, 비판하면 안 되고, 누구든 어떤 경우든 관용을 베풀어야 한다는 것을 깨달았다.

　인생살이에는 범사에 때가 있고, 천하만사가 다 때가 있다고 말한다. 다 정해진 때가 있고, 기한이 있다고 한다. 그러기에 나는 이 시간을 맞추려고 안간힘을 쓰며 온몸에 힘을 주며 긴장을 늦추지 못하고 경직되어 살아왔다.

　그러나 나는 이 시간을 맞추어 적절하게 행동했을까. 아니다. 시간은 모두에게 흘러가기도 하고, 멈추기도 하면서 누군가의 인생을 지배한다. 나의 인생도 시간의 흐름 속에서 그 격랑 속에서 쏜살같이 오늘 이곳까지 달려왔다. 나는 이 순간들을 어떻게 살아왔을까. 나의 시간은 아무 의미도 발견하지 못한 채 오늘에 이르렀다.

나는 늘 살면서 내 시간은 황금같이 소중하고, 아깝다고 했다. 그렇다고 내가 시간을 황금같이 쓰고 아꼈던 것은 아니다. 마음만 바빴다. 이룬 것도 없고, 누군가를 크게 도와준 일도 없었다. 이 나이까지 뭘 했을까, 하는 한심한 생각이 들어 아쉽다. 젊어서는 아이들을 키우고, 가정을 꾸려나가느라고, 나이 들어서는 문학을 붙들고 끙끙대느라고 시간만 축을 냈다.

사람은 한 번 태어나고, 한 번 죽는다. 좀 더 보람차게 살 수 있는데, 그게 왜 안 되었을까. 시간을 도둑맞은 기분, 강물에 다 떠내려보내고 만 듯한 과거들, 불투명하고 불확실한 미래. 시간은 지나면 그뿐이다. 글쓰기나 컴퓨터 자판기와 같이 지울 수도, 고쳐 쓸 수도, 새로 쓸 수도 없다. 나는 찰나의 기회를 얼마나 잡아서 때를 맞추어 유용하게 썼을까. 성공과 실패 사이에서 시계추 마냥 왔다 갔다 한 일밖에는 없다. 시간을 유용하게 쓰기 위해서는 찰나를 잘 붙잡아야 하고, 순간의 선택을 잘해야 한다. 이 풍진 세상에서 안개와 같이 유한한 인간으로서 나는 늘 한계에 부딪혔다. 지금 이곳에서 이 생명 다하는 날까지 무엇을 위해 시간을 쓰며 살아왔을까. 내 황금 같은 시간이 나를 원망하는 듯하다.

그동안 나는 행동이 흐리멍덩한 사람을 비판했다. 나도 늙었나 봐, 라고 합리화하며 나의 완벽한 시간이 소리 없이 무너졌다. 이해하고, 망신 주지 않은 그 기사님이 참 고마웠다. 이런 푸근한 분이 있는 한 세상은 살만하다.

　오늘 이곳 버스 안에서는 민망함으로 푸르뎅뎅해진 나의 얼굴빛이 따스함으로 붉게 상기된 변환의 황금빛 시간이었다. 실수함으로써 따뜻함을 맛보았다. 그동안 실수하지 않으려고 발버둥 치며 살아온 내 인생이 쉼의 전환점을 맞았다.

　오늘 만남의 인연이라는 정거장에서 잠자리 날개보다 더 얇은 천이 큰 바위를 스치고 스치듯이 너와 나의 인생들은 서로 손잡고 흘러가고 멈추기도 한다. 남의 덕으로 내 인생도 황금빛 황혼의 시간으로 물들어간다. 이런 찰나가 모여 하루의 역사가 되고, 쌓이고 쌓여 겁劫이 되기도 한다. 나의 시간도 황혼빛으로 저물어간다. 오늘 이곳에서도.

---

* 겁劫- 명사. 불. 천지가 한 번 개벽한 때부터 다음 개벽할 때까지의 동안이라는 뜻으로 계산할 수 없는 무한히 긴 시간.

영적인 날, 크리스마스

크리스마스는 성자 예수 그리스도 탄생일이다. 아기 예수가 어린 양으로 인간을 구원하러 오신 날을 기념하기 위해 제정한 교회의 성탄절이고 축하 일이다. 그러나 지금은 온 세계의 축제일이 되었다. 오히려 교인이 아닌 사람들이 들뜬 목소리로 "메리 크리스마스"를 외치며 즐거워하는 풍경이 크리스마스의 추운 밤거리의 익숙한 모습이 되었으니 놀라운 일이다.

크리스마스라고 하면 아이들, 연인들, 친구들, 가족들과 함께 따스한 정을 나누던 별을 매단 트리 곁의 모습들. 반짝거리는 불빛 아래서 잠을 자지 않고, 양말 선물을 기다리는 아이들의 모습이 먼저 그려진다. 예전 거리에는 징글벨 소리가 요란했지만, 이젠 그런 노래는 들려오지 않는다. 새벽마다 집집을 돌며 불러주던, '고요한 밤~ 거룩한 밤~' 그 노랫소리 아련하다. 그런 날, 우리 집에서도 그 노랫소리를 기다리며 아이들과 과자 봉지를 건네주던 내 모습이 젊은 날의 잊힌 그리움으로 되살아난다. 새벽 날씨는 추웠지만, 서로가 훈훈하고 순수했다. 이 또한 보고 듣고, 즐길 수 없는 옛 추억의 한 장면이 되어버렸다.

예전에는 1월 6일이 크리스마스였다고 한다. 12월 25일은 로마의 태양절이었다고 한다. 겨울인 12월 22일 동지를 지난 후에는 밤의 어둠이 짧아지고, 빛의 시간이 온다. 여명의 시간을 지나 낮이 길어진다. 그래서 사람들은 태양숭배의 미신적인 날을 거룩하고 영적인 날로 바꾸었다고 한다.

동지는 서양의 크리스마스 문화와도 관계가 있다고 알려져 있다. 양력으로 12월 22 · 23일 경인 동지는 크리스마스 시기와도 겹치게 된다. 실제 크리스마스 전통 배경이 서양의 동지 축제인 올 타이드 의식에서 시작되었다고도 한다.

해마다 12월 25일이 되면 세계적 축제로 열리는 크리스마스는 기독교보다 역사가 훨씬 오래됐다. 원래 동지를 기념하던 축제였던 크리스마스는 태양이 저물지 않게 하는 것이 목적이었다. 종교학 대사전에 의하면 12월 25일은 로마의 '동지'로 '정복되지 않는 태양의 탄생일'이었다.

'동지'를 크리스마스 시기에 관한 기준점으로 삼던 로마인들은 12월 25일에 서로 선물을 주고받으며, 이날이 정복되지 않는 태양의 탄생일이라고 부르며 기념했다. 율례로 알려진 이교도의 이 행사는 몇 세기에 걸쳐 동지 동안 진행되었고, 결국, 우리가 현재 크리스마스라고 알고 있는 축제로 진화했다.

서양의 선교는 수천 년 동안 이미 어둠에 대한 태양의 승리를 축하했던 문화를 가진 미국 원주민들을 가톨릭으로 개종시키기 위해 만들어졌다. 그러나 선교는 태양의 상징성을 기독교적 메시지로 바꾸면서 이러한 전통을 새로운 방식으로 통합했다. 그들은 어둠을 뚫고 빛으로 인도하는 우리의 본능의 힘을 보여준다. 새벽의 순간에 빛이 하늘에 쏟아진 것처럼 축하했다. 일 년 중 가장 긴 밤 이후의 일출을 축하한다.

예전에 우리 민족도 민속학적으로 볼 때, 태양을 숭배했다. 낮의 길이가 길어지고 어둠을 몰아내고 밝음이 오는 희망의 새해를 염원했다. 동짓날은 밤이 길어지고 낮이 짧다. 동지가 지나면 낮의 길이가 길어지고 밝음이 많이 나오는 새로운 시간이 시작된다. 그래서 예전 사람들은 동지가 지나면 새해라고 생각하는 사람들이 있었다. 동지 다음날을 새해라고도 하는 사람도, 또 어떤 이는 양력 1월 1일을 새해라고도 하고, 입춘이 지나면 그것도 새해라고 여겼다.

중국의 주나라에서는 11월을 정월로 치고 동지를 설로 삼았다고 하니, 이러한 중국의 풍속이 조선 시대 우리나라에 전래된 것으로 보인다. 주나라에서는 생명력과 광명이 부활한다고 생각하여 동지를 설로 여겼다. 동지는 다른 절기와 달리 양력을 기준으로 한다. 동짓날은 마지막 날이 아니라 새로 시작하는 첫날이라고 한다.

동짓날에 끓여 먹는 팥죽은 팥을 주재료로 만든 죽이다. 한국뿐만 아니라 일본, 중국, 베트남 등 아시아 국가에서 주로 먹었다고 한다.

옛말에 '동지를 지나야 한 살 더 먹는다' 또는 '동지팥죽을 먹어야 한 살 더 먹는다'라는 말이 전해지는 이유가 동짓날을 태양의 죽음으로부터 부활하는 날을 생각하고 경사스럽게 여기는 속설이 있기 때문이라고 한다.

동짓날 팥죽을 쑤게 된 유래는 중국의 《형초세시기》에 의하면 공공 씨의 망나니 아들이 동짓날에 죽어서 역신이 되었다고 한다. 그 아들이 평상시에 팥을 두려워하였기 때문에 사람들이 역신을 쫓기 위하여 동짓날 팥죽을 쑤어 악귀를 쫓았다는 것이다. 이것은 오늘날로 이어져 떡국 이전에 '동지를 지나야 진짜 한 살 더 먹는 것이다'라고 말을 하기도 한다.

동짓날 팥죽을 끓이는 유래는 액운을 물리치기 위하여서다. 팥의 붉은 색이 양의 기운이므로 음 기운인 나쁜 잡귀 등을 몰아낸다고 여겼기 때문이다. 밤의 길이가 가장 긴 동지는 귀신이 출몰하기 쉬운 날로 여겼다. 우리나라에서는 행여라도 귀신이 틈, 탈까 하는 마음에서 벽사(귀신을 물리침)의 기능이 강한 붉은 팥죽을 쑤어 집안 곳곳에 뿌리고 잡귀의 침입을 막기 위해 고사를 지냈다. 이것을 동지 고사, 동지 차례, 팥죽 제라고 불렀다.

서양의 동지는 크리스마스 축제로 이어졌다. 동지는 동서양을 막론하고, 어둠을 몰아내고 새로운 빛의 세계로 인도한다. 동지이자 크리스마스는 새해의 희망을 염원한다. 크리스마스는 빛으로 오신 예수님의 탄생일이다. 온 세계인의 빛의 축제다. 나는 그 유래에서 크리스마스가 24절기 중 하나였던 동지와 연결되고, 태양과 연결되었음을 알게 되어 참 신기했다. 거룩하지 못한 것을 거룩한 것으로 바꾸고, 안 좋은 것을 좋은 것으로, 귀하고 성스러운 것으로 바꾼 선교인들의 영적인 지혜가 돋보인다. 크리스마스는 영적인 날이다. 예수를 믿는 교인은 물론이고 세계적으로 모든 사람이 예수 그리스도의 탄생을 축하하고, 어린이들이 빨간 산타 선물을 기다리는 즐겁고 기쁜 축제일이다.

경주 최부잣집, 교동 법주

쌀쌀한 날씨에 우리 시댁 8남매들은 4년 만에 신라의 고도 경주에서 모였다. 3형제는 서울에서 5남매는 고향 산청에서 출발하여 이곳에 모였다. 콘도에서 짐을 푼 후 배우자까지 13명의 우리 형제·자매들은 먼저 교촌마을 최부잣집을 향했다.

경주 교촌마을은 한반도 최초의 국립대학이고 신라 국립대학인 '국학'이 있던 곳으로, 전통적인 유교 교육의 중심지이자 유서 깊은 마을이다. 이 집 주변으로 신라의 중심 궁성이었던 월성, 선덕 대왕이 만든 첨성대, 신라 문화를 가까이에서 엿볼 수 있었다. 특히 2018년 국내 최대 규모의 목조 교량인 월정교가 복원되었다. 경주 교동에 있는 최부잣집은 최부자가 살던 종갓집으로 12대 300년을 부와 명예를 이어온 만석 가문이다. 역사를 통틀어 긴 시간 동안 부를 유지해왔던 가문은 이 집이 유일하다고 한다.

최부잣집은 신라의 대석학 최치원의 17세손인 최진립을 1대로 1600년 초반부터 1900년 중반까지 12대 동안 만석꾼의 부를 일구었으며, 열 명의 진사와 생원을 배출했다. 최씨 집안은 흉년이 들면 곳간의 문을 열고 이웃들에게 쌀을 나누어 주었으며, 대대로 재산과 목숨을 아끼지 않고 나라에 헌신하는 등 더불어 살아가는 상생 경영을 통해 나눔과 베풂을 실천한 명가로 이름을 떨쳤다.

이 집은 경주 최씨 종가로 월성을 끼고 흐르는 남천 옆 양지바른 곳에 자리를 잡고 있었다. 이 집안은 도덕적 의무와 관용을 몸소 실천해 온 것으로 널리 알려져 있다. 이 집에서 뒤주인 쌀통을 보았다. 쌀통은 나무로 만든 상자로 위쪽에 지름이 다섯 치 정도의 둥근 구멍이 뚫려 있었다. 사람들이 욕심을 부려 두 손을 넣어 쌀을 많이 움켜쥐면 손이 빠지지 않아 적당량을 잡을 수밖에 없었다고 한다. 쌀을 가져가려고 하는 것은 한 번만 허용되었으니, 이 쌀통은 가난한 이웃을 위해 개방되어 쌀을 고루 나누어 주는 역할을 했다고 한다.

최부잣집을 다녀온 후 저녁 무렵 숙소에 모여 음식을 나누어 먹었다. 시누이들이 고향에서 준비해 온 음식들, 과일과 건어물 안주를 먹고 있는데, 이곳에서 공직생활을 하는 시누이의 시동생이 경주 교동 법주를 가지고 왔다.

경주 교동 법주는 최경의 10대조인 최국선이 조선 숙종 때 사옹원에서 참봉을 지낸 후 낙향하여 처음 빚은 가양주로 1986년 국가 지정 중요 무형문화재로 지정됐다. 이는 9대 진사 1대 만석꾼으로 널리 알려진 경주 최부잣집의 가양주로 300여 년 역사를 함께해 왔으며 그 뿌리가 크고, 맛도 깊다. 또한, 1500년 전 중국 최고의 농서인 《제민요술》 및 《서유기》에 기록되어 있는 법주 및 신라의 비주라 일컬어지는 술과 연관성이 있는 것으로 여겨진다고 한다.

누대에 걸친 봉제사와 접빈객에 사용되어 온 법주와 전통 안주가 많은 애주가의 사랑을 받아오던 중 1986년 국가 무형문화재 제86-3호 "향토 술 담기" 경주 교동 법주의 21년째인 2006년 3월 그의 아들 최경이 2대째 인간문화재 보유자로 인정받아 제조 비법을 계승 발전시키고 있다. 또한, 전통적인 재래식 방법으로 손수 정성을 들인다. 주원료는 토종 찹쌀이며, 밀로 만든 누룩으로 술을 빚는다고 한다.

가족들이 이 술을 마셨다. 나는 옆에서 시각적으로 보고, 향내만 맡고 느끼며, 안주만 먹었다. 백자 항아리에 담긴 이 술은 그릇에서 부터 품위가 보였다. 술은 감미롭고, 부드러운 맛이었다고 했다. 질이 높다고도 했다. 나는 술을 마시지 못했지만 느낌으로, 향이 그윽했고, 맑고 금빛이라 보기만 해도 부드럽고 깊은 맛이 우러날 것 같아 최부잣집의 전통, 정신의 깊이를 알만했다. 이럴 때는 술 마시지 못하는 게 아쉬웠다. 남편이 오래간만에 술을 자꾸만 마셔대기에 말려도 막무가내였고, 다른 형제들도 마찬가지였다. 저녁을 먹고 형제들은 만남의 기쁨과 술에 취해 12시까지 이야기들을 이어갔다. 나는 다음날 관광하러 나갈 일이 걱정되었다. 그런데 다음 날 아침, 모두 너끈히 일어났다. 선전물에서 과음해도 숙취가 없다고 하더니 그 말이 맞았다. 나도 공기가 좋아서인지 머리도 개운하고, 안구건조증도 사라지고, 과식해도 소화불량도 없었고, 다리도 가벼워 다음날 불국

사, 토함산 가는 길이 즐거웠다.

경주 교촌마을은 신라에서 조선으로 이어지는 천년의 배움터였다. 신라 신문왕(68년) 때 국립대학인 국학이 세워졌던 곳이고 이는 고려 시대 향학으로, 조선 시대의 향교로 이어졌다. 마을이 교촌, 교리, 교동이라 불리는 연유도 이곳에 향교가 자리했기 때문이라고 한다. 또한, 이 마을에는 9대 진사 12대 만석을 이어오며 400년에 걸쳐 어려운 백성을 구호하고, 나라를 위한 항일 구국 운동을 하며 백성을 일깨우는 교육사업을 펼친 최부잣집이 있다. 이곳은 최부잣집을 중심으로 최씨 가문의 고택이 많이 남아 있으며, 새롭게 조성한 한옥들이 어우러져 고즈넉한 한옥 마을의 정취를 뽐낸다.

'나라가 없으면 부자도 없다'라는 이 한마디는 경주 최부자의 대를 이어온 나라 사랑과 독립정신이 모두 함축되어있다. 최부잣집 마지막 만석꾼인 최준은 일제 강점기에 독립 자금을 제공했다는 이유로 체포되어 공주교도소에 갇혔다가 출소했다. 동생 최원과 최순도 독립운동에 참여했고, 최원은 나라의 훈장을 받았고, 최순은 암살당했다.

독립운동가이자 사회사업가로 활동했던 12대 최준은 특히 교육 육성 사업에 많은 관심과 애정을 쏟았다. 식민지 질곡의 역사를 몸으로 고스란히 겪은 최준은 6·25 이후에는 서울에서 경주로 피난 온 교육자 학생들을 위해 나머지 재산으로 현재의 대구 영남대학교를 설립했고, 이와 함께 수백 년간 가보로 전수되어 온 희귀 문서 등을 포함해 최씨 집안의 고택, 전답, 선산 등을 이 대학교에 기증하여 교육에 대한 뜨거운 열의와 정성을 보여주었다. 평생 항일 운동에 헌신하며, 다음 세대를 길러내는 교육사업에 앞장서 왔고, 나라에서는 1990년 건국훈장 애국장을 수여했다.

이 최부잣집은 서민들의 곤궁한 부분까지 챙겨 '기구성 책', '진급기'에 가훈으로 이렇게 기록되어 있다. 첫째 '사방 백 리 안에 굶어 죽는 사람이 없게 하라', 둘째 '과객에게 후하게 대접하라', 셋째 '만석 이상 재산을 사회에 환원하라' 올곧은 마음으로 서민을 배려하고 상생하며 공동의 번영을 이룬 실천형 글귀다. 이 가훈을 읽으며 우리 형제들은 참 많이 느끼고, 배우며 자손 대대로 받아야 하는 삶의 모범을 보이는 최부잣집에 감사했다.

제4부

봄을 본다

금령, 어린 영혼의 길동무

새벽에 동서울 터미널에서 시외버스를 타고 경주에 갔다. 4년 만에 8남매인 15명의 형제자매 모임을 경주에서 하기로 했다. 우리 부부는 그들을 만나기 이전에 먼저 박물관 관람을 했다. 정원에는 서울에서는 구경도 못 한 봄의 전령인 백매화·홍매화가 꽃잎을 활짝 터뜨리며 이른 봄을 누리고 있기에 매화의 고운 자태를 사진에 담았다. 서울에서 아랫녘 동해안인 이곳에 오니 흐렸던 날씨가 모처럼 개고 햇살이 퍼져 따뜻했다.

박물관 실내에서 화려한 금제품, 많은 양의 제기와 봉헌물을 들여다봤다. 그 시대에 어쩌면 예쁜 장신구들을 저리도 정교하게 만들 수 있었을까. 반짝거리는 금관의 모습조차 위엄을 떠나 아름다움을 뽐낸다. 여기에 처음 온 것도 아닌데 선조들의 뛰어난 기술에 다시금 감탄한다. 나오며 보니 옆 건물에 '금령'이라는 큰 글자가 나를 유인

한다.

　1924년 조선총독부는 노동동 일대에 자리한 거대한 무덤인 봉황대 남쪽의 작은 무덤 2기를 발굴하기로 했다. 노동리 2호분은 그해 5월 11일부터 본격적인 조사가 시작되었고, 5월 22일, 무덤 주인이 누워있는 관을 조사하자 금제품이 드러나기 시작했다. 그리고 당시 조사단이 그 우아함에 사랑하고 좋아할 수밖에 없는 기교라고 칭송한 금방울 한 쌍이 허리춤에서 모습을 드러냈다.

　1921년에 금관이 발견된 무덤이 금관총이라 불리게 된 이후, 두 번째로 노동리 2호분은 금령총이라는 이름을 갖게 되었다. 또한, 같이 조사된 노동리 3호분은 아름다운 금동 신발 때문에 식리총이라는 이름을 얻었다.

　1924년 발굴은 22일 만에 끝났지만, 재발굴은 2018년부터 2020년까지 3년에 걸쳐 300일 동안 진행되었다. 재발굴 결과, 금령총이 기존에 알려진 것보다 큰 지름 30m 규모의 무덤임이 밝혀졌다. 한편 봉황대 남쪽의 빈자리에 무덤 자리가 결정되면서 좁은 공간을 효율적으로 사용하기 위해 지하에 관을 두는 구조로 만들었다. 또한, 호석 외곽에서 출토된 수십 점의 커다란 항아리와 그 안에 담긴 제기, 봉헌물을 통해 당시 신라 무덤 제사 일부를 복원할 수 있었다고 한다. 각종 자연과학적 분석을 통해 금령총 주변의 지질, 고 환경, 축조 연대, 금령총 출토품인 동식물 유존체, 진주, 가죽끈 등에 대한 새로운 정보를 얻어 이와 더불어 금령총 남쪽에서 그동안 알려지지 않았던 중소형급 무덤 5기가 연이어 있는 것을 알게 되었다고 한다.

무덤 안에는 무덤 주인이 살아생전 사용하던 물건뿐만 아니라 장례 준비를 하면서 새롭게 만든 물건도 함께 묻는다. 무덤 주인을 동쪽으로 머리를 두게 눕힌 뒤 머리맡에 껴묻거리를 가득 넣은 상자를 두었다.

곱은옥이 없는 작은 금관과 길이가 짧은 금 허리띠. 사람의 옷, 말갖춤이 잘 표현된 말 탄 사람 모양 주자 한 쌍. 최고 수준의 껴묻거리가 출토되었지만. 금관이 출토된 금방울 때문에 〈금령총〉이라는 이름을 얻은 신라의 능묘이다.

무덤 주인은 금관과 발찌, 팔찌와 반지 등이 나온 간격을 볼 때 키 1m 내외의 어린아이였다고 한다. 이를 증명하듯 장신구와 껴묻거리들조차 모두 작았다. 현대와 달리 고대사회의 어린이는 질병에 쉽게 노출되었는데, 신라 왕실에서 태어난 아이 역시 예외는 아니었다. 예나 지금이나 부모에게서 어린아이와의 이별은 그 무엇보다 크나큰 슬픔이었지 싶다.

나는 이곳에서 어린이 무덤이 발굴됐고, 무덤 안에서 그들의 물품들이 발견되었기에 그것들을 보면서 생각이 많았다. 먼저 건물 내부에 들어서니 실내가 캄캄했다. 제주에서 본 어머니의 방이 생각났다. 어린아이의 무덤은 어머니를 그리워하며 어머니 품을 떠났을 어린아이의 슬픈 마음을 위로하고자 만든 방이었을 것이다. 어머니의 자궁 안 같은 따뜻하고 아늑한 방. 이 모든 게 금방울 한 쌍을 길동무로 삼아 멀고 먼 여정을 떠나야 했던 어린이를 위함일 것이다. 말로 표현할 수 없을 만큼의 슬픔을 안고 모든 것을 준비하고 챙겨 넣었을 부모의 마음을 알 것 같다.

금령총에서는 '말 탄 사람 모양 주자', '배 모양 그릇', '등잔 모양 그릇'이 한 쌍씩 출토되었다. 말 탄 사람 모양 주자는 흔히 주인상과 시종상으로 알려져 있다. 하지만 앞서가는 시종상으로 알려진 사람은 오른손에 방울이 꽂힌 막대를 들고 있어 제사를 주관하고 무덤 주인을 저승으로 인도하는 제사장 또는 무당일 것이라고 한다. 이는 저승길을 안내하며 도움을 주는 역할을 했을 것이다. 그리고 '배 모양 그릇'은 저승에서 만날 물길을 무사히 건넜으면 하는 마음. '등잔 모양 그릇'은 어두운 공간에서 발을 헛디뎌 넘어질까 봐 불을 밝히는 부모의 걱정이 스며든 껴묻거리일 거로 생각하니 이 모든 보장품이 아이를 위한 부모의 마음일 터이다.

평소에 집 주변의 아이들이 움직이는 소리가 잘 들리도록 허리띠에 방울을 달아주고 '아이가 잘 있구나.' 했던 어머니의 마음을. 이제 아이는 죽었지만, 저승길이 걱정되어서 방울 달린 허리띠를 만들었을 것이다. 익숙한 어머니가 만들어준 방울 소리를 들으며 컴컴한 알 수 없는 곳에서 시퍼런 물을 건너며 어미 품을 떠났을 어린아이의 울음이, 생떼 같은 아이를 보내며 눈물마저 말라버린 가슴을 치며 발버둥 쳤을 어미의 모습이 방울 소리와 함께 아득하게 와닿는다.

금령이란 공간에서, 어린이의 무덤에서 출품된 귀한 유물인 장신구들은 나에게 큰 울림을 주었다. 자식을 키우는 부모의 마음에 앞세운 자식을 떠나보낼 죽음의 길이 얼마나 애절하고 슬펐을까. 그런데도 아이가 힘들게 떠나는 길이 외롭고 무서울까 봐 아이를 위한 물건들을 무덤에 넣어 길동무로 삼게 했으니, 그 애틋한 부모의 마음에 내 가슴도 아린다. 옛날이나 지금이나 부모의 자식 사랑은 시공을 뛰어넘는다. 박물관을 떠나 이제 형제들을 만나러 이곳을 떠난다. 신라인들의 자식 사랑을 엿보게 되었다. 허리띠에 달린 금방울 한 쌍이 오랫동안 생각나고, 방울 소리가 들릴 것만 같다.

봄을 본다

봄의 어원에는 두 가지 설이 있다고 한다. 첫 번째는 따스함을 상징하는 불의 옛말 '블'에 '오다'의 명사형인 '옴'이 합쳐서 '블 옴'이라고 불렀다가, 나중에 'ㄹ'이 탈락하고 합쳐져 '봄'이 되었다는 설로 따뜻한 봄의 기운이 온다는 의미를 지닌다. 두 번째는 '보다'의 명사형인 '봄'에서 온 것으로 만물이 모두 활기차게 소생하는, 모든 것을 새로운 시선으로 바라본다는 의미라고 한다.

봄은 따뜻한 기운으로 오고, 그 기운으로 만물이 다시 힘을 얻고 소생하는 모습을 보게 되는 계절이다. 기상학적으로 일 평균 기온이 5도 이상으로 올라가 9일간 유지될 때, 그 첫 번째 날을 봄의 시작일로 본다고 한다.

대지의 봄은 사람들을 향해 무언의 몸짓을 보여준다. 살아나고, 성장하고, 꽃 피우고, 꿈꾸고, 사랑하는 생동감을 느끼게 해준다.

3월에는 따뜻한 봄이 오고, 꽃들이 앞다투어 피어나지만, 우리 부부에게는 봄이 오지 않는 잔인한 봄이다. 남편의 양봉장은 산 밑에 있다. 봄이 되면 제일 먼저 생강꽃인 노란 꽃이 핀다. 뒤이어 진달래, 찔레꽃, 국수나무꽃, 산딸기꽃, 제비꽃 등, 이름 모를 야생화들이 차례차례 피어난다. 군데군데 빈 땅마다 쑥도 돋아난다. 그러면 덩달아 산으로 들로 꿀벌들이 날갯짓을 펼치며 날아다니니 남편은 그들을 돌보느라고 바빠진다. 올해도 봄의 꽃은 어김없이 피어나지만, 우리 집 양봉장에는 불이 났다.

외국 여행을 1주일간 다녀왔더니, 그 사이에 남편의 양봉장에 불이 났다고 한다. 밤 10시쯤 아래쪽 주인집 비닐하우스 임시 거처에서 누전으로 불이 붙어 그 집 하우스 3채와 우리 양봉원 큰 창고 1개를 태우고, 언덕 위에 있던 양봉장으로 불이 올라와 일부 벌통들과 그 주변을 태우다가 꺼졌다. 소방차 5대가 와서 간신히 불길을 잡았다고 한다. 소방관들이 온 힘을 다하여서 물을 쏟아부으며 불을 꺼 주었기에 이만하기 다행이었다.

벌통은 타오르는 불길에 전부 타버리지는 않았지만, 불길이 나무 벌통 겉면을 핥으며 바람 따라 올라갔으니 벌들도 충격을 받았을 터이다. 하지만 그것보다 창고 안에 온갖 벌통 관리에 필요한 기구와 재료들이 다 타버렸으니 1년 농사지은 가액만큼의 손해가 나고, 올 양봉 농사는 어렵겠다고 한다. 10년을 벌통 관리에 필요해서 사 모은 기구들과 빈 벌통, 소비* 등을 다시 장만해야 하니 너무 속이 상한다. 어쩌다 이런 일이! 그동안 우리 부부는 결혼한 지가 50년 가까이 되었지만, 다행히 큰일 한 번 생긴 적 없었고, 형제들에게도 나쁜 일은 일어나지 않았기에 너무 편하게 안일하게 살아왔다. 이제야 지난날에 대한 감사를 깨닫는다.

내년이면 이 땅에 신도시가 들어와서 땅을 비워야 하는데, 몇 달만 더 견디려고 했는데, 이런 일이 일어났다. 꿀벌이 일어나야 할 자리에 불이 일어났다. 불의 여파로 꿀벌이 며칠째 힘을 쓰지 못하고 움직임이 약하다. 구사일생으로 살아났으니 충격에서 헤어나려면 시간이 좀 필요할 듯하다. 그리고 창고 안에 있던 벌 키우는데 필요한 도구들과 소품들도 한 점 남김없이 타버렸으니 이것들 또한 생명조차 없는 물건들이지만, 화마에 사라진 그들을 찾을 수도, 건질 수도 치울 수조차 없으니 손때 묻은 잃어버린 그들이 못내 아쉽다. 우리는 빈 땅 위에 새롭게 시작해야 한다. 이젠 모든 미련을 내려놓고 들뜬 봄이 아닌 잔인하지만, 겸손한 봄을 기다려야 한다.

남편의 일터에 비록 불은 났지만 불 난 자리 잿빛 땅 위에 새로운 것들이 새롭게 소생할 것이다. 잿더미 속에 고사리라도 돋아나지 않을까 기대한다. 남편의 꿀벌들이 다시 충격에서 벗어나 봄의 기운을 얻어 밝게 힘차게 날갯짓할 날을 기다린다. 우리는 억지로 힘을 낸다. 화마를 피한 뒷산에서 봄의 흙과 풀, 나무를 만져보며 꽃이 피는 것을 바라보며 꿀벌에게도 소생의 물을 주리라. 불꽃 속에 구석구석 숨어있던 풀들이 풀꽃이라도 피우기를 기대하며 흙 위를 살핀다. 겨

---

* 소비: 벌이 알을 낳고, 먹이와 꿀을 저장하며 생활하는 집. 일벌들이 분비한 밀랍으로 만들며 육각형의 방이 여러 개 모여 층을 이루고 있다.

우 화마를 피한 돌 틈에 핀 노랗고 작은 민들레를 괜스레 들여다본
다.

불 난 잿더미 위에서 새로운 봄을 찾는다. 타 버린 빈 땅에 봄을
맞아들이고 싶다. 꿀벌이 꿀을 가져오려고, 꽃을 찾아 윙윙거리며
날아다니는 그런 새롭고 따뜻한 봄이 다시 올 것이다. 공허한 빈 마
음을 꿀벌이 다시 채워줄 것이다. 불난 터에 서성이며 봄을 바라본
다.

밑창 없는 신발

- 여리고성 성지순례길

3월 따뜻한 어느 날 우리 교회에서는 목사님과 32인의 성도들이 4년이나 미루어 왔던 이스라엘 성지순례 길을 떠나게 되었다. 인천공항에서 출발하여 하룻밤을 비행기에서 숙식한 후 내리니 이스라엘 관문인 텔아비브 벤구리온 공항이었다. 공항을 빠져나오니 버스가 기다리고 있었다.

우리는 예수님이 말씀을 전파하시고 십자가에서 고난받으신, 하나님이 주신 이스라엘 땅에서 예수님의 피와 눈물을 눈곱만큼이라도 체험하는 은혜를 기다렸다. 우리는 신발에 의지하고 운동화 끈을 조였다. 이제 1주일을 산으로 들로 성경에 나오는 이스라엘 광야에서 힘들고 기쁘게 예수님을 체험할 것을 기대했다. 여행사 설명회에서는 처음부터 발이 위험하니 아예 편한 신발을 신고 오라는 당부가 있었다. 발이 헤지거나 망가질 수 있다고 한다.

버스에서는 가이드 목사님이 쉴 새 없이 성경 말씀과 지명과 인명 등, 사전 정보를 안내해 주었다. 그러나 한꺼번에 많은 양을 머리에 넣으니 한계가 왔고, 아는 것은 알고, 모르는 것은 모르는 채 평소에 말씀으로 들었던 곳을 설명을 들으며 부지런히 따라다녔다.

믿음과 승리의 상징, 여리고 성으로 올라갔다. 하늘에는 비가 오더니 금방 아름다운 무지개가 떴다. 성경 속의 여리고 성은 없어지고, 발굴된 유적으로만 그 흔적들이 남아 있었다. 여리고는 1만 년의 역사를 가진 오래된 도시로 성경에 아주 많이 나오기도 하지만 오아시스, 야자수 지역이다. 풀, 나무가 없고 황폐하고 메마른 땅이지만 종려나무(대추야자)를 공동 재배하는 키부츠라는 조직이 있다. 요단 강 물을 호스로 끌어내어 물을 주며 야자수를 키운다고 했다. 말린 그 열매는 자연적인 바람과 햇빛, 공기로 말린 것이라 우리나라의 곶감같이 뒤끝 없이 달콤하고 맛있었다.

그런데 여리고 성을 오르는데, 내 신발 바닥 밑창이 혀를 내밀고 있다. 신발 바닥 밑창이 너덜거린다. 신경이 쓰이는데도 일행과 일정을 함께하여야 해서 걸음을 중단할 수가 없기에 이런 상태로 계속 걸었다. 결국은 밑창이 분리되어 떨어졌다. 차라리 잘 됐다고 하면서 신 발바닥 밑창이 떨어져 나간 채로 걸어 다녔다. 신발 밑창이 없어서 신발이 온전치 못하니 어려운 길의 걸음이었다. 예수님이 우리를 위해 값없이 십자가를 지고 십자가의 길을 가셨듯이, 못난 주인을 만난 신발도 나를 위해 혹사당하고 말았다. 이는 너덜너덜한 내 인생, 믿음 같았다.

여호수아 6장에서는 여호와께서 보라! 내가 '여리고'와 그 왕과 용사들을 네 손에 넘겨주겠다. 너희 모든 군사는 그 성을 둘러 성 주위를 매일 한 번씩 돌되 엿새 동안을 그리하라. 일곱째 날에는 그 성을 일곱 번 돌며 그 제사장들은 나팔을 불고, 나팔 소리가 들릴 때는 백성은 다 큰 소리로 외쳐 부를 것이다. 그리하면 그 성벽이 무너져 내리리라. 여호수아가 여리고 성 점령을 위해 묵상하고 있을 때 여호와의 군대 장관이 출현하여 "네 발에서 신을 벗어라. 네가 선 곳은 거룩하니라." 그 말씀 후 여리고 성 점령 방법을 가르쳐 주었다고 한다. 성을 매일 한 바퀴, 제 칠일에는 일곱 바퀴를 돌라고. 여호수아는 그대로 순종했고, 믿음으로 승리하여 그 견고했던 성을 차지하게 되었다. 말씀을 긍정의 권능으로 들으며 순종했더니 믿음이 승리했다.

나는 신기한 성경의 이 말씀을 잘 알고 있었다. 하나님의 말씀대로 믿음대로 되었던 신령한 땅 여리고 성. 하나님은 옛날 여호수아의 시대와 같이 신기하게도 거룩한 땅에서 내 신발을 벗기고, 내가 나아가는 걸음에서 발의 어려움을 주시며, 그 말씀을 묵상하고 믿음을 점검하게 했다. 참 영험한 산에서의 여리고 성 탐방이었다. 나는 이제부터도 여리고 성 탐방길을 성지순례의 추억으로 삼아 믿음을 점검하고, 묵상하게 될 것이다.

이 일주일간의 성지순례에서 신발이 망가져 어려웠던 그 걸음의 순간이 내게 참된 은혜로 다가왔다. 참으로 말씀의 은혜를 깨닫고, 은총을 체험한, 하나님이 주신 땅 이스라엘의 여리고 성 성지순례

길이었다. 이 성지순례 여행은 내 인생의 큰 걸음이 되었다. 이곳은
오래전 옛날에도 지금도 신령한 믿음의 땅일 터이다.

곰배령 야생화 길

　행운목꽃이 졌다. 이 꽃은 매년 꽃을 피우고, 향기를 뿜으며 우리에게 위로와 기쁨을 주었다. 이제 꽃이 지려나 보다. 어느 날 꽃대가 쑥 올라오더니 꽃대 겨드랑이에 쌀알 같은 꽃 덩어리를 품었고, 20일이 지나서 그 덩어리 안에서 꽃 하나하나가 하얗고 작은 길쭉한 샛별 같은 꽃잎을 펼치며 짙은 풀꽃 향기를 선사하곤 12일간의 꽃의 생을 마감했다. 이제 꽃대가 썩어 녹아 문드러져 고개를 숙인다. 꽃의 모양과 향기가 화려함에 비해 꽃의 일생이 너무 짧아 마음이 안타깝고 슬프고 아린다. 그동안 몇 날 며칠을 행운목 꽃모습과 향기 속에서 눈을 뜨고 감았다. 집 안에서 풀꽃 향기를 맡고서 마치 넓은 풀밭에 뛰노는 듯한 상상의 나래가 펴지니, 마음은 공간 이동으로 설렌다. 하지만 꽃도 피는 날이 있으면 지는 날이 있다는 것을 깨닫는다.

　4월 말 야생화를 보려고 지인 부부와 우리 부부는 강원도 인제군

점봉산 곰배령을 오르게 되었다. 천상의 화원, 야생화 천국이라 하기에 작년 여름에 여행했던 몽골에서 본 푸른 초원 얄트산을 회상하며 마음이 설레어 즐겁게 나섰다. 버스를 기다리는 지하철 앞에서부터 비는 조금씩 떨어지더니 버스를 타고, 내리고 산을 오르는 내내 우리와 동반했다. 처음에는 이름 모를 야생화를 보는 재미에 비를 아랑곳하지 않고, 사진을 찍고, 꽃 이름을 검색하고 익혔다. 초록 풀숲에 있는 듯 없는 듯 연두색, 노란색, 보라색 등, 신비스러운 색깔들을 뽐내며 비에 함초롬히 젖은 작은 꽃들이 소담스러워 귀엽고 대견하고 신기했다. 산길을 지나면서 골짜기 개울을 보니 흐르는 물소리조차 정겨웠다. 날씨는 점점 극성스러워졌다. 이 지역은 야산으로 가파르지는 않지만 4시간이란 긴 시간을 완만하게 걸으며 야생화를 관찰하는 산이다.

우리 일행은 추위와 비를 피해 우의를 입고 산행했다. 바람까지 불었다. 비는 우리에게 호의를 베풀지 않았다. 나는 비와 유난히 친한 것 같다. 내가 길을 나서면 비는 나를 따라왔다. 태생이 용띠라 이럴까 하는 우스운 생각도 들었다. 몇 년 전 교회 여전도회에서 봄 야유회를 주왕산 주산지를 갈 때도 비가 좀 온다는 일기예보와는 달리 억수같이 퍼부었고, 올봄, 비가 귀한 지역이라 비 걱정은 말라든 이스라엘 성지순례도 비는 이틀이나 내려, 지역민들은 단비라고 좋아했는데, 여행하는 우리는 불편했다.

세상을 살다가 보면 비 오는 날도 바람 부는 날도 추운 날도 있기 마련이다. 그런데 왜 하필이면 여행을 갈 때마다 비는 올까? 내 인생

길 같다는 생각이 들었다. 결혼 후 50년 가까이 살아오면서 우리 부부에겐 작은 사건들이 많았다. 삐걱삐걱하면서도 반대의 성격을 서로 맞추며 살아왔다. 가진 것 없이 시작한 인생길은 아이 셋을 낳아 기르며 충족되었고, 그 아이들이 모두 결혼해서 제 가정을 일구어 나갔기에 처음 시작한 우리 둘만 남았다. 그런데 이 고달픈 쓸쓸함은 무엇일까. 남들이 말하는 빈 둥지 증후군? 아니다. 우리는 아무것도 내려놓지를 못하고, 각자의 생각과 일을 붙잡고 몸부림치며 탈진하고 있다. 내 사전엔 도중하차란 없었다. 끝을 봐야 직성이 풀렸다. 맺고 끊는 것을 분명하게 했다. 흐지부지, 흐리멍덩한 것을 싫어하고 투명하고 선명함을 좋아했다. 나는 글쓰기도, 일도 즐기려 했다. 그러기에 일에 대한 애정이 강했다. 착실함과 꾸준함이 생활신조이니 좋게 말하면 부지런함일 것이다. 이런 성격을 어떤 사람은 틈 없고 야멸찬 사람이라고 생각하니 삶이 고단했다.

나는 남편이 양봉장 일에만 매달려 나에 대한, 내 일에 대한 배려나 이해나 관심 없음이 늘 야속했다. 하지만 남편은 오히려 자기의 일에 대한 자부심이나 집착이 강해 내가 본인에게 깊은 관심을 가지지 않는다고 섭섭하다고 했다. 남편의 양봉장에 3월에 불이 났고, 5월에는 분봉하는 벌을 받으려고 높은 나무에 사다리를 놓고 오르다가 떨어져서 다쳤다.

남편이 양봉 일을 하면서 나를 간 땜*하게 한 일이 한두 번이

---

* 간 땜: 경남 방언. 간담. 간담이 내려앉는다. 간담이 떨어지다. 몹시 놀람의 비유

아니었기에 얼마나 놀라게 해야만 그 일을 그만둘 거냐고 다그쳤다. 그러나 남편은 요즘 일어난 안 좋은 사건들로 인해 침체하고, 허무해 했다. 그래서 내가 교회와 문학에 함몰되어 자기를 돌보지 않는다고 서운해하면서 자신의 삶이 서러워 눈물이 났다고 했다.

한참 동안 산을 오르는데 비염, 콧물감기가 발동했다. 내 비염은 꽃가루가 아니고, 공기에 예민하다. 비 오고 바람 불고 추웠으니 콧물이 줄줄 흘렀다. 비와 추위를 피해 우의를 입었으니 손수건이나 화장지를 넣어둘 호주머니가 없었다. 일일이 가방 지퍼를 열고 화장지를 꺼내어 코를 닦으며 길을 걸으니 지체가 되어 일행을 따라갈 수가 없었다. 몸도 괴로웠다. 걸음 하나는 자신했는데 최악의 날씨가 방해하니 아무 소용이 없었다. 콧물이 쉼 없이 흘러내려 앞길을 막았다. 올라가야 할까? 내려가야 할까?

나는 더는 길을 전진할 수가 없어 고지를 코앞에 두고 내려오고 말았다. 인생 목표에 오점을 남긴 것일까. 아니다. 잘했다. 포기를 넘어선 체념을 선택했다. 나는 새로운 삶을 선택했다. 깨달음의 단계에서 얻어지는 진실. 마음을 비우고 오기를 버렸다. 자신을 알기에 힘을 거두었다. 노쇠하여 기능이 약해져 생긴 소소한 병들, 늙는 것이 결코 슬프거나 허망하다고 생각지 않았다. 행운목꽃이 피고, 지듯이 우리도 늙는다는 것을 수용했다.

남편이 퇴직한 후 10년 동안 그는 양봉을, 나는 아이들을 결혼시켜 보내고, 교회와 문학에 시간을 보냈다. 각자의 여유분 취미생활이 제2의 인생길이었다. 이제는 우리 부부도 마음을 비우고, 내려놓고,

오기를 버려야 했다. 서로의 마음이 자리 잡을 수 있게 제3의 인생을 조율하여 화합해서 노인에 걸맞은 인생 맞춤 설계를 다시 해야 할 것이다. 손을 잡고 같은 길을 가야지. 자기 것을, 각자의 주장을 내려 놓고 우리를 향해 가는 삶의 길. 또 다른 비바람, 추위가 다가와도 함께 손잡고 산길을 내려와야 할 터이다.

여우비 1
- 구름의 눈물

어느 날 나는 산골짜기를 지나고 있었어요. 하늘은 푸르렀고, 숲
속은 진초록색으로 덮여 신비스러웠어요. 깊은 산속 새들이 지저귀
는 소리에 숲속은 청량하고 상쾌했어요. 개울에는 물들이 휘돌아 감
고 흐르며 폭포를 향해 흘러가고 있고, 폭포는 우렁찬 소리를 지르며
바위를 벗 삼아 떨어지고, 또 떨어지며 그들의 일에 충실했어요. 땅
에는 이름 모를 풀들이 푸르게 자라고 풀꽃을 피우고 있었어요. 바위
들은 파란 이끼에 덮여 있었고, 소나무들은 숲속에 솔 향기를 내보내
며 터줏대감인 양 자리들을 굳건하게 지키고 있었어요.

고요한 초록 일색인 숲속에 환한 달덩이처럼 곱상하고 어여쁜 그
녀가 내 눈에 들어왔어요. 살살 은색 꼬리를 흔들며 나타난 그녀 때
문에 나는 땅을 내려다보게 되었어요. 깊은 산골 숲속에도 저렇게
고운 아가씨가 살고 있었네. 나는 한눈에 반해 버렸어요.

그 산속에는 동물들을 사냥하는 사냥꾼이 살고 있었어요. 숲속의 왕인 그는 늘 사냥하며 화살집을 메고 활시위를 당기곤 하며 숲속을 휘젓고 다녔어요. 숲속은 항상 그의 호령 소리가 들렸어요.

그때였어요. 은빛 나는 그녀가 살랑거리며 그의 주위를 맴돌기 시작했어요. 그 힘에 반한 그녀는 그에게 말을 걸었어요. 꼬리를 흔들면서 그를 유혹했고, 그의 눈을 홀렸어요.

"오빠! 오빠는 이 산에서 제일가는 장사야. 오빠가 최고야."

"내가 말동무 해줄 게."

그녀의 달콤한 말에 그는 우쭐했습니다.

"우리 집에 놀러 와! 오빠네 집에 놀러 가도 되지?"

그는 흐뭇한 미소를 지으며 더욱 신이 나서 사냥을 하여 그녀에게 싱싱한 것을 먹이며 힘을 과시했어요. 땀도 어딘가로 달아났고, 힘들지도 않았어요. 솔숲의 솔바람이 시원하게만 느껴졌어요. 결국은 그가 그녀를 차지해버렸어요.

하늘에서 산 위로 낮게 내려와 그 꼴을 본 나는 질투심에 미칠 것만 같았어요. 그러나 나에겐 그녀를 유인할 아무것도 가진 게 없었어요. 그녀는 매일이다시피 그의 몸과 힘을 탐내어 그 사냥꾼을 찾아갔어요.

그들은 정이 들었고, 사랑하게 되었어요.

그동안 나는 매일 "그녀에게 날개옷을 내려주시어 하늘로 올려주세요."라고 하나님께 기도했어요. 나는 그녀를 천사로 만들어주고 싶었어요. 하지만 내겐 그런 능력이 없었어요.

나는 날마다 그녀가 은빛 날개를 퍼덕이며 하늘로 날아 올라와 내 손을 잡는 꿈을 꾸었건만, 나에게 그녀는 허망한 꿈에 불과했나 봐요. 그녀가 눈을 들어 먼 하늘을 바라봐주기를 고대하고 소원했지만, 그녀는 끝내는 땅만을, 그만을 봤어요. 먼 곳에 있는 하늘보다 우선 눈앞에 보이는 가까운 세상인 땅만을, 그의 건장한 몸과 힘만을 봤어요. 그녀는 보이는 멋에 충실했고, 세상 낙을, 그 맛을 좋아했으니까요. 그녀에게는 바로 보이는 가까운 세상의 것이 탐이 나고, 달콤했겠죠. 그녀는 이 우주를 만드신 하나님이 해와 달과 별, 구름과 비, 천둥까지도 만들고, 관장하는 것을 알 수 없었겠죠.

　그녀는 나란 존재, 내 속에 있는 물도 비도 하나님의 뜻이 있다는 것을 알 수 없었어요. 내가 없다면 이 세상은 말라버리고, 풀 한 포기도 살아날 수 없는 황량한 땅이 된다는 것을 그녀가 알 리가 없었겠죠. 그녀가 좋아하는 호랑이가 사냥할 동물조차도 살아갈 수 없다는 사실을 말입니다.

　그들의 결혼식 날, 나는 해님에게 부탁했어요. "맑고 화창한 날씨를 주세요."라고. 내가 심통 나서 비를 뿌릴까 봐서죠. 내 눈물을 숨기고, 할 수 있는 일은 그들을 축복하는 일밖에 없었어요. 여우비*가 오는 날, 여우와 호랑이는 결혼식을 했어요.

　그들의 결혼식 날, 나는 해님 뒤에서 참았던 울음을 터트렸어요.

---

* 여우비, 혹은 호랑이 비: 볕이 나 있는 날, 잠깐 오다가 그치는 비로, '여우비' 혹은 '호랑이 비'라고 합니다. 이 '비'는 여우가 시집가는 날, 혹은 호랑이가 장가가는 날에 오는 '비'라는 날씨에 관한 '여우와 호랑이' 이야기의 유래입니다.

더는 숨어있을 수만은 없었어요. 눈물을 흘리는 것만이 나의 일이었지요. 애초에 그녀와 나는 이루어질 수 없는 사랑이었기에 나는 그녀에게 날개가 생겨 천사가 되기만을, 나를 만나려고 하늘로 날아 올라올 날만 기대했어요. 그러나 그 꿈은 산산조각이 되어 흩어져버렸어요. 그녀는 나의 존재조차 모르는 채 호랑이에게 시집을 갔으니까요.

나는 여우를 짝사랑한 회색 구름일 뿐이었어요. 나는 그녀를 내려다보며 그들의 행복을 빌었어요. 맑은 날, 하늘에서 갑자기 비가 온다면 가슴이 찢어지는 슬픔을 삼키며 여우와 호랑이의 결혼을 축하해주는 구름의 슬픈 눈물을 생각해 주세요.

여우비 2

- 호가호위狐假虎威

하늘 아래 외진 깊은 산골짜기에 초록빛 나무들은 하늘을 향해 우뚝 섰고, 아래쪽 작은 떡갈나무와 풀들은 납작 엎드려 있네요. 시냇물은 졸졸 흐르고, 옹달샘 가에는 다람쥐가 물을 마시고, 토끼가 쫑긋 귀를 세우고 깡충깡충 춤을 추고, 풀들도 살랑살랑 잎을 흔들며 장단을 맞추어 주네요. 솔 향기에 산속은 점점 깊어지고 이름 모를 풀들은 하루가 다르게 자랍니다.

나는 하늘에 정처 없이 떠다니는 회색 물방울 덩이인 구름이랍니다. 산과 강과 땅의 기운이 하늘로 올라가 내가 만들어졌죠.

나는 하늘에서 그녀는 땅에서 살았어요. 하늘이 흐리고 내 마음도 흐린 어느 날, 나는 밝고 아리따운 그녀의 모습을 보았어요. 너무 귀엽고 사랑스러웠어요. 은발을 나풀대며 꼬리를 살랑거렸죠. 그녀가 눈에 띄어서 내 눈이 번쩍 떠졌어요. 마음이 따뜻해지고, 즐거워졌어요. 그래서 그녀를 보느라 내 마음이 노곤해져서 가끔 땅에 비를 내려줄 때를 놓치기도 했어요.

그렇지만 그녀는 호랑이의 힘을 탐내어 호랑이에게로 갔어요. 잘 하는데, 싫어할 사람이 어디 있겠어요. 오만가지 애교를 다 떨었다니 까요. 호랑이는 그녀를 데리고 다녔어요. 어느 날 그녀가 뽐내며 호 랑이에게 말했어요.

"오빠! 사람들이 나를 공경하며 머리를 조아린다!"

"그럴 리가 있나?"

"오빠! 그러면 우리 둘이 함께 다녀볼래. 그런지 안 그런지."

"그래! 좋아~"

그런데 뜻밖에 그 둘이 지나가자 사람들이 겁을 내고 고개를 숙였 죠. 호랑이는 이제는 그녀가 다시 보이기 시작했고, 정이 들고 사랑 하게 되었어요. 그렇지만 구름인 나는 그녀에게 환심을 살 아무것도 가진 게 없었어요. 나는 멀거니 그들을 내려다보기만 했어요.

그러던 어느 날, 그들이 결혼식을 하게 되었어요. 땅이 떠들썩했 어요. 나는 울고 싶었어요. 언젠가 일어날 일이었지만, 가슴이 찢어 졌어요. 그래도 그녀의 행복을 위해 몸을 숨겨야만 했어요. 결혼식 날, 날이 흐리거나 비를 보내면 안 되잖아요. 그렇게 심통을 부리고 방해를 하고 싶지 않았어요. 그들의 행복을 빌었어요.

그들은 결혼식을 했고, 나는 말없이 눈물만 뚝뚝 흘리는 신세가 되었어요. 호랑이는 장가를 갔고, 나의 그녀, 여우는 시집을 갔답니 다. 내가 할 수 있는 일은 그녀를 위해 내 몸을 비켜주어서 좋은 날씨를 주는 것이었지만, 나는 서러워 참을 수가 없어 햇빛 뒤에 숨어서 눈물을 흘렸어요.

그날, 화창한 날씨에 나의 슬픈 짝사랑은 잠깐씩 땅에 비를 뿌리게 되었어요. 그들은 호가호위狐假虎威했고, 행복해했어요. 호가호위가 뭐냐고요. 여우가 호랑이의 위엄을 빌린다는 것을 빗댄 말입니다. 위험한 동물들이 많은 깊은 숲속에서 살아내자면 여우는 호랑이의 힘이 필요했겠죠.

나는 호랑이가 장가가고 여우가 시집가는 날 잠깐 뿌리는 비로 슬픔을 대신하고 말았습니다. 우리는 처음부터 맞지 않았고, 그녀는 나의 존재조차 몰랐으니 어리석은 사랑이었지만, 아름다운 짝사랑이기도 했어요. 슬픈 사랑은 구름인 나의 숙명이었으니 누구를 원망하겠어요. 나는 오늘도 호랑이와 여우의 행복을 빌며 하늘에서 가만히 땅을 내려다보고 있는 흐린 구름이랍니다.

〈작가메모〉

인생의 뒤안길에서 생각해보니, 살면서 인정받지 못하고, 선택받지 못해 실패하고, 낙심할 때가 많았습니다. 하늘에 둥둥 떠 있는 나그네같이 떠도는 구름의 생을 의인화하여 비나 눈물밖에 줄 수 없는 존재로서의 슬픈 운명, 그때의 심정을 힘센 호랑이한테 사랑하는 여우를 뺏길수밖에 없었던 구름의 상실감과 가슴앓이로 빗대어 나의 마음으로 표현해 봅니다. 이것을 날씨에 관해 전해지는 구전과 중국의 고사성어로 재구성해 봅니다.

미나리아재비꽃의 꿈

몇 년 전 친구들 모임에서 야산을 오르게 되었다. 다른 친구들은 쓱쓱 잘도 보며 지나갔지만 나는 야생화를 좋아해서 꽃 하나하나를 유심히 들여다보았다. 이름 모를 야생화들이 많았다. 그중에 눈에 뜨이는 노란 꽃들이 있었다. 이름이 궁금하여 스마트폰으로 검색하니 '미나리아재비꽃'이라고 나온다. 광택이 나는 꽃잎은 너무나 예뻤다. 처음에는 애기똥풀인 줄 알았는데, 애기똥풀은 꽃잎이 4장인데 반해 미나리아재비꽃은 꽃잎이 둥근 별 모양으로 5장이었다.

하늘에 떠 있는 수많은 별을 우러러보면 말 그대로 반짝임의 별잔치다. 저마다 빛을 내면서 자기 존재감을 드러내며 하늘에서 한 자리씩 차지하며 살고 있었다. 하늘에 살던 별 중 아주 노랗게 빛나는 별이 있었다. 별들은 낮이나 밤이나 하늘에 떠 있지만, 사람들은 밤에만 별이 떠 있는 줄 알았다. 낮에는 아주 큰 별인 태양에 가려져

서 별들이 아무리 반짝여도 사람들은 별을 볼 수가 없었다. 별들은 그것이 늘 안타까웠다. 별들은 작은 별이건 큰 별이건 스스로 별로서 빛나고 싶었다.

그 별 중, 노란 별은 한 가지 소원이 있었다. 그래서 하나님께 간절히 기도했다.

"하나님, 저는 낮에도 빛나는 별이 되고 싶어요. 밤은 너무 춥고 무서워요."

노란 별은 마침내 기도의 답을 받아 별똥이 되어 땅으로 내려왔다. 별똥이 떨어진 그 자리에는 연두색 잎이 나오고 이어 노랗고 윤이 나는 예쁜 꽃이 피기 시작했다.

그러나 막상 땅에 내려온 노란 별은 다시 먼 하늘을 그리워했다. 노란 별은 자신의 몸이 가벼워지면 새처럼 하늘을 날아올라 갈 수 있을 것 같아 자신의 몸을 비우고, 또 비웠다. 이런 연유로 미나리아재비 풀 줄기가 텅 비게 되었고, 더욱 가벼워져 '아기 젓가락풀'이라는 별칭도 얻게 되었다.

전설의 미나리아재비꽃의 다른 이름은 바구지, 놋동이, 자래초, 자구, 모간이라고도 하고, 꽃말은 '천진난만'이다.

이 이름에서 아재비는 아저씨의 낮춤말로서 이는 다정하고 가까운 사이라는 어감이 있어 친밀감이 느껴지는 재미있는 이름이다. 옛사람들은 어린 싹이 미나리를 닮았기 때문에 이 이름을 갖게 되었다고 보았다. 하지만 꽃말과 달리 이 식물이 어린 순일 때는 나물로, 자라서는 독성을 가지면서도 한방 약재로 쓰이는 독초 겸 약초다.

이 꽃은 뭇사람들의 발길에 밟히면서도 독하게 살아낸 내 인생 꽃 같았다.

이 꽃은 야생화로서 생김새는 미나리와 닮았지만 식용하지도 못하고, 피부에 닿기만 해도 화끈거리는 느낌이다. 높은 하늘에서 빛을 내는 별이었다가 땅에 내려와 꽃이 된 천진난만하기까지 한 꽃이니, 얼마나 까탈스러웠을지 짐작이 간다. 이 꽃은 여러해살이풀로 산과 들의 볕이 잘 들고, 개구리가 많은 습지에서 잘 자란다. 전체에 털이 나고, 줄기는 곧추선다. 꽃은 5~6월에 줄기 끝에 취산꽃차례를 이루어 달린다. 열매는 수과瘦果이며 모여서 별사탕 모양의 열매 덩이를 이루는 유독식물이다.

하늘에서 땅으로 내려온 가엾은 노란 꽃은 애처롭기까지 했다. 이런데도 노란빛을 내며 하늘의 별이 되는 꿈을 꾸는 미나리아재비꽃의 꿈은 어려운 삶 속에서도 좀 더 나은 삶을 이어가기를 바라며 별바라기를 하는 나의 꿈과 다르지 않았다.

하늘의 별에서 이 땅에 다시 태어난 미나리아재비꽃은 흔치 않은 꽃이지만, 산야에 가면 찾지 않으면 찾을 수조차 없는 노랗고 작은 평범한 꽃이다. 이 꽃은 작지만 너무나 사랑스럽고 귀여운 땅의 노란 별꽃이다. 산과 들이 우리에겐 친밀한 자연이듯이 미나리아재비꽃은 나에게는 땅의 별로서 희망과 꿈을 선사하는 꽃이었다. 별의 꿈을, 꽃의 꿈을, 하늘의 꿈을, 땅의 꿈을 연결하는 통로가 되어주는 아늑한 위로의 꽃이었다.

예술혼

- 내 마음속 영화 〈거미집〉

추석이 지나고 오랜만에 남편과 함께 극장에 갔다. 3개의 영화가 경합을 벌이고 있었지만, 글을 쓰는 나에겐 '거미집''이란 제목이 예술적이었다. 거미집 안에 뭔가 신비한 것이 있을 것 같았다. 내용은 내가 기대했던 것은 아니었다. 하지만 걸작에 걸신들린 김열(송강호 분) 감독의 열정, 미친 짓(?)을 보는 재미가 쏠쏠했다. 걸작을 향한 욕망은 실현될 것인가? 보는 내내 궁금했다.

1970년대 예술이 검열당하던 시대, 성공적이었던 데뷔작 이후 악

---

* 이 영화 〈거미집〉은 김기영 감독에게 실제 있었던 에피소드를 녹여 내어 가상의 영화 촬영 현장에서 일어난 하루의 이야기를 그린 작품 이다. 이 영화는 2016년 이준익 감독의 영화 〈동주〉를 시작으로 한 국 근현대사에 발자취를 남긴 예술인 10명의 삶을 영화화한 신연식 감독의 아티스트 프로젝트의 하나로 두 번째 제작된 작품이다.

이 작품은 원래 김기영 감독 유족의 요청으로 신연식 감독이 각본과 연출을 함께할 예정이었으나 신연식 감독은 각본만 쓰고 연출은 김지운 감독이 맡게 되었다.

평과 조롱에 시달리던 김 감독은 다 찍은 영화의 결말을 다시 찍고자 한다. 거미집의 새로운 결말에 대한 영감을 주는 꿈을 며칠째 꾸고 있다. 그 열망, 강박에 못 이겨 약까지 삼킨다. 그대로만 찍으면 걸작이 된다는 예감, 그는 딱 이틀간의 추가 촬영을 꿈꾼다. 그러나 대본은 심의에 걸리고, 제작자 백 회장(장영남 분)은 촬영을 반대한다.

제작사 후계자인 신미도(전여빈 분)를 설득한 김 감독은 영화 촬영을 강행하게 된다. 하지만 문공부의 박 주사(장남열 분)와 반공 주제를 원하는 국장의 반대로 촬영이 어렵게 된다. 그뿐만 아니라 바뀐 대본을 이해 못 하는 배우 강호세(오정세 분), 이민자(임수정 분), 한유림(정수정 분) 등의 비협조적인 태도로 촬영은 더욱 어려움에 직면한다.

이 영화는 겉으로 보기에는 치정극 같지만, 결말을 바꾸자 내용은 욕심이 불러온 한 집안의 몰락이었다. 그들이 원한 것은 돈이었지만 마지막에 도달한 곳은 거미집이었다. 이들의 마지막 결말, 즉 극 중의 현장도 거미집이었고, 죽음의 현장도 거미집이었다. 김열 감독의 걸작을 향한 결말 바꾸기는 치정극에서 인간의 탐욕이 불러들인 결과를 보여주는 인간 탐구, 인생극, 삶의 극이 되었다. 비정한 삶의 한 단면도를 보여주는 점에서 시사하는 바가 컸다.

영화를 보는 사람들에게 경종을 울리는 아포리즘 적인 교시를 이 영화는 남겨주었다. 이 영화, 김 감독의 예술을 불사르고자 했던 예술혼은, 영화 속의 영화가 벌이는 일들은, 영화 문외한인 나도 영화를 어떻게 만들어가는지와 찍는지를 공부하고 이해할 수 있게 되었다.

이 영화의 줄거리는 바람둥이 아들 강호세(오정세 분)와 처 이민자(임수정 분), 첩 한유림(정수정 분)과 시어머니 등이 한집에 살면서 벌이는 이야기다. 바람은 집안 내력이고, 시아버지는 젊을 때 바람을 피우고 여자를 쫓아냈다. 현재는 몸이 불편한 채로 환자로 누워있다.

며느리는 아이를 갖지 못했고, 아들은 첩을 얻어 아이를 얻게 되었고, 첩은 낳은 아이를 뺏기고, 그 집에서 쫓겨났다. 알고 보니 며느리는 시아버지의 버린 여자의 딸이었고, 복수를 위해 이 집안에 들어왔다. 결국, 두 며느리는 손을 잡고, 한편이 되어 복수극을 펼친다. 종국에는 욕심이 화를 부르고, 시아버지 시어머니 외아들 두 며느리 등, 가족이 다 죽고 죽이는 처참한 싸움터가 되었다. 집은 거미집이 되었고, 시체들은 거미들이 줄로 옭아매어 천장에 매달아 놓은 것을 누군가가 찾아와서 발견하게 되는 것이 이 영화의 끝 장면이었다.

이 싸움의 와중에 며느리는 시어머니의 금두꺼비를 뺏으려 하다가 시어머니를 내려쳐서 죽이고, 시어머니는 죽어가면서도 불을 지른다. 그 불 속, 거미집에서 그 집의 하루가 죽음의 아수라장이 되었다. 그것을 하루에 촬영한 난투극 속의 하루. 영화도, 촬영도 난장판, 영화 속의 영화였다.

김 감독의 예술혼은 영화로 살아나고, 그 집안은 불에 타다가 거미집이 되었다. 김 감독 이전 김 감독이 좋아했던 신 감독도 영화에 빠져 불이 난 장면에 심취해 영화만 찍으려다가 못 빠져나오고 불에 희생됐다. 예술이란, 영화란 무엇인가? 몸도 영혼도 불살라야만 태어나는 걸작품인가? 영화가 삶이고, 삶이 영화인 영화인들의 발버둥침은 나에게도 경종을 울린다. 작가정신, 예술혼이 필요한 시점, 글을 쓰는 나에게 영화는 심금을 울렸다.

비안티안

가을이 왔다, 하지만 우리 부부는 다시 여름으로 돌아갔다. 여름 나라 라오스를 여행하게 되었다. 한국에서 수도 비안티안 공항에 도착하여 현지 가이드와 14명의 다른 여행객들과 한 팀이 되어 시내 관광을 시작으로 미지의 곳, 라오스를 여행하게 됐다. 이 나라의 국화 이름은 짬짜꽃이다. 불교나 힌두교 사원에서 볼 수 있고, 여기저기 심겨 있었다.

나는 버스로 지나다가 눈에 띄는 흰 꽃이 있어 물었고, 설명을 들었다. 색깔은 흰 꽃, 붉은 꽃, 노란 꽃이 있으나 주로 흰 꽃이 많고 향기가 좋아서 향수, 비누, 입욕제 등으로 이용된다고 한다. 꽃말은 '당신을 만난 건 행운'이라고 하니 좋은 꽃말이다. 꽃은 나무에서 함부로 꺾으면 안 되고, 떨어진 꽃만 주울 수 있다고 한다. 그런데 비행기에서 보니, 라오스 항공사 여승무원이 흰 짬짜꽃 머리핀을 하고 있었다. 그래서인지 가이드가 고맙게도 우리 모두에게 흰 짬짜꽃 브로치를 선물해서 우리는 여행 내내 그 브로치를 착용하고 라오스를 만끽했다.

삶의 속도를 한 박자 늦추려 결심했을 때 나만의 공간이 간절해진다. 느리게 여행하는 아날로그적 풍경 속에 숨어있는 오래된 사원. 자연과 어우러지는 삶이 짙게 밴 사람들의 미소, 그것이 잊고 지내던 고향에 대한 기억을 되살아나게 한다. 느긋하게 시간의 흐름을 누릴 수 있는 곳, 삶의 속도를 천천히 '슬로인 다운'을 추구하는 여행자들의 꿈꾸는 낙원, 라오스다.

라오스 비엔티안에 도착하여 제일 먼저 소원성취의 사원 왓씨므앙 사원을 관람했다.

색감이 파스텔 색조와 원색으로 화려하게 채색되어 남국의 열정을 보는 듯, 아이들 동화 나라에 온 듯한 환상이 느껴졌다. 이곳에서 나와 탓 루앙 사원으로 간다.

이곳의 사원들은 대부분 황금으로 화려하게 입혀져 황금색으로 빛나고 있는 게 특색이었다. 오후에 탓 루앙을 들렀는데, 찾아가며 멀리서 바라보니 햇빛 속에서 황금빛으로 번쩍거리고 하늘로 치솟은 탑의 모습이 보기에 휘황찬란했고, 경외감이 들었다. 탓 루앙은 왕궁 사원 박물관으로 가장 오래된 사원이고 지폐에도 나오는 라오스를 대표하는 사원이다. 라오스가 불심 깊은 나라임을 느낄 수 있는 명소다. 탓 루앙은 위대한 불탑이라는 뜻으로, 부처님의 사리가 있는 불탑이기에 성스러운 곳으로 추앙받고 있다. 라오스 국가적 기념물로 불교의 중심축이다. 국가 국민을 상징하는 만큼 위용이 대단했다.

사원에서 나와서 비엔티안 야시장에 갔다.

메콩강을 따라 쭉 이어지는 노천 시장은 규모가 컸다. 이 시장은 밤마다 만나볼 수 있는데, 다른 주변 국가 도시의 시장과 견주어 봐도 손색이 없다. 노천형식으로 거리를 따라 길게 늘어선 이곳의 가장 대표상품은 다양한 종류의 수공예품으로 가판대에 펼쳐놓고 저렴한 가격에 판매된다. 수공예품은 나만의 기념품을 갖고 싶어 하는 여행자들에게 인기가 좋은 편이다.

나도 주민들이 수놓은 파우치 지갑을 몇 개 샀다. 이 외에도 각종 생활용품과 과일, 국수 등의 간단한 식사류를 야시장에서 만나볼 수 있었다. 이곳 시장에서 한글로 간판을 써 놓고 포장마차를 하는 한국 사람도 있어서 반가웠다. 시장을 둘러보고 다니는데, 길 한쪽에 눈에 뜨이는 광경이 있었다. 유치원생쯤 되는 어린 여자애가 길거리에서 맨발로 앉아, 생기다 만 작은 호박 몇 개를 보자기에 깔아놓고 팔고 있었다. 내가 1달러를 주었는데, 엄마가 아기를 업고 다니고, 이 아이는 돈을 가져다주었다. 가이드는 주지 말라고 했다. 장사보다는 쉽게 돈을 버는 버릇에 맛을 들인다는 것이다. 여기는 어린 여자아이들을 일찍부터 장사를 시키고, 남자애들은 스님으로 보낸다고 한다. 그것이 이들의 사는 방법이고, 남자애들에겐 우리나라 남자가 군대 갔다 오듯이 경력이 된다는 것이다.

어쩌면 야시장에 사람이 이리 많고, 물건이 많은지 불야성이었다. 노천 천막이라고 믿기지 않았다. 관광객도 많았다. 주로 우리나라 사람과 서양 쪽 사람, 이웃 나라 태국사람, 라오스 사람이었다. 해수욕장처럼 노출이 많은 옷을 입고, 길거리에 나다니는 사람들을 보니 해수욕장을 방불케 했다. 현대와 과거가 공존하는 것 같았다. 우리나라를 비롯한 선진국은 주로 규모가 큰 쇼핑센터가 있는데, 여기는 야시장, 노천 시장 형태가 대부분이어서 사람과 물건 많음에 신기했다.

여기는 유독 야시장이 많으니 이 특이함도 이들의 문화이다. 사람들끼리 부딪쳐 지나가기도 힘들었던 야시장은 구경하는 재미가 쏠쏠했던 어릴 적 우리나라의 장날 모습이었다. 어릴 때 장날이면 부모님을 따라다니며 이런저런 물건들을 눈요기하고, 이것저것 사 먹자고 졸랐던 게 생각났다. 흥청망청, 이 광경은 추억의 한 장면으로 흥겨웠다. 그때, 으리으리하지는 않았지만, 값싼 물건도 많고, 풍요로운 시절이었지 싶다. 다시는 돌아갈 수 없는 이 시절은 추억으로만 존재하고, 여기서 그 과거를 추억이란 이름으로 느끼게 되었다.

루앙프라방

조용한 아침의 도시 루앙프라방이다.

루앙프라방은 옛 수도이고, 라오스 북부에 있는 고대도시로 1995년 도시 전체가 유네스코 문화유산으로 지정되었다. 루앙프라방은 길이 좁고, 산지가 많아서 8인용 봉고 2대로 나누어 이동하며 시내 관광을 하게 됐다. 지나면서 창밖을 바라보니 산봉우리가 너무 예뻤다.

반면 이곳의 길들은 좁기도 하지만, 도로 포장이 안 되어 있고 군데군데 길이 부서져 있어, 차가 얼마나 덜컹거리며 방아를 찧는지…. 그러면서 먼지가 많이 나 우리 어릴 때 뿌옇게 일어나는 신작로 먼지를 마시며 걷던 그때의 길, 60년대가 생각났다. 그때는 우리나라도 도로 사정이 좋지 않았다. 차멀미하는 남편은 여행은 선진국으로 가야 고생을 안 한다며 툴툴거리지만, 나는 사정을 알면서도 옛날의 어릴 때의 정서를 찾고 싶어 일부러 이 길을 선택했다. 보고 싶어서 왔으니 고생이라고는 생각지는 않았고 원망 들을 각오를 했다.

상업화된 동남아시아의 관광지와 달리 여행의 가치를 일깨워줄 마지막 남은 보석 같은 존재, 높은 산을 넘나들며 개발되지 않은 자연의 순수함을 눈에 담았고, 열악한 환경 속에 둥지를 틀고 있는 라오스인들의 삶을 체험하며 낯선 이방인에게 경계보다는 수줍은 웃음을 보여주는 사람들을 만났다. 흙먼지를 풀풀 피워가며 달리는 신작로가 마음에 들었고, 오염되지 않은 자연에 순응하며 살아가는 사람들의 친절함에 매료되었다. 디지털로 살다 보면 아날로그 시대가 그리워진다. 내가 라오스를 여행지로 선택한 이유다.

이 도시에서 먼저 씨엥쿠안 불상 공원을 관람했다.

넓은 야외의 사원에는 불교와 힌두교가 결합된 여러 불상으로, 하나의 조각 공원 같은 곳으로 그 형상들이 다소 괴기스럽고, 우스꽝스럽기도 하다. 미로같이 수많은 갈래로 펼쳐진 공원 곳곳에 이전 불상들이 끊임없이 다양한 모습으로 관광객들을 맞이한다. 푸른 밀림의 나무, 군데군데 붉은 꽃들, 이끼 낀 오래된 불상들, 청명한 하늘과 함께 조화를 이루는 불상 공원은 이국적인 라오스의 모습 그대로를 담고 있었다.

숙소에서 새벽에 탁발체험을 하려고 나왔다. 불교국가의 의식인 탁발체험은 나와 종교적으로는 맞지 않지만, 이 지역의 정서를 맛보기로 했다.

탁발체험 속에서 보는 공양의 물결, 황의를 걸친 스님들의 행렬. 우리는 체험도 하고, 참여하기 위해 황색 천을 걸치고, 길가에 쪼르

릌 신발을 벗고 앉았다. 흰 찰밥을 담은 깡통 모양의 대나무 바구니 밥통을 들고 있다가, 맨발의 황의를 입은 스님들이 긴 행렬로 지나가면 비닐장갑을 낀 손으로 내 밥통에서 밥을 조금 덜어서 스님들 밥그릇에 담아드리면 되었다.

이곳은 거리 곳곳에서 이런 행사가 진행되고 있었다. 매일 새벽마다 탁발식을 한다고 하니, 이곳 사람들은 잠도 없는가 보다. 이곳의 남자애들은 어릴 때부터 절에 스님으로 보낸다고 하나 기한은 없고, 그대로 스님이 되든지 나와서 다른 일을 하는가는 자유라고 한다. 이 관습이 일생을 살아가는 데 있어 큰 요건을 쌓는 것이라고 한다. 라오스의 탁발식은 단순히 배를 채우려는 것이 아니라 자신을 한없이 낮추는 법을 배우는 것이라고 한다. 오늘 길거리에 앉아, 스님들에게 밥을 조금씩 나누어주는 탁발체험에 동참하다 보니, 예전 어릴적 정월 보름에 우리 집 팥을 섞은 찰밥을 다른 친구들이 오면 주고, 나는 소쿠리를 들고, 이 집, 저 집, 다른 친구들 집의 밥을 얻으러 다녔던 기억이 새록새록 떠올라 슬그머니 웃음이 났다.

경관이 좋기로 유명한 꽝시폭포에 갔다.

이 폭포는 폭포 아래의 에메랄드빛 웅덩이들이 계단으로 굽이굽이 이어져 있어 감탄을 자아낸다. 경치가 그야말로 그림 같았다. 물길 규모는 크면서도 조용하고, 아름다우면서 느리게 가는 곳이다. 이색적인 동양의 도시. 루앙프라방에서 자연을 만끽할 수 있는 밀림 속의 에메랄드 빛깔의 꽝시폭포에서는 루앙프라방의 눈부신 자연을 한눈에 볼 수 있었다. 골짜기를 따라 흐르는 계곡물에 석회암이 녹아

들어 오묘한 터키색이 감도는 물빛이 특징이다. 입구에서부터 천천히 흘러가면서 햇살에 반짝이는 에메랄드 물빛을 눈에 가득 담아 봤다. 꽝시폭포는 폭포 외에도 볼거리가 또 있었다.

산책로 입구 나무가 많아 산길을 올라가며 산림욕을 즐겼다. 나는 밀림에 온 기분까지 느낄 수 있어서 이국종의 꽃과 나무를 보며 사진을 찍으면서 올라가니 행복했다. 폭포 옆으로 산 쪽을 보니, 폭포 물줄기에 조그마한 물관을 만들어놓았다. 큰 폭포 옆의 작은 폭포 줄기 관에서, 나는 어릴 적 우리나라 농수로의 작은 물관을 본 것 같아 그때의 시골 들녘이 향수로 다가왔다. 그곳에서 친구들과 논둑에 서 있던 허수아비 줄을 흔들며 새도 쫓고, 소꿉장난한 후 농수로 물에 손발을 담갔던 생각이 났다. 나는 사진을 찍고, 폭포 물줄기 물관에 손을 넣어보았다. 폭포 물이 시원했다. 예전의 감흥이 절로 떠올라 또 하나의 추억 찾기를 하게 되었다.

방비엥

루앙프라방에서 기차를 타고, 청춘의 도시로 불리는 방비엥으로 갔다. 이곳은 꽃보다 청춘의 예능으로 많이 알려졌다고 한다.

방비엥은 액티비티, 활동의 천국이다. 라오스의 계림으로 불리는 방비엥은 들녘을 가로지르는 쏭강과 석회암의 카르스트 지형으로 안반 많은 동굴이 있으며, 풍경이 아름답기로 유명해 수많은 여행객이 찾아오는 곳이다. 카약킹, 동굴 탐험과 튜브 래프팅을 즐길 수 있다. 쏭강 카약은 방비엥 대표적인 엑티비티 활동이다. 소박한 자연의 아름다움을 간직하고 있는 작은 도시 방비엥은 비엔티안에서 100㎞ 떨어진 자연 도시, 국립공원으로 지정된 곳으로 특히, 외국인들 사이에는 태국, 캄보디아와 함께 꼭 한 번 다녀와야 하는 곳으로 유명하다. 몇 년 전만 해도 방비엥은 비엔티안 근교의 자그마한 마을에 불과했다. 해마다 여행자들이 증가하고 있어 마을은 여행자 천국처럼 변화하고 있다고 한다.

이곳 시내 관광의 교통수단은 소형화물차를 개조한 공간에 양쪽으로 기다랗게 의자를 놓고 서로 마주 보고 앉게 만들어놓은 차량이다. 먼지를 마시며 열린 공간에서 시내 구경을 했다. 나는 예전 어릴 적, 5일 장에 갔다가 버스가 끊어져 버렸기에 가축을 팔아버리고 돌아가는 냄새 나는 화물차를 얻어 탄 기억이 떠올랐다. 덜커덩거리는 화물차에 실려 그래도 짜릿함을 느끼고, 신기한 듯 구경하며 지나갔던, 뿌옇게 먼지 일던 시골 신작로 길이 생각나서 시내 관광에서 또 하나의 추억을 찾게 되었다. 이런 환경인데도 불구하고 심했던 안구건조증도 비염도 없어지고, 기침도 하지 않았고, 콧물도 흘리지 않았으니 참 희한한 곳이었다. 우리 어릴 적 60년대 같았다.

이곳은 수려한 자연 풍광 때문에 외국인이 많이 방문하고, 관광지로 변모했지만, 소박한 자연의 아름다움은 아직 그대로이다. 석회암 지역의 특징인 병풍 또는 고깔모자 형태의 특이한 산들과 수많은 동굴, 이를 끼고 도는 쏭강이 빚어내는 아름다운 자연으로 중국의 계림을 연상하게 해서 이곳을 소계림이라고 부른다고 한다.

동굴이 많은 이곳에서 코끼리 동굴을 구경하고, 다음 동굴 체험 장소는 유명한 물 동굴, 탐놈 동굴이다. 탐놈 동굴에서 수영복을 입고, 동굴 속의 물 위를 튜브를 타고 몇 명이 줄을 잡고 누워서 함께 튜빙했다. 탐놈 동굴은 방비엥에서 가장 큰 동굴 중 하나이다. 물이 차 있어서 동굴 내부를 누워서 튜브를 타고 탐방하는 이색 체험을 즐길 수 있었다. 특이한 체험이었다. 여행하면 주로 보는 것을 만족

했으나 여기서는 나이를 잊고, 물놀이를 할 수 있었기에 어릴 때로 돌아간 듯했다. 특별한 재미를 주면서 협동심도 생겼다. 탐놈 동굴은 인도차이나 전쟁 시 라오스인들이 피난지로 사용되었으며 잠자는 동굴이라고도 불린다고 한다.

방비엥은 자연이 선물한 최고의 낙원으로 강촌, 강변의 작은 마을 산수화를 보는 것 같이, 높지 않으면서도 부드러운 곡선을 이루는 산세와 산허리를 휘돌아 흐르는 쏭강의 풍경. 한 번쯤 걸어보고 싶은 충동이 인다. 카약 타고, 래프팅, 튜브에 몸 싣고, 유유히 떠내려가는 사람들. 강물에 맡긴 몸을 여유롭게 이동하며 하늘과 바람의 속삭임을 듣는다. 쏭강은 조용하고 얌전하게 느껴졌다.

기다란 강, 느린 롱테일 보트를 타러 갔다.

우리는 1시간 이상 보트를 타고, 방비엥의 병풍 같은 산봉우리와 양쪽 주변 경치를 여유롭게 눈으로 바라보며 시원한 쏭강을 보트로 즐겼다. 나는 신이 나서 사진을 참 많이도 찍었다. 라오스 스타일의 롱테일 보트를 타고 강을 따라서 경치를 즐기며 오가는 뱃놀이 체험은 다시는 볼 수 없을 눈 호강이었기에 너무 좋았다. 여기서 느림의 미학을 마음껏 체득했다.

경치로 유명한 블루 라군 투어를 했다.

사진으로 많이 본 풍경으로 에메랄드빛 물색의 풍광이 너무 좋았다. 에메랄드빛 샘물로 이루어진 아름다운 자연이 만들어낸 야외 수영장 겸 풀장으로 남들이 하는 다이빙 모습에 내가 뛰어내린 듯 신이 나서 손뼉 치며 사진을 찍어댔다. 나무에서 뛰어내리는 다이빙은 어릴 때, 그리 높지 않은 작은 다리에서 친구들과 아래로 뛰어내리던 생각이 나서 조금은 친근하고 만만했지만, 이제는 무거운 몸에 수영도 못하니 용기가 나지 않았다.

방비엥 티마크 리조트 숙소로 돌아와 짐을 풀고, 숙소를 한 바퀴 돌았다.

라오스는 곳곳의 경치가 너무 좋았다. 산과 물, 산봉우리와 흐르는 강물. 마당에 큰 나무와 작은 나무, 푸르고 넓은 풀장, 화단의 나무에 달린 라오스 국화인 떨어진 하얀 꽃송이 짬짜꽃. 넓은 잔디밭의 푸르고 큰 야자나무와 작은 꽃들, 강둑의 꽃들. 넓은 자연이었지만, 이곳은 보기만으로는 아까워 사진을 많이 찍었다. 리조트 안에는 풀장이, 옆에는 강이 흐르고 있었고, 강둑에는 예쁜 붉은 꽃이 피어 있었다. 눈을 들어 보니 삿갓 같은 예쁜 봉우리, 절벽 같은, 쭈뼛뿌뼛한 봉우리가 보이고, 흰 구름과 푸른 하늘이 너무 예뻐서 한 폭의 수채화를 보는 듯하여 탄성을 질렀다. 기차를 타고 방비엥으로 들어오면서 봤던 산봉우리의 풍경을 이곳 가까이에서 직접 보게 되었고, 쏭강 롱테일 보트를 타면서 즐겼던 그 풍경을 또 보게 되었다. 이 좋은 곳이 한국 사람이 운영한다고 하니 더욱 뿌듯했다. 이곳의 강과 산은 크고 장엄하지는 않았지만, 아기자기하고, 아늑하고 안온하니 내가 좋아하는 모습이라 정감이 느껴졌다.

아직은 원시에 더 가까운, 그래서 사람 사는 정을 느낄 수 있는 라오스는 내겐 어릴 적 정겹던 고향과 가족과 친구를 생각나게 했기에 추억 찾기, 과거를 돌아보는 여행이 되었다.

오늘이

- 원천강 신화

　한해가 지나고, 또 다른 오늘이 시작된다. 오늘을 대체 어떻게 살아야 할까? 물음 뒤에서 오늘날이 소리친다. 오늘날은 너무나 어려운 시절이다. 무엇을 예측해볼 수 있을까? '오늘이'의 과거 제주도 서사무가 원천강 신화에서 배움을 청한다.

　우리나라의 《조선왕조실록》, 《승정원일기》에도 제주도 서사무가 〈원천강본풀이〉에서 원천강이 다수 등장하는데, 이것은 원천강의 저술이 명과학(음양학)의 지식을 추정하는 준거나 시험과목으로 활용되었기 때문이다. 이로 인해, 조선 후기로 갈수록 원천강은 인명보다는 서명으로 인식되었다고 한다.

　〈원천강본풀이〉의 원천강은 당나라 초기의 역사적 인물로 관상을 아주 잘 보았다. 하지만 역사적 인물로서 원천강은 완전히 사라졌다. 그에 비해 제주도 서사무가 〈원천강본풀이〉에서는 대신 춘하추동이

공존하는 신비의 점술서, 점쟁이 또는 무당 등을 지칭하는 직업 명칭 등으로 다양하게 나타난다고 한다.

한편, 1572년에 발간된 《금합자보》에는 "오나리 오나리나 매일에 오나리나 졈므디도 세디도 오나리 새리나 매일 당샹의 오나리 오쇼셔."라는 시조가 실려 있다. 이 시조에 나오는 '매일'과 '장상'이 〈원천강본풀이〉 이미지로 운명을 추리하거나 길흉을 판단하는 준거로 널리 퍼져 서사무가를 형성했을 것이라고 짐작할 수 있다고 한다.

이 신화의 줄거리는 들에서 옥 같은 여자아이가 솟아났다. 그때부터 어디선가 학이 날아와 한 날개로 깔고 다른 날개로 덮고 야광주를 입에 물리며 그 여자아이를 키웠다. 동네 사람들은 그녀에게 이름과 나이를 물었으나 모른다고 하자 '오늘(오늘)'이라는 이름을 지어주었다. 그렇게 혼자 자라서 당장 하루가 걱정인 오늘이는 박이 왕의 어머니 백씨 부인을 만나 부모가 원천강에 있음을 알고 부모를 찾아 길을 떠났다.

오늘이는 부모를 찾아 남쪽으로 가다가 흰 모래 별천강에서 장상이라는 푸른 옷을 입은 총각을 만나 원천강으로 가는 길을 묻자, 장상은 방향을 알려주며 다음은 연못에 가서 연화 나무에 물어보라고 했다. 그러면서 옥황의 본부로 책을 읽고 있지만, 왜 자신은 밤낮없이 책만 읽고, 집 밖으로 나가지 못하는지 알아봐 달라고 부탁했다. 쳇바퀴처럼 살아가는 자신의 운명이 궁금했다.

연못을 찾아갔더니 어여쁜 연화 나무에도 고민은 있었다. 연꽃을 만나 길을 묻자, 연꽃은 제일 윗가지만 꽃이 피고 다른 가지에는 꽃이 피지 못하는 이유를 알아봐 달라고 부탁하였다. 그리고 청수 바닷가에 사는 큰 뱀을 소개했다. 큰 뱀을 만나 길을 묻자, 큰 뱀은 야광주를 세 개나 갖고 있는데도 용이 되어 승천하지 못하는 이유를 알아봐 달라고 부탁하였다. 그리고 장상이처럼 매일 글만 읽는 소녀, 매일이를 소개받았다.

매일이라는 처녀를 만나 길을 묻자, 매일이는 자신이 항상 글만 읽고 있어야 하는 이유를 알아봐 달라고 부탁하였다. 그리고 목적지에 가다 보면 구멍 난 바가지로 물을 퍼내며 울고 있는 시녀가 있을 거라고 말했다.

마지막으로 옥황의 세 시녀를 만나 길을 묻자, 시녀들은 자신들이 잘못을 저질러 그 벌로 물을 푸고 있는데, 바가지에 큰 구멍이 뚫려 있어 물을 퍼낼 수가 없다며 도와달라고 부탁하였다. 이에 오날이는 정당 풀과 송진으로 바가지의 구멍을 막고 옥 황제를 축도한 후에 물을 대신 퍼 주었다.

시녀들은 크게 기뻐하여 오날이에게 원천강까지 동행하며 길을 인도해주었다. 이렇게 해서 오날이는 원천강에 도착하지만, 문지기가 오날이를 안으로 들어가지 못하게 하였다. 오날이가 서럽게 울자 냉정하던 문지기가 동정의 눈물을 흘리며 오날이의 부모에게 가서 고하였다. 오날이를 부른 부모는 왜 여기에 왔는지 물어 자기들의 딸이 분명한지 확인한 뒤, 오날이를 낳은 날에 옥황상제로부터 원천강을 지키라는 명을 받아 이곳에 오게 되었음을 말한다.

그리고는 춘하추동 사계절이 모두 존재하는 원천강의 성안을 구경시켜주었다. 며칠 후, 오날이는 집으로 돌아가겠다며 원천강으로 오는 도중에 부탁받은 것들을 부모에게 물었다. 부모는 장상과 매일이가 부부가 된다면 만년 영화를 누릴 것이고, 연꽃은 윗가지의 꽃을 따서 처음 만나는 사람에게 주면 다른 가지에도 꽃이 만발할 것이며, 큰 뱀은 야광주 두 개를 처음 만나는 사람에게 주면 용이 되어 승천할 것이라고 알려주었다.

그리고 오날이가 연꽃과 큰 뱀을 처음 만난 사람이니, 그 야광주와 연꽃을 받으면 신녀가 되리라고 알려주었다. 되돌아오는 도중에 부탁받은 일을 모두 마친 오날이는 백씨 부인을 찾아가 감사의 인사를 올리고 보답으로 야광주 하나를 선사한 후에 옥황의 신녀가 되어 승천하였다. 승천한 오날이는 옥황의 명을 받들어 인간 세상에 강림하여 절마다 다니면서 원천강이라는 책을 목판으로 적는 일을 맡게 되었다.

인간의 운명은 인간뿐만 아니라 연꽃 같은 식물이나 큰 뱀 같은 동물 등, 자연 만물과의 상관관계 속에서 결정될 수 있다는 점에서 이 서사무가는 생태학적 운명관을 시사한다고 한다.

오날이는 그녀를 늘 지켜보았다는 부모의 위로를 통해 자신이 누군지 깨닫게 되었다. 온갖 역경을 이겨내고 부모를 만나면서 큰 성장을 이룬 오날이. 현실이 제아무리 고달파도 누구라도 고민은 있고, 꾸준히 살아야 할 이유가 있다는 것을, 이 무가에서의 등장인물인 오날이도, 읽는 나도 느끼게 되었다. 가진 것을 내려놓고, 나누어야만 문제가 해결되고, 서로 상생한다는 사실을 깨닫게 되었다.

이 무가는 유명한 바리데기 이야기와도 유사한 내용이다. 나는 5 남매 중 아들을 기다리는 집의 둘째 딸로 태어났다. 그런데 나는 터를 남동생에게 팔았기에 구박 덩어리가 되었다. 남동생이 태어난 후 엄마의 관심은 온통 장남과 장녀에게만 있었고, 나는 핍박 속에서 주눅이 들어 어떨 때는 엄마가 계모가 아닐까 싶어 차라리 고아가 낫겠다는 이상한 생각을 한 적도 있었다. 그래서 스스로 악착같이 살아왔기에 자립심이 강했다.

이 서사무가의 오늘이도 고아 같은 처지에서 어려운 자기의 앞날을 꿋꿋이 헤쳐 나와 부모도 만나고, 신녀도 되었으니 고생 끝의 낙이라는 말이 맞는 것 같아서 많은 공감이 되었다.

오늘날 우리 삶에서 고통과 슬픔, 전쟁, 지진, 홍수, 화재 등의 어려움으로 죽고 다친 사람들도 많다. 오늘 고통의 날이 오더라도 답을 찾고자 길을 찾고, 세상의 어려운 일들을 겪으면서도 앞으로 나아가는 게 인간의 숙명이고, 삶의 길일 터. 오늘, 어떤 일들이 일어날지는 하늘에 맡기고, 오늘 하루도 오늘이처럼 자신의 삶을 열심히 개척하며 살아가야 한다는 것을 원천강 신화에서 배우게 됐다. 견뎌야 하리라. 오늘을, 오늘날을 위하여. 나를 찾아서 떠나는 길, 신비스럽고 멋진 새 인생길, 오늘이 나를 기다리고 있으니까.

두 여인

　이사를 하고 싶어 살던 집을 팔고, 새로운 집을 사기 위해 어느 아파트 단지 안에 있는 집을 보러 갔다. 이 아파트는 이름있는 대기업이 시행사이고 세대 규모도 어느 정도 되고, 위치도 좋고, 지은 지가 몇 년 안 된 중 단지였다. 다만 그때가 부동산 불경기라 거래가 되지 않던 시절이고, 좀 아는 곳이라, 벼룩시장에 낸 광고를 보고 찾아갔다. 하기야 우리가 살던 빌라도 내놓은 지 한참 만에 겨우 헐값에 팔렸다.

　큰길에서 살짝 들어간 아파트에 있는 그 집을 찾아가니, 시어머니와 며느리 두 여인이 나와서 알던 사람처럼 반갑게 맞아주었다. 뜻밖이었다. 익숙한 얼굴이라 인상이 좋다면서 친절하게 안내하고 보여주었다. 집이 넓고 환했다. 마음에 들었다. 이 집은 식구가 7명이나 되어 번잡스럽고 짐도 많았고, 게다가 동향이었다. 나는 아무것도 보이지 않았다. 그저 깨끗하고, 새집 느낌이 나고, 넓고 환하게 보였다. 이들의 친절에 집 보러 처음 간 날, 처음 본 집에 반했다. 가격도 저렴했는데 다만 우리가 돈이 부족했다. 빌라에서 아파트로 옮기니 당연했다. 박봉의 공무원 월급에 아이가 세 명이나 되고, 아이들이 커서 돈이 많이 드는 시점이었다.

나는 몇 년 전까지 부동산 중개업을 했던 사람이라 내 안목을 믿었기에 당장 계약하고 싶어서 남편에게 전화했더니, 퇴근 시간 되어야 한다면서 고집을 피웠다. 일단 그 집에서 철수하고 오후에 계약하러 올 것이니 절대 다른 사람 주면 안 된다고 신신당부하고 왔다. 그 사이 5시간 동안, 마음이 안달 나고 들볶였다. 그 집에서 전화 받고, 득달같이 남편한테 전화하고. 그 집에서는 계속 전화가 왔다. 어제 집을 보고 간 사람이 계약하자고 한다면서. 그래서 다른 사람이 가 계약했다고 했지만, 온갖 협박을 하고, 안 좋은 말까지 퍼부었다고 한다. 그분들은 나를 독촉하고 나는 남편을 독촉하고, 남편은 알아서 하라고 했지만, 뒷말하는 남편에게 원망 받고 싶지 않았다. 그분들과 나는 줄다리기했다. 긴 시간이 지나 5시에 남편이 왔고, 내가 손수 계약서를 쓰고 계약했다. 드디어 이 집에 살게 됐다. 22년 전 일이다. 이 집에서 아이들은 직장을 잡고, 결혼하고, 분가해 나갔다.

두 여인은 내게 은인이 됐다. 그분들은 이사 가면서 손때 묻히며 사용했던 붙박이 물건들을 우리에게 남겨주고 떠났다. 그것도 고마웠다. 그리고 수리하느라 빨리 입주한 그들이 우리로 인하여 잔금이 나오지 않아 난감할 때 내가 그 집에 가서 보증을 서 주었다. 우리는 좋은 인연을 맺었다. 식구가 많아 넓은 집으로 이사 가는 그 집도 사실은 남편의 사업이 어려워 대출이 많았고, 우리도 돈이 없었는데, 그래도 서로 도움이 되었다.

집을 보러 가기 하루 전날 밤에 꿈을 꾸었다. 내가 화장실을 갔는데, 입식이었고 문고리가 고장 났기에 붙잡고 앉았다가 내가 일어서면서 문고리 잡은 팔이 짧아 주저앉았다. 그런데 두 여인이 들어와서 나를 일으켜 세우고 털어주고 닦아주곤 했다. 좋은 꿈이라고만 생각했는데, 이튿날 집 보러 갔더니 두 여인이 반갑게 맞아주고, 온갖 난관에도 다른 경쟁자를 물리치고, 의리를 지켜주며 우리를 기다려 주었다. 나중에 들으니 앞날 집을 보러 온 사람들이 집이 어둡다고 트집을 잡고 가서 기분이 나빴다고 했다. 하필 어두운 시간에 갔고, 미처 불을 켜주지 않았을 것 같았다. 그런데 나는 좋다고만 해서 그들도 내가 좋았다고 한다. 게다가 시어머니는 자기가 아는 누구와 내가 닮아 그 사람인 듯 마음에 들었다고 한다. 그분이 좋은 인상을 남겼나 보다. 게다가 부동산이 개입되지 않아도 내가 알아서 부동산 일을 다 하겠다고 하니 믿음이 가고, 편안했을 것이다.

사람을 만나는 인연, 집을 차지하는 인연, 이 모두가 하나님의 선물이라는 생각이 든다. 아무리 어느 곳이 위치상 전망이 좋다고 하여도 우리는 이 집에서 20년 이상을 편안하게 살았고, 그러기에 정들었고 행복했기에 이사를 결행하지 못했다. 우리에겐 이곳에서 봄에 따사롭게 비치는 햇빛이 들어오는 동향이 너무 밝은 느낌으로 다가왔다. 남들은 남향이 아니라 꽃이 '잘 안 될 텐데'라고 말했다.

하지만 베란다 화분은 푸른 화원인 양 햇빛을 마시며 잘 자라주었다. 특히 행운목꽃이 매년 피어서 집안에서도 들판 같은 향기를 마시며 기쁨을 주었다. 우리 아이들이 잘 자라서 분가해 나가고 나니 이제는 이 꽃들이 효자가 되었다. 우리 부부는 행운목 꽃향기를 맡으며 보슬보슬 포근포근 밝은 빛, 솜털 같은 하얀 꽃을 보며 노년의 아름다운 꿈을 꾼다. 오늘 행운목꽃이 피어서 꽃 냄새가 온 집안을 진동하니, 22년 전 이 집에 이사 올 당시에 이 집에 살던 두 여인이 새록새록 생각난다. 좋은 둥지를 넘겨주고 간 옛 인연인 두 여인에게 행운목의 꽃향기를 전하며 그녀들의 새로운 집과 가정에도 행운이 깃들기를 소망한다.

그리스, 튀르키예(터키) 성지순례길
- 바울의 전도 여행을 따라서

　유난히도 뜨거운 8월 여름날 우리 부부는 교회에서 이기철 담임목사님의 인솔로 30여 명의 교우와 함께 성지순례를 떠나게 되었다. 긴 12일간의 일정과 오며 가며 12시간씩의 긴 비행기 시간이 소요되었고, 버스 길도 많았다. 성경 박사이며 열정이 많으신 김진산 선교사님을 가이드로 모시고, 너무나 많은 것을 짧은 시간에 머릿속에 넣으며, 방문지 곳곳을 말씀과 설명으로 따르면서 열심히 듣고 보고 배웠다.

　우리의 목표는 바울의 전도 여행을 따라간다. 바울이 감옥에 갇힌 것을 핑계로 아무것도 하지 않았다면, 오늘날 우리는 바울의 옥중서신을 성경책 속에서 접할 수 없었을 것이고, 핍박과 환란을 견뎌야 하는 교회들도 아무런 소득도 얻지 못했을 것이다.

　사도 바울은 터키 다소에서 태어나 철저히 예수 그리스도 중심의 삶을 산 그리스도인이다. 지중해와 에게해 곳곳에 예수를 널리 전파했으며, 안디옥을 거점으로 삼아서 3차에 걸친 광범위한 전도 여행을 했다. 전도 여행하는 동안 아나톨리아(소아시아) 지역을 포함하여 그리스까지 20,000km의 거리를 전도 여행했다고 하니, 그 당시 사도 바울이 이용한 길은 로마 시대에 군사 목적으로 닦아놓은 로마식 가도, 일명 황제의 길이었다.

예수 그리스도는 팔레스타인 안에서 활동하면서 주로 이스라엘 백성들, 즉 예루살렘과 그 주변 유대 사역에 사는 유대인들에게 전도했다. 그 후 예수 그리스도가 예루살렘에서 십자가에 못 박혀 돌아가시면서 박해를 피해 흩어진 그리스도교 사람들이 다른 지역에서 그리스도교를 전도하기 시작했다.

사도 바울은 바나바와 함께 이방인들에게 적극적으로 그리스도교를 전도한 사람으로 꼽힌다. 그는 세 차례 광범위한 전도 여행을 하면서, 온갖 시련과 핍박을 견디며 목숨도 아끼지 않고, 생을 마감할 때까지 전도 활동을 했다.

신화와 문학, 철학의 도시, 헬레니즘과 올림픽의 도시인 그리스의 아테네에서 파르테논 신전을 보고, 메테오라에서는 공중에 떠 있는 수도원을 관람했다. 절벽 위의 수도원은 참 신기했다. 그리고 주로 바울이 전도하고 옥중에서 편지를 쓴 고린도와 데살로니가 유적지를 둘러보고 빌립보로 갔다. 빌립보에서 루디아의 이야기를 듣고, 같은 여성으로서 참 많은 감명을 받았다. 루디아는 아름다운 자, 고귀한 자를 가리키는 이름으로 바울의 그리스도 개종자인 최초의 헬라 및 유럽의 여성 신도였다.

루디아는 점치는 귀신 들린 여종의 귀신을 쫓아 주고, 여종의 주인들에게 고발당해 감옥에 갇혔던 바울과 실리가 감옥에서 풀려났을 때, 그들을 자신의 집으로 모시고 가서 돌보았다. 루디아가 세례를 받은 장소로 알려진 곳에는 현대 그리스도교의 야외 예배당이 있었다. 루디아와 그녀 가족이 세례를 받은 후, 바울과 그의 동역자들이 마케도니아의 고대도시 빌립보에 교회를 세웠다. 현재도 루디아를 기념하는 교회는 그리스 정교회다. 이 위대한 사건을 기념하는 교회는 1972년에 루디아를 성인으로 추인했다. 1974년에 마을 사람들이 돈을 모아 완공하였다. 이곳에서 5월 20일 루디아 기념일에 성인 세례가 열린다.

루디아는 소아시아(터키)의 두아디라 출신으로 장사를 위해 그리스의 빌립보에 왔고, 빌립보에 따로 거주할 집이 있었던 부유한 여인으로 보인다. 루디아는 자주색 직물 염색을 하여 파는 상인이었고, 그녀는 하나님을 경외하는 자였다.(행 16:12-15) 빌립보는 로마의 퇴역 군인들을 이곳에 이주시키고, 그들은 퇴직금을 투자하여 이 도시를 부유한 도시로 만들었다. 루디아는 빌립보에서 그 시대에 보기 드문 대단하고 아름다운 여성 성도였다. 우리 일행도 그녀를 기리며 이곳을 방문하여 기념품도 사고, 루디아가 염색했을 듯한 아름답고 작은 강에 손을 담그기도 했다.

많은 유적지와 선교지를 들렀지만, 그중에 기억에 남는 곳은 바울이 여러 번 언급한 초대 7 교회들이었다. 우리는 그곳들을 설명으로 듣기도 하고, 가서 보기도 했다.

예전부터 터키는 유럽과 아시아와 아프리카 대륙을 잇는 세계 대륙의 중간지로서 지중해 상권과 세계 패권이 여러 나라로 주인이 뒤바뀌기도 한 정치적, 경제적, 종교적 격전지였다. 헬라인, 로마인, 아시아인의 무대였다.

또한, 터키에서 기대하고, 가 봤던 지역은 목화와 온천의 도시, 파묵칼레였다. 하얀 석회층의 온천, 그곳에는 사람들이 많이 와 있었고, 우리는 칼슘 온천을 체험해본 후, 히에라폴리스와 라오디게아 교회의 유적들을 카트 투어로 돌아본 후 세계에서 가장 크고 중요한 고대 묘지인 네크로폴리스로 갔다. 죽은 자들의 도시인 부자들의 돌무덤은 화려하고 기이했다. 그 무덤들은 작은 돌집의 형태였다. 주변 온천에서 병 치료를 하고, 스스로 미래의 관을 사고 사후 돌무덤을 준비해 놓았다고 하니, 당시에도 민간신앙인 부활 신앙이 있었다고 한다.

또 한 곳, 갑바도기아는 세계의 여덟 번째 기적 아니면 자연의 기적으로 광대한 계곡에 선물처럼 주어진 지리학적 사건으로, 이 지역의 주민들은 AD7세기부터 12세기까지 끊임없이 출정하는 군대들의 위험 속에서 살아야 했다. 이 땅에 거주했던 그리스도인들은 지하에 2개의 지하도시를 건설했다. 우리는 그중 규모가 조금 더 크고 많이 알려진 데린쿠유의 지하도시를 관람했다. 우리는 한사람 겨우 허리를 구부리고 계단을 내려갔다가 올라온 것만으로 힘들었는데, 이들은 자신과 가족, 가축을 지키기 위해 지하를 파서 안전한 지하도시를 만들고 생활했다니 상상이 가지 않는다. 초기 그리스도인들은 로마인들의 학대를 피해서 이 도시를 그들의 피난처로 사용했다. 그들이 적에게 발각 시 다른 지하도시로 피할 수 있는 터널이 10㎞나 이어져 있고, 다양한 생활 시설과 환기구도 있다고 한다. 데린쿠유는 '깊은 우물'이란 뜻이며 수직 통풍구가 땅속 깊숙이 연결되어 공기와 습도를 조절한다고 하니, 그 옛날 시대에도 하나님을 경외하고, 자신들의 삶을 위해 지하도시까지 건설했던 그들의 열정이 놀라웠다. 원주민들은 바위를 깎아서 만든 수천 개의 동굴을 아늑한 가정으로 꾸미면서 자연에 동화되어 갔으리라.

그들은 12층까지 지하를 팠다고 하니, 대단했다. 우리 일행은 8층까지 내려갔다가 올라왔다. 내부 시설로는 1,200개 이상의 방이 있다 하고, 위험이 닥쳤을 때 이 지하 은신처는 10,000명 이상이 피할 수 있는 도피처였다고 한다. 또한, 갑바도기아의 열기구는 세계적으로 유명하다. 위에서 아래로 내려다보는 묘미가 좋다고 하고, 사진으로 보니 알록달록 아름다웠지만, 나는 고소 공포증이 있어 타지 못해서 아쉬웠다.

또 바위를 깎아 만든 예배당 중 가장 흥미를 보이는 곳은 괴레메 야외 박물관이다. 우리는 미끄러운 바위를 타고 올라가 바위 속에 있는 예배당을 관람했다. 지프차 투어 운전을 해준 이곳 젊은이들이 손을 잡아끌어 올려주고, 내려주는 훈훈한 인심으로 도와주기도 했다. 이곳의 삐죽삐죽 죽순같이 연필같이 올라온 기다란 바위들, 바위의 머리가 버섯 산 같은 모양이라 우리는 너무 기이해서 탄성을 지르고 기념하기 위해 사진을 참 많이도 찍었다. 특히 사진에 일가견이 있는 목사님이 기이한 모양의 바위들과 성도들의 이모저모 모습을 사진으로 찍어 남겨주셔서 참 감사했다. 일부러 빚어도 이렇게는 못 만들 정도의 작품. 자연과 하나님의 걸작품이었다. 다 보고 돌아왔을 때, 운전해준 젊은이들이 와인을 챙겨주어서 와인 파티까지 했으니 금상첨화였다.

바울이 전도의 길을 기쁘게 갔듯이 그리스 터키 여행은 경치와 유적, 종교적 전도 지역으로서 멀고 길고 힘든 길이었지만, 우리 부부에겐 기쁨의 길이기도 했다. 예전 초대교회 때, 이곳 사람들은 그리스도교 신앙이 아주 좋았던 성지였지만, 이제는 터키가 이슬람인들의 성지가 되어 이슬람교가 활개 치는 것을 보니, 가슴이 아프고 신앙의 유산에 대한 필요성이 절실하게 다가왔다.

이 여행이 우리 일행에게는 하나님과 예수님을 더욱 믿고 깊이 알아가면서 성경을 공부하게 된 배움터였고, 바울의 전도의 길을 따라가는 그리스도인이라는 자부심도 들었다. 또한, 이 여행은 하나님, 예수님께 전심이고, 전도에 열심이었던 바울을 생각하고 배우는 계기가 되었다. 아울러 미신이 성행했던 신화의 땅 그리스와 자연적으로 빼어난 경관을 지닌 터키 땅에서조차 그래도 전도를 위해 동분서주한 바울의 일생을 듣고 보고 느끼고 돌아본, 은혜가 넘치는 성지 순례길이었다.

'사람 살리는 산'과 소수서원紹修書院

영주 소백산 자락길은 백두대간 허리쯤에 자리 잡고 있었다. 옛날 이 길은 과거 시험을 보기 위해 한양으로 가던 산속의 선비길, 흙길이었다. 산 이쪽은 경북 영주이고, 산 저쪽은 충북 단양이다. 과거 길이라면 문경새재길이 더 유명하지만, 다른 일행과 함께 하는 여행길이기에 아쉽지만, 이 길은 1관문만 가보고 지나쳐버렸다.

소백산은 주변에 눈에 띄게 높은 산이라 높이 1,400m가 넘는 우뚝 솟은 산이다. 선비와 연관 깊은 두 개 지역에 깊게 뿌리박은 산이라 한참 떨어진 곳에서 보면, 선비의 풍채가 마냥 수려한 기운이 도는 것 같다. 실제로 지맥을 짚어보면 이 자리가 한반도의 척추 자리라고도 한다.

조선 시대 풍수학의 대가로 알려진 남사고 선생은 이곳을 지나가다 '사람 살리는 산이구나' 하며 말에서 내려 넙죽 절까지 하고 지나갔다고 한다. 산허리를 감고 도는 아흔아홉 굽이 죽령을 넘어 과거를 보러 간 선비들은 이곳에서 장원급제의 꿈을 꾸었을 것이다. 소백산은 계곡이 많아 음이온이 풍부한 것으로 알려져 있다. 음이온은 심리적 안정에 효과가 있고 숲의 피톤치드는 스트레스가 해소되고 장과 심폐기능에 큰 도움이 된다고도 알려져 있다.

우리 부부는 낙엽이 지나가는 길목에서 버스를 타고 여행을 가게 되었다. 아직도 붉고 노란 낙엽들이 나무와 산 바닥에서 뒹굴며 누군가 쳐다봐 주기만을 기다리며 막바지 가을을 아쉬워하고 있다. 이번 여행이 50년 만의 금혼식 여행인지라 우리는 쉬기 위한 목적으로 여행지를 백암온천으로 선택했지만, 가서 보니 탐나는 눈과 귀와 입의 요깃거리, 감각적인 촉각, 미각의 향연에 눈이 휘둥그레졌다. 일일이 열거할 수는 없어도 화려한 단풍의 색깔들과 맛있는 음식이 많았다. 나의 주된 목적인 온천도 대충대충 넘어가고, 무언가를 쓰고 싶어졌다.

몇 개의 산을 넘었는지! 영주시 순흥면 내죽리 84번지, 500년 된 은행나무가 있는 소수서원에 당도했다. 여성 해설사는 짧은 시간에 간략하게 집중적으로 '소수서원'에 대해 설명해 주었다.

세계유산인 한국의 서원은 조선 사회에 성리학이 정착할 때, 사림 세력이 지방에 설립한 사립 고등교육기관이다. 강학 공간, 존경하는 스승의 위패를 보고, 제향을 올리는 사당이 있는 제향 공간, 그리고 유생들이 시를 짓고 토론도 벌이며, 휴식하고, 교류하는 유식 공간'이 구성되었다. 주변의 자연경관과 조화를 이루며 인격을 갈고닦는 인성교육에 중심을 두었다. 조선시대 서원 중에서 소수서원, 남계서원, 옥산서원, 도산서원, 필암서원, 도동서원, 병산서원, 무상서원, 돈암서원의 9개 서원이 2019년 7월 제43차 유네스코 세계 유산위원회에서 '한국의 서원'이라는 이름으로 세계유산 목록에 등재되었다. 이들은 한국 서원의 총체적인 특성을 보여준다.

유네스코 세계유산인 '소수서원'은 우리나라 최초의 사액서원으로 조선 중종 37년, 1542년에 풍기군수 주세붕이 고려 말의 유학자이며 최초의 성리학자인 회헌 안향 선생이 태어나 자란 이곳에 그분을 기리고자 백운동 서원을 건립한 데서 비롯되었다. 그 후 퇴계 이황 선생이 풍기군수로 부임하여 조정에 건의. '소수서원'이란 사액을 받게 되었다. 사액서원은 임금님으로부터 책, 토지, 노비를 하사받고 면역의 특권을 가진 서원을 일컫는다.

경북 영주시 순흥면 소백로 2740번지의 이 서원은 조선시대의 최초의 대학으로 문화와 역사가 깃들어 있다. 이곳은 서원이 세워지기 전 통일신라시대의 오래된 "숙소사"라는 절이 있었지만, 화재로 건물은 소실되고, 돌기둥인 당간 지주만 남아있었다. 우리는 검은 돌기둥이 너무 크고, 높고 신기해서 손으로 만져보았다. 차갑고 시린 신비한 촉감이었다. 사찰의 위치를 알려주려고 오방색 깃발을 올렸다가 내렸다가 할 때 거는 기능을 하는 당간 지주는 입구 쪽에 세워져

---

* 유식 공간- 자연 속에서 수양하고 휴식하는 일을 성리학을 배우는 가정의 하나로 보고, 자연과 더불어 수양할 수 있도록 서원 내외부에 조성한 공간이다.

있었다. 본래 소수서원은 주세붕 풍기군수가 순흥 안씨 안향 선생의 얼을 기리기 위해 세운 사당으로 소백산의 흰 구름이 머무는 동네라 하여 처음에는 '백운동 서원'이라는 이름으로 세웠다. 이 서원은 우리나라 최초의 2년째 사립대학이었다.

서원은 제향 기능인 조상의 제사와 학교, 학문 기능을 담당했다. 주자의 성리학을 본 땄고, 명종 때 '소수서원'이란 이름을 받고, 책, 노비, 영농 지원을 받았다. 아홉 과목을 공부하고, 소수 정원제로 운영되었고, 30명 정원이 철칙이었고, 과락제도도 있었다. 이 서원은 영남의 뛰어난 인재들을 뽑아서 길렀던 조선시대의 질 높은 사학, 사당이었다. 나라에서는 이들을 이렇게 공부시켜 과거 길에 오르게 했을 터이다

이곳에는 소나무 500그루와 은행나무, 대나무를 심었다. 은행나무는 유실수로 학생 배출을 의미하고, 또한 은행나무는 벌레가 생기지 않아서 수명도 길었다. 소나무는 항상 푸르게 소나무 같은 기상으로, 대나무는 올곧게 사는 삶을 의미했으므로 순흥 도읍에서는 학자 수를 많이 심었다.

예전 초등학교는 서당이고, 중고등학교는 지방의 향교이고, 지방 사립대학은 서원, 중앙은 성균관 서울대학교였다. 소수서원은 340년이 됐고, 135년 전 시대의 변천에 따라 현대식 교육의 재편으로 폐교됐다. 영주는 유불 문화권이었으나 이제는 교실의 기능이 상실됐다.

소백산 자락길, 선비의 과거 길에서부터 싹튼 정신, 학구열, 조상들의 얼을 지켜온 서원, 우리의 수려한 자연 속에서 역사와 역사를,

문화와 문화를 잇는 '사람을 살리'라는 정신은 조상의 음덕을 기리고, 강학을 강조, 상징하는 공간 학당으로 그 뿌리가 승계되고, 정신과 학업이 승계된다. 이곳은 자연적인 힐링으로 숲속에 오롯이 둥지를 틀고 앉은 역사의 산 교육장이었고 길이길이 남겨질 유산이다. 선인들이 소백산 자락길을 거쳐 과거 길에 오르던 '사람 살리는 산'이라는 이 과거 길이 우리에겐 역사를 배우는 기행 길이 되었다.

달빛과 백자 같은 영적 작가

유한근
(문학평론가 · 디지털서울문화예술대 교수 역임)

필자는 이정이 수필에 대해서 말한 바 있다. 그 첫 수필집《푸른 기와집》의 수필 평 〈다양한 모티프와 키워드〉에서 이정이 작가가 시인이고 수필가임을 밝히면서 이 평의 결말 부분에서 이렇게 말했다. "말의 힘, 우리는 그 힘을 믿는다. 시인이나 작가가 가장 절망하게 되는 소이所以는 언어 때문이고, 희열감에 사로잡힐 때도 언어의 힘을 느꼈을 때이다. 나는 이정이 시에 대한 담론에서 이정이 시인은 '언어 트릭'에 능숙한 시인이다. 시인이며 수필가로서 언어 인식과 트릭으로 내밀한 마음의 것을 드러내기 위해 언어에 긴장할 수밖에 없다. 이를 구현하기 위해 부단한 트릭을 지속하면서 하나의 언어를 독립된 하나의 존재물로 인식하고 그 속에서 생명성을 탐색하기 위해 호흡을 가다듬고 시작 놀이를 한다. 이에 따라 이정이 시인은 그동안 관심을 집중시켰던 내면의 세계에서 밖의 세상으로 모티프의 시선을 공시적으로 전환하고, 통시적으로 풍요와 같은 우리 시가에 관심을 전환하려는 시도를 엿보게 이제 시작한다. 따라서 이정이 시인의 전망은 이 지평에서 찾아야 할 것으로 기대된다"고 말한 바 있다고 하면서 "그러나 이렇게 그의 수필에 대한 담론을 말하는 자리에서도 이 말을 수정할 이유가 없다. 그 이유는 하나의 언어가 키워드가 되어 사유 속으로 들어가는 수필창작 작법론을 지향하고 있기 때문이다. 언어에 대한 관심, 언어에 대한 생명력, 그리고 그 생명력의 활성화를 알고 수필을 쓰는 작가이기 때문이다. 이 점이 그의 문학세계의 핵이 될 것이다"는 언급이 그것이다. 이런 맥락에서 먼저 그의 문학의 견해를 탐색하려 한다.

1. 글쓰기 놀이 정신

이정이 작가는 '불평등과 정체성'이라는 부제의 에세이 〈나는 왜 글을 쓰는가?〉의 시작에서 이렇게 토로한다. "나는 왜 글을 쓰는가? 하고 생각해 보다가 또한 왜 '글을 쓰게 되었을까'로 거슬러 올라가 보기로 한다. 나는 억울함과 서러움의 분노가 폭발하는 날, 결단을 내린다. 마음 방황의 역마살이 시작된다. 나는 안정을 좋아하지만, 환경은 나를 가만두지 않고, 상황이 어떤 서열로 나를 핍박하면 견디지 못하고 자유를 찾아 떠나고 만다. 나는 불평등에 굉장히 예민하기에 결코 피하거나 굴복하지 않고 새로운 길을 찾아 나선다. 그것이 내 문학의 시작점이다"가 그것이다. 그리고 그 시작점을 "초등학교 때 오 남매의 둘째 딸이었던 나는 늘 막내 남동생을 등에 업고 다녔다. 등에 지린내가 마를 날이 없었다. 언니는 장녀라 귀했고, 남동생은 장남이라 금지옥엽이었다. 중간에 끼인 나는 엄마의 구박 대상이었고, 언니와 남동생에게도 위, 아래에서 치었다./ 봄빛이 따사로운 어느 날, 나는 막내 남동생을 업고 집을 나와 뒷집 대청마루에 내려놓았다. 빈집 화단에 검은 흙을 뚫고 올라오는 삐죽삐죽 연두색 난초 싹을 쪼그리고 앉아 쳐다보느라 시간 가는 줄 몰랐다. 동생은 축담으로 뚝 떨어졌다. 이마에 혹이 생기고, '앙' 울음을 터트렸다. 나는 겁이 났다. 엄마에게 혼날까 봐 얼른 동생을 업고, 나무 꼬챙이로 흙마당에다 '빨리 어른이 되고 싶다. 엄마에게 꾸중을 듣지 않아도 되고, 어떤 간섭도 받지 않고, 내 마음대로 살고 싶다'라고, 마음속의 불만을 글로 썼다. 최초의 자유를 갈구한 글쓰기였다."라고 토로한다. '자유를 갈구하는 글'쓰기의 유년 시절에서부터 그리고 학생 시절의 이야기, 그리고 결혼 후 시집살이와 아이를 키우면서 독후감 공모전 입상과 뒤늦은 국문학과 입학, 소설에 매료되었지만 수필 쓰기로 바꾼 것까지 진솔하게 토로하면서 결말 부분에 이르러 이렇게 말하기도 한다.

나는 속상함을 토로하고 싶어 고백문학으로 수필을 선택했지만, 수필 쓰기는 쉬운 게 아니었다. 세상과 상대를 비판하는 글을 쓰더라도 우회해서 아름답고 품격있게 써야 한다. 세상을 풍자하며 지혜의 글을 써야 한다. 또한, 적확하게 표현해야 한다. 수필은 이 대상에서 저 대상으로 순발력 있게 이동해야 한다. 치고 빠지는 건 수필의 언어이다. 수필의 언어는 절제와 차분함이 있어야 한다. 정제된 언어, 우아하게 잘 닦은 언어는 나직이 속삭이거나 아니면 혼자서 중얼거리게 된다. 수필은 관조의 문학이고, 자기 성찰의 문학이다. 수필은 경험 문학이지만, 경험만 써서는 기록물에 불과하다. 그것을 의미화하고, 자기화하여 재구성하고 자기만의 것으로 창작해야 한다. 그것을 철학적으로 해석하고, 문학적으로 상상하고 형상화하여 독자들을 공명의 세계로 불러들여야 한다.

　　　　　　　—〈나는 왜 글을 쓰는가?〉 결말 부분에서

수필에 대한 작가의 견해를 명증하게 밝힌 위의 인용문에서 주목되는 부분은 수필을 고백문학이라 정의하고 있다는 점, 그렇지만 "수필은 이 대상에서 저 대상으로 순발력 있게 이동해야 한다. 치고 빠지는 건 수필의 언어이다. 수필의 언어는 절제와 차분함이 있어야 한다. 정제된 언어, 우아하게 잘 닦은 언어는 나직이 속삭이거나 아니면 혼자서 중얼거리게 된다"는 이 부분인데, 이를 좀 더 명증하게 해주는 토로는 "나는 글을 쓰면서 혼란스러운 내 정서와 생각을 정리하게 되었고, 내 안의 질서를 부여하게 되었다. 처음엔 나를 핍박한 주위 사람들 때문에 마음이 편치 않아 쓴 수필이었는데 그들을 곱게 표현하게 되었고, 결과로 미움은 사라졌다. 그들은 내 글 속에서 아름답게 다시금 새로운 모습으로 태어났고, 나도 그들을 사랑하게 되었다. 내 사랑의 결핍은 반대로 수필 속에서 따뜻한 글로 표현되었다. 결국은 내 속의 아픔이 글로서 위로받았고, 치유되었다"라는 토로가 그것이다. 그래서 작가의 "수필 쓰기는 인간적, 문학적으로, 좀 더 높은 차원의 성장, 성숙의 길로 나를 인도했다. 글쓰기 속에서 나는 자아를 찾았고, 이것이 내 삶을 지탱하는 힘이 되었다"고 토로한다. 이 점이 "자유를 갈구하는 글쓰기"에 대한 토로이다.

그리고 작가는 마무리 부분에서 자신의 수필 쓰기 혹은 글쓰기의 계획에 대해서도 밝히고 있다. "나는 아직도 나를 찾아서 떠나는 글쓰기의 여행, 수필 쓰기를 멈출 수 없다. 내 마음 방황의 역마살은 글쓰기에서 멈추었다. 이 수필을 쓰는 일이 타인을 통해서 또는 사물을 통해서 나를 깨닫게 하고, 좀 더 나은 사람으로 발전시켜나간다고 생각하며 수필 쓰기를 완주하고 싶다. 나는 글쓰기에 어떤 욕심도 부리지 않는다. 쓰고 싶은 내 안의 잠재력과 그 열정만으로 만족한다. 수필 속에서 나의 정체성은 되살아났고, 나의 존재성은 길을 찾았다. 문학, 글쓰기는 나의 인생길의 길잡이가 되었다"가 그것이다.

이런 맥락에서 이정이 작가는 수필 〈글쓰기 놀이〉에서 늦은 나이에 문학 공부를 시작한 것, 그리고 시 공부의 즐거움, 책을 내기 위해 정리하는 시간의 즐거움을 토로하며 글쓰기를 놀이 개념으로 이해하다가 시집과 수필집을 같이 내면서 그것이 욕심은 아닌가를 회의하며, "글쓰기는 어깨가 무겁고, 부담이 되고 막막하기도 했다."고 토로한다. 그리고 결말 부분에서 책 발간 후 발송과 답례 인사 등, "말의 실수를 계기로 삼아 나 자신의 경솔함에 반성이 왔"고, 그로 인해 "마음 밭을 다스리고, 밑바닥에서 글쓰기를 다시 시작하기로 했다"고도 토로한다. 그리고 "욕심이든 열정이든 글을 열심히 쓰는 치열한 작가가 되는 작가 의식을 가져야 하리라. 시든 수필이든 문장을 만들어보자. 처음 문학 공부를 시작했을 때의 열정과 순수의 시간으로 돌아가자. 슬프고도 기뻤던 첫 시간으로. 밀쳐놓은 마음 밭을 다시 당겨서 갈아야 할까 보다. 좋은 것이 지나치면 화가 온다고 하지 않던가. 기쁨은 삼일천하면 족하고, 다시 글쓰기의 재미에 빠져있던 나로 돌아가자. 처음처럼 고된 인생길도 마다하지 않고, 글밭을 헤쳐나가는 올곧은 작가가 되어야지 싶다. 그러자면 마음의 근육을 길러야 하겠지./ 글쓰기 놀이가 나에게는 가장 맞는 일이고, 누가 무슨 말을 하든, 또 내가 어떤 실수를 하든지 글쓰기는 나의 천직이 될 것이다"고 다짐하며 마무리한다.

이러한 글쓰기 놀이에 빠진 작가는 〈반달 송편〉에서 우리 명절인 추석의 대표적인 음식인 송편에 대해서 "가을 맛은 송편에서 오고 송편 맛은 솔 내에서 온다"라는 말을 따라 김부식의 《삼국유사》에서 반달 송편의 유래를 탐색하여, '반달 송편'의 보름달을 향한 미래성을 환기하여 딸아이를 비롯한 자식들의 미래 가능성을 기원해준다. 그것이 "부모의 길잡이 노릇"이며 "엄마로서의 반성"인 동시에 이 수필에서 언급하고 있지는 않지만, 작가정신임을 암묵적으로 보여주고 있다.

또한, 문학적 수필로서 손색이 없는 〈호접란꽃의 눈물〉에서는 장자의 호접몽을 통해 어려웠던 지난날의 삶을 남편과 더불어 회상한다. 이 수필은 "아침에 일어나니 베란다 유리창으로 넘어온 볕살이 눈이 부셨다. 초록빛 식물들을 들여다봤더니 호접란 꽃대가 눈물을 흘리고 있었다. 꽃과 봉오리가 떨어져 나간 호접란 꽃대에 눈물방울이 맺혀있었다. 슬퍼하는 꽃대를 보니 내 마음도 애잔했다"라는 감성적인 문장으로 시작한다. 그리고 결말 부분은 "지난했던 삶의 서러움들이 꽃을 잃은 꽃대의 마음으로 물밀듯이 밀려왔다. 꿈 하나하나를 포기하며 살아온 세월을 꽃을 잃은 꽃대가 상기시켰다. 호접란 꽃의 운명은 내가 살아오는 동안 무거운 삶의 말발굽에 짓밟힌 꽃봉오리의 꿈이었다. 젊은 날 잃어버린 열정의 자아였고, 정체성이었다. 꽃봉오리의 꿈은 펴보지도 못하고 떨어져 버린 펼쳐보지도 못하고 날아간 나비의 꿈이었다"로 마무리하면서 작가 자신의 어려웠던 삶을 담담하게, 조곤조곤 호접꽃 이야기를 통해서 보여주고 있어 이정이 작가의 수필관을 다시 주목하게 된다.

2. 영성적 상상력과 수필적 상상력

이정이 작가는 독실한 기독교 신자이다. 그러나 그 독실함을 티내지 않는다. 또한, 종교와 문학과 상관관계에서 상반된 요소를 극복하여 기독교 문학으로서의 가능 지평을 탐색하는 작가이기도 하다. 그 대표적인 수필이 〈카이로스의 시간〉이다. '카이로스의 시간'은 신약성경 베드로후서 3:8 "사랑하는 자들아, 주께는 하루가 천년 같고 천년이 하루 같은 이 한 가지를 잊지 말라"에서 하나님의 시간은 시·공간을 초월하는 영원의 시간, 하나님이 허락하시는 시간이라는 의

미로 '카이로스의 시간'이다. 그 반대의 시간이 되는 인간의 시간은 '크로노스'라고 한다.

수필 〈카이로스의 시간〉의 서두는 "눈을 뜨면 오늘은 그를 만날까. 또 무슨 일을 해볼까 생각하게 되었다./ 그는 수없이 나를 찾아왔다. 그러나 내 무딘 마음은 그가 나를 잡으려고 하는 것을 감지하지 못했다. 밤잠을 설치며 고민했지만 아무런 결정을 내릴 수 없었다. 선택의 여지는 없었다. 무엇이, 어떤 것이 더 중요한지를, 무엇부터 해야 하는지를 가늠할 수 없었다. 내 책상 위에는 그를 향해 쓰다만 연서만 가득했다"로 시작된다. 여기에서는 '그'라는 존재가 어떤 존재인지 쉽게 드러나지 않는다. "내 마음속에는 벌레 먹은 나뭇잎들만 가득하고, 실타래는 헝클어지고 재단 못 한 옷들은 갈 곳을 몰랐다. 내 걸음은 엉뚱한 곳을 두드리고, 그곳을 찾아 헤매고 다"닐 때, 작가는 "잡히지 않는 그를, 그곳을 찾아다녔다. 그리곤 떠나간 그를 향해 애초에 내 것이 아니었다고, 내가 못난 탓이라고 체념해버렸다. 그는 내게 통할 것이라고 여러 번 무언의 손짓을 해주었지만 알아차리질 못했다. 그는 나에게 한 번뿐인 기회인가?"를 회의하게 하는 존재이다. 그리고 어떤 때 "그는 그윽한 눈빛으로 바라보고, 촉촉하고 부드러운 입술로 속삭이며 유혹하고, 뽀얀 얼굴로 미소 짓고, 공단 같은 검은 머리칼을 휘날리며 '뚝뚝' 눈물을 흘리며 이별을 암시"하기도 하는 존재이며, 숨 막히게 목을 조이는 존재이기도 하다. 그래서 "다가서지 못할 그에게 날마다 연서만 한가득 쓰고, 그것들은 쌓여만"가는 존재로 "그가 알세 모르세 오는 둥 마는 둥 내 곁을

스쳐 지나"가 "멍청한 눈과 귀인지라 보이지 않고, 들리지 않아, 알아
채지 못하여 주춤거리는 사이 쏜살같이 비호같이 떠나가 버"린 존재
이다. 그가 어떤 존재인지 분명하게 밝혀지지 않는 존재이다. 하지
만 하나 분명한 것은 그라는 존재는 신만이 아는 시간이라는 점이다.

> 그리스 신화 속의 기회의 신 '카이로스'는 앞머리는 장발이었지만
> 뒷머리는 대머리라고 한다. 카이로스의 머리 맵시는 '앞으로 오는
> 기회를 잡을 수 있지만 한 번 놓친 기회는 뒤에서 잡을 수가 없다'
> 라는 상징적인 의미를 지니고 있다고 한다. 이는 재빨리 잡지 않으
> 면 놓치고 마는 기회의 성격을 투영한 것이라고 해석된다.
> 지나가 버린, 떠나버린 시간은 다시는 돌아오지 않는다. 기회는
> 한 번밖에 오지 않는다. 그것이 올 때 온 마음과 힘을 다해 꽉 잡아
> 야 한다. 그래야 기적 같은 만남도 오고, 행운도 오고, 평생의 인연
> 사랑이란 것도 찾아오게 될 것이다.
> —〈카이로스 시간〉 중에서

카이로스 시간은 하나님의 시간임에도 불구하고, 작가는 그리스
신화 속의 기회의 신 카이로스 이야기를 이 수필의 결말 부분에서
시각을 달리하여 다른 각도에서 이야기한다. 놓친 기회는 다시 잡을
수 없다는 기회의 투명성으로 환기하며, 기회가 올 때 "온 마음과
힘을 다해 꽉 잡아야 한다. 그래야 기적 같은 만남도 오고, 행운도
오고, 평생의 인연 사랑이란 것도 찾아오게 될 것"이며, "흘러가는
크로노스의 시간은 잡을 수 없다. 하지만 나는 카이로스가 가져다줄
어떤 행운의 시간을 아직도 기다려보리라. 찬스든 기회든 찾는 자에

게 그것은 또다시 찾아오지 않을까 싶다"고 마무리한다. 그것은 하나님의 시간을 기회의 시간으로 전환하면서 기회의 몫은 신의 것임을 암묵적으로 환기하기 위한 사유이다.

같은 맥락에서의 수필은 〈작은 손〉이다. 이 수필의 서두는 이렇게 시작한다. "며칠 전 새벽에 기도하려고 교회에 갔다. 다른 때에는 현관에서 출입자 명단 기록과 열을 재려고, 안내하는 성도가 있었는데, 그날은 한 여성만 서 있었다. 내가 현관문을 밀고 들어갔더니, '양말 사세요!'라고 해서 의아했다. 2층으로 올라갔더니, 2층 현관에서 안내하시는 분들이 출입자 명단 기록도, 열도 재고 있었다. 그래서 아래층 사람은 누구냐고 물었더니, 모르는 사람이라면서 '예수님이 오셨는가 봐'라고 했다./ 그 후 나는 예배를 다 마치고 나오다가 현관문 앞에서 멈춰서 뒤를 돌아봤다. 그랬더니 어떤 여성이 나를 바짝 따라 나오고 있었다. 그래서 문손잡이를 잡고 있다가 그분이 다 나오고 나서 문고리를 놓고 문을 닫았다. 뒤따라 나오는 사람이 있을 시에 뒷사람이 다칠까 봐서 하는 습관의 소산이다. 그런데 그 여성이 또 '양말 사세요'라고 말"하는 사건을 겪게 된다. 이 에피소드는 이 수필 제목인 '작은 손'과 연결된 이야기로 딴청부리다가 다시 연결된다.

이제 생각하니 새벽기도에서 봤던 그 여성은 작년에 길에서 봤던 정신 나간 여성이었다. 그때는 새끼를 허리에 두르고, 숯검정을 얼굴에 칠하고, 짐을 어깨와 팔에 손에 주렁주렁 매달고 가고 있었다.

그 차림은 정신 나간 사람 모양이었다. 이제 생각하니 짐을 들고 가는 모습이, 양말 장사가 팔아야 할 물건 꾸러미를 달고 가는 듯했다. 나는 그녀가 어디에 사는지, 왜 그렇게 되었는지에 대한 사연은 모른다. 단지 짐작해보면 삶이 버겁고, 남편의 죽음으로 충격까지 받지 않았을까 싶기도 했다.

그런데 그날 새벽에는 옷 입은 것도, 정신도 말짱했다. "양말 사세요" 하는 것만 뺀다면, 그녀는 양말을 가지고 있지 않았다. 아마 정신이 나가기 전에는 양말 장사를 하지 않았을까 싶다. 새벽에 양말도 없이 내게 양말을 사라고 한 것은 아마 나 같은 비슷한 또래의 엄마이기도 해서, 장사할 때 양말 사라고 말하던 버릇 때문인 듯싶다. 내가 편안해 보였나 보다. 하여튼 정신 나간 여자도 생업으로 양말을 팔던 작은 손으로 정신을 차려서 새벽에 두 손 모아 자식을 위해, 자신을 위해 기도하고 갔다. 그러니 자식 양육의 짐을 진 엄마들의 작은 손의 위력은 크기도 한 것이다.

—〈작은 손〉 중에서

이 수필에서 '작은 손'이 표상하고 있는 의미는 "자식 양육의 짐을 진 엄마들의 작은 손의 위력"이다. 그러나 위의 인용문을 통해서 양말을 파는 새벽기도에서 만난 여자의 작은 손을 통해서 작가의 작은 손을 새삼 새롭게 인식하는 계기가 되고 나아가서는 '문학을 하는 작은 손'임을 인식하게 되면서 그리스 신화의 마이더스 왕의 손을 떠올리고, 경제의 '보이지 않는 손'까지 손의 상상력을 확대해 나가는 계기를 작가는 새벽기도에서 만난 여인이 곧 예수님의 변장한 모습은 아닐까, 라는 의식을 하게 된다. 이러한 의식은 신앙에 대한 확신에서 나오는 것이며 이정이 작가의 영성적 상상력의 소산으로 보인다.

수필 〈여권 사진과 영정사진〉에서 "나는 삶과 죽음의 경계에 서서 사진으로 서성였다. 시간은 내 마음대로 흐르지 않았다. 하나님의 시간은 아무도 알 수 없었다. 삶의 시간을 갈무리하면서 여권 사진을 찍어놓고, 영정사진을 바라보며 여행할 수 있는 그 시간을 기다릴 것이다"라는 의식 또한 이정이 작가가 가지고 있는 영성적 상상력의 소산이라고 할 수 있을 것이다.

또한, 성지 순례기행 수필인 〈밑창 없는 신발-여리고 성 성지순례길〉과 〈그리스, 튀르키예(터키) 성지순례길 – 바울의 전도 여행을 따라서〉에서 보여주고 있는 작품성도 기독교적 신앙의식 또한 믿음에 기초한 것이다. 전자 수필의 "신발 밑창이 없어서 신발이 온전치 못하니 어려운 길의 걸음이었다. 예수님이 우리를 위해 값없이 십자가를 지고 십자가의 길을 가셨듯이, 못 난 주인을 만난 신발도 나를 위해 혹사당하고 말았다. 이는 너덜너덜한 내 인생, 믿음 같았다. (…) 이 일주일간의 성지순례에서 신발이 망가져 어려웠던 그 걸음의 순간이 내게 참된 은혜로 다가왔다. 참으로 말씀의 은혜를 깨닫고, 은총을 체험한, 하나님이 주신 땅 이스라엘의 여리고 성 성지순례 길이었다. 이 성지순례 여행은 내 인생의 큰 걸음이 되었다. 이곳은 오래전 옛날에도 지금도 신령한 믿음의 땅일 터이다"는 직설적인 표현. 그리고 후자 수필에서의 "바울이 전도의 길을 기쁘게 갔듯이 그리스 터키 여행은 경치와 유적, 종교적 전도 지역으로서 멀고 길고 힘든 길이었지만, 우리 부부에게도 기쁨의 길이기도 했다. 예전 초대 교회 때, 이곳 사람들은 그리스도교 신앙이 아주 좋았던 성지였지만,

이제는 터키가 이슬람인들의 성지가 되어 이슬람교가 활개 치는 것을 보니, 가슴이 아프고 신앙의 유산에 대한 필요성이 절실하게 다가왔다./ 이 여행이 우리 일행에게는 하나님과 예수님을 더욱 믿고 깊이 알아가면서 성경을 공부하게 된 배움터였고, 바울의 전도의 길을 따라가는 그리스도인이라는 자부심도 들었다. 또한, 이 여행은 하나님, 예수님께 전심이고, 전도에 열심이었던 바울을 생각하고 배우는 계기가 되었다. 아울러 미신이 성행했던 신화의 땅 그리스와 자연적으로 빼어난 경관을 지닌 터키 땅에서조차 그래도 전도를 위해 동분서주한 바울의 일생을 듣고 보고 느끼고 돌아본, 은혜가 넘치는 성지순례길이었다"라는 의식은 기행수필로서의 집중적인 여행 체험과 성지순례라는 신앙인으로서의 상상력을 극대화한 영성적 수필임을 두말할 나위 없다.

3. 평범한 가족 화소와 비범한 모티프

여성 작가들이 가족을 모티프로 하는 수필의 빈번한 출현은 비판적 대상이 될 수 없다. 지나친 일상적 이야기나 가족 자랑이 아닌 한 어쩌면 활동영역이 가정으로 한정된 작가 개인이 체험한 가족 이야기는 AI가 모방할 수 없는 수필의 개성적인 소재일 수 있기 때문이다. 그러나 이러한 평범한 화소를 비범한 문학적 모티프로 창조해내는 것은 순전한 작가의 역량이다. 그 하나의 예가 이정이 작가의〈보따리와 손수건〉이다. 이 수필은 제목이 시사한 바대로 '보따리'와

'손수건'이다. 이 사물들은 우리가 일상적으로 사용하는 흔한 물건들이다. 이 이야기를 이정이 작가는 유랑극단의 마술 보따리부터 시작하여 유년 시절의 검은 보따리 책가방, 명절 때의 선물 보따리, 그리고 여행갈 때나 외출할 때 휴대해가는 작은 손수건과 큰 보따리 이야기를 서술하면서 결말 부분에서는 남편 이야기로 전환하며 마무리한다. "보따리와 손수건은 얇고 가볍고 부피가 없어 어디를 가더라도 상비하기가 쉽고, 쓸모도 있다. 바깥 세상살이의 무거운 짐을 지고 허덕이면서도 남편은 바깥에서 나를 감싸주는 질긴 보따리 역할을 했고, 나는 손수건으로 안에서 따뜻하고 부드럽게 남편을 보완했다"는 토로가 그것이다. 그리고 그러한 남편의 존재를 "아무것도 아닌 우리는 손수건과 보따리로써 서로 필요한 존재로 도우며 살아가야 했다. 보따리는 세상의 무거운 짐을 메고 가는 남편 같은 유용한 존재다. 보따리는 우리를 결속시켜주었고, 나를 감싸주었다. 나는 남편의 짐을 덜어주는 손수건 같은 존재로 묵묵히 이 삶을 자위하고 자족하며 살"겠다는 다짐으로 끝맺는다. 전혀 예상치 못한 가족에 대한 온축되는 사랑 이야기가 큰 감동으로 오는 구성미학이라는 점에서 주목되는 수필이다.

이런 맥락의 남편 모티프 수필은 〈도라지와 자리공〉, 〈코가 선 가죽구두〉, 〈물외〉, 〈봄을 본다〉 등이 있다.

① 남편은 몇 년 전에 도라지 뿌리를 캐면서 땅속에 남은 게 있는 줄 잘못 알았다고 했다. 배가 아프고 토하게 되면서 자리공을 먹은

걸 눈치챘다고 했다. 도라지를 탐하다가 황천길을 갈 뻔했다. 도라지의 꽃말은 영원한 사랑이지만, 남편의 도라지 사랑은 영원한 사랑이 아닌 영원한 이별인 죽음의 길로 갈 뻔했다.

— 〈도라지와 자리공〉 중에서

② 나는 발이 아파서 코가 선 세모꼴 뾰족구두를 포기하고 멋대가리 없이 둥근 코인 통굽 구두에서 비로소 발의 안정과 해방감을 맛보게 되었다. 게다가 가죽이 오래되어 길이 들어서 부드럽고 헐렁해졌으니 이 품위 없어 보이고, 예쁨과 여성스러움을 포기한 신발이 얼마나 편한지, 내게 맞는지 고맙다. 이제 나는 이 구두를 신고 삶의 현장을 멋지게 걸어 다니며 살고 있다.

— 〈코가 선 가죽구두〉 중에서

③ 물도 주지 못한 채 심어만 놓은 남편의 물외는 제멋대로 자란 자연의 맛이었지만, 우리 부부의 삶은 시골 사람들이 오이를 물외라고 명명했듯이 몸에 물만 찬 듯 실속이 없다. 우리 삶이 물외의 삶과 닮은 듯했다. 땡볕에서 볕에 바래어지고, 외양부터가 구부러진 모양이다. 우리는 농사꾼도 아니면서 농사꾼 흉내를 내며 살고 있으니 힘든 건 당연했다. 우리는 남들처럼 깔끔한 차림으로 마른 자리에서 톡톡 털고, 튕기며 도시적으로 살 수는 없었을까. 그런데 생각하니 남편에게 뭐라 투정 부린 나도 남편 따라 맞추어주다 보니 반 시골 사람이 된 듯싶다.

— 〈물외〉 중에서

④ 남편의 일터에 비록 불은 났지만 불 난 자리 잿빛 땅 위에 새로운 것들이 새롭게 소생할 것이다. 잿더미 속에 고사리라도 돋아나지 않을까 기대한다. 남편의 꿀벌들이 다시 충격에서 벗어나

봄의 기운을 얻어 밝게 힘차게 날갯짓할 날을 기다린다. 우리는 억지로 힘을 낸다. 화마를 피한 뒷산에서 봄의 흙과 풀, 나무를 만져 보며 꽃이 피는 것을 바라보며 꿀벌에게도 소생의 물을 주리라. 불꽃 속에 구석구석에 숨어있던 풀들을 풀꽃이라도 피기를 기대하며 흙 위를 살핀다. 겨우 화마를 피한 돌 틈에 핀 노랗고 작은 민들레를 괜스레 들여다본다.

— 〈봄을 본다〉 중에서

위의 네 편의 수필들은 남편과 관계된 이야기를 쓴 수필이다. ①은 도라지인 줄 알고 먹은 자리공 때문에 목숨의 위협을 받은 남편 이야기이고, ②는 직접적인 남편 이야기는 아닌, 자신의 신발 이야기 중 뾰족구두 이야기를 남편 이야기로 전환한 수필이고, ③은 꿀벌을 키우는 산밑 양봉원 자투리 비탈밭에 물외를 심어 주었던 남편 이야기이며 ④는 양봉을 하는 남편의 일터의 화재를 모티프로 한 수필이다.

그러나 이 수필들에서 작가가 정작 이야기하려는 메시지는 작품마다 다르다. ①의 경우는 "남편은 도라지가 몸에 좋으니 건강에 보탬을 주려고 탐하다가 죽을 뻔했으니 섭생은 조심해야 하고, 지나침은 화를 부른다는 것을 깨달았다. 우리 부부의 도라지 사랑도 이제는 거리를 좀 두어야 할까 보다. 건강은 중요하나 목숨은 단 하나뿐이니 말이다."로 남편과의 사랑과 생명성에 대한 환기를, ②의 경우는 신혼 초보다는 노년의 부부는 "서로에게 맞추어졌으니 젊을 때처럼 서툴게 콧날을 세우며 부딪치지는 않"고, "늙어지도록 함께했으니 상대방의 마음을 먼저 헤아리게 되어 안쓰러울 따름이다. 늙어져서 맞는 헐렁한 내 가죽구두가 대견하고 편하듯이 남편과 나 또한 같이한 험한 세월만큼 서로에게 깎여져서 둥글고 유연하게 되었다. 지금의 우리는 서로에게 필요하고, 푹신하고 부드럽고 편안하고 만만한 가죽구두 같은 존재가 된 것이다. 구두코가 날이 선 세모꼴 가죽구두는 내 삶의 아픔과 자취를 남기고 어느새 내 인생에서 사라져 가고, 남편과 나는 같은 곳을 바라보며 삶의 연륜을 익혀"가고 있음을 메시지로 전언하고 있다. 그리고 ③의 경우는 "물외는 여름 반찬으로는 수분이 많아 서걱서걱한 물맛을 내며 그런대로 속 맛을 보여주며 수분 섭취를 도와주는 중요한 채소"이지만, "여름에 우리 몸에 물이 부족하다면 얼마나 어렵겠는가. 긴장을 늦출 수 없이 땀을 흘려야 하는 우리의 삶도 부끄럽지는 않았으나 고되고 힘들었다. 우리 부부는 뜨거운 삶 속에서 여름날을 보내고 있다. 우리는 자연의 물을 품은 물외를 키우고 먹으며, 따가운 햇볕을 껴안고 이 여름을 지내보리라. 뙤약볕 아래 자연히 늙은 오이가 되어가는 물외처럼" 살아가고 있음을 전언하는 수필이다. 그리고 ④의 경우는 이 수필의 서두에서 언급한 봄의 염원에 대한 성찰과 수미상관으로 "불 난 잿더미 위에서 새로운 봄을 찾는다. 타 버린 빈 땅에 봄을 맞아들이고 싶다. 꿀벌이 꿀을 가져오려고, 꽃을 찾아 윙윙거리며 날아다니는 그런 새롭고 따뜻한 봄이 다시 올 것이다. 공허한 빈 마음을 꿀벌이 다시 채워줄 것이다. 불난 터에 서성이며 봄을 바라본다"를 메시지로 하고 있다. 그러나 이 네 편의 수필이 지향하고 있는 메시지는 '같이 늙어가고 같이 삶을 살고 있다'는 하나됨과 부부라는 이름의 도반 의식이다.

부모님을 모티프로 주목되는 수필은 〈박 바가지〉와 〈끈 떨어진 가방〉이다. 이 두 편의 수필은 시어머니와 친정어머니 이야기이다. 전자는 시골 살림의 서정성과 정서가 감각적으로 나타난 수필인데 반해, 후자는 코로나바이러스가 창궐하던 시대에 양로원에 모셨던 어머니의 죽음에 대한 애절함이 묻어난 수필이다.

수필 〈박 바가지〉는 서두의 문장 "희붐한 새벽 그녀는 물동이를 머리에 이고, 으슥한 찬새미로 내려갔다. 일렁이는 푸른 물 위에서 박 바가지도 파랗다. 동이에 물을 채우고, 똬리를 머리 위에 얹고, 바가지는 물 위에 놓아야만 물이 출렁거리지를 않는다."에서 보듯이 감각적인 문장으로 시골의 삶이 그려져 있다. 그러나 이 수필에서 말하고자 하는 메시지는 결말 부분의 "어머니의 삶에 내 삶이 겹쳐진다. 어머니는 자식들을 위해 빈 바가지에 곡식을 담아내고, 물을 떠서 마시게 하고, 구수한 숭늉을 검은 가마솥에서 만들어 먹게 해주었다. 그리곤 애태우며 안달하다가 삶이 끝나고 사라지는 이름도 없고 존재도 없는, 고단한 여자의 일생이었다. 박 바가지는 어머니의 일생과 닮았다. 나는 어머니와의 추억을 박꽃에서 찾게 되었다"에서 알 수 있듯이 박꽃 같은 삶을 살았던 어머니의 삶에 대한 그리움을 작가는 "여름날, 박꽃은 들판에 하얗게 무리 지어 피어나건만 어머니도 박 바가지도 보이지 않는다. 나만 이 해 질 녘 박꽃과 박 바가지의 일생을 어머니가 사시던 빈집 마루에 앉아 아득하게 바라본다"고 표현하고 있다.

그리고 〈끈 떨어진 가방〉에서는 결말 부분의 언급대로 "코로나바이러스는 우리에게서 많은 것을 빼앗았고, 이런 위중한 시점에도 우리는 사회 규약대로 살아가고, 의료진들이 고생한 덕에 건강을 잃지 않고 삶을 영위해간다. 이것은 소리 없이 우리 삶을 침범하고, 많은 제약으로 가두었지만, 겨울이 지나면 봄이 오듯이 슬그머니 꼬리를 감추는 날도 오리라. 우리는 소중한 가방이, 그 끈이 떨어지지 않게 각자의 삶을 잘 견뎌내고, 건강을 지키며 일상이 돌아올 날을 기다려야겠다"는 메시지를 전언하고 있다.

　이러한 작가의 가족에 대한 그리움의 원천은 '사랑'이지만, 다른 시각에서 살펴보면 한국인으로서 우리 전통정신과 문화를 사랑하는 마음 때문일 것이다. 이를 보여주는 수필이 〈달빛 속 도자기〉이다. 이 수필의 서두는 이렇게 시작된다. "초저녁에 고단하여 잠깐 잠이 들었다가 한밤중에 깨었다. 조용하고 어두운 밤, 물을 먹으려고 식탁에 갔다. 식탁 위에 하얀 둥근 달이 떴다. 깜짝 놀랐다. 밖에도 둥근 달이 떴다. 달은 2개였다. 아니, 달은 8개였다. 우리 집 식탁의 조명 등 1개와 6개의 도자기, 그리고 진짜 달이 우리 집을 안팎에서 둘러싸고 있었다."가 그것이다. 이 서두 문체는 다분히 몽상적이고 판타지적이다. 그러나 이 수필의 제목이 시사하는 바 모티프는 도자기이다. 여섯 개의 도자기에 관한 수필이다. "식탁 등은 불을 켜지도 않았지만, 달빛은 달처럼 하얗고 둥그렇게 생긴 그 등을 은은하게 밝혀주고 있었다. 도자기 하얀 목으로 은은한 달이 빛을 내며 스며들었다. 인공과 자연이 조화로운 밤에 이들은 하얗게 은근히 빛을 내고 있었다"라는 서술과 여섯 개의 도자기에 사연을 서술하고 있는 것이 그것이다.

> 고려청자는 청명하고 은은한 하늘처럼 깨끗한 마음의 그릇이고, 조선백자는 간결, 소탈하고 단정하고, 단순하다. 둥근 곡선의 도자기를 보노라니 삶의 여유와 유연함이 느껴진다. 백자의 빛깔에는 달빛의 명상과 고요가 담겨있다. 우리 조상들이 백자를 사랑했던 것은 달빛처럼 정갈하고 깨끗한 삶을 살고자 했으리라.
> 조선 시대 조상들이 달을 바라보는 은근하고 소박한 삶의 미가 도자기의 정서와 더불어 역사를 따라 흘러옴이 자랑스럽다. 방안의 도자기를 근 10년 만에 은은한 달빛 아래서 은근하게 바라보며 말을 건넸다. 과거 문화의 흔적과 현대의 시간이 다투지 않고 서로 동거하게 하는 이 조명등으로 인하여 잊고 살았던 달빛을 우러러봤다. 달빛 속에서 도자기를 쓰다듬어보며, 내 과거의 인연과 삶으로 되돌아가서 옛사람의 추억과 그리움에 잠겨보는 은은하고 고요한 달밤이 하얗다.
>
> — 〈달빛 속 도자기〉 결말 부분

이렇게 이정이 작가는 조선백자의 간결, 소탈, 단정, 단순 삶의 여유와 유연함에 대해서 그리고 백자의 빛깔 속에 "달빛의 명상과 고요가 담겨"있음을 서술한다. 그래서 "우리 조상들이 백자를 사랑했던 것은 달빛처럼 정갈하고 깨끗한 삶을 살고자 했"을 것이라는 사유를 하고, 달빛 속의 백자를 바라보면서 조선 시대의 조상들의 은근하고 소박한 삶을 떠올리고, 자신의 과거의 인연과 삶을 소환하여 "옛사람의 추억과 그리움에 잠겨보"면서 그것들이 은은하고 고요한 달밤처럼 하얀 색체임을 인식한다.

　이러한 인식은 이 글을 서두에서도 언급했지만, 이정이 작가가 언어 트릭에 능숙한 감성적인 시인이기도 하기 때문이다. 이는 우리 전통문화와 가치 그리고 가족을 사랑하는 마음에서 나오는 것으로 보인다. 그뿐 아니라 현실을 기반으로 하는 신비한 세계 혹은 영적 세계로 나아가려는 초월 정신에서 나오는 것으로 보인다. 따라서 그는 달빛이나 백자와 같은 색채 이미지를 가진 영적 작가임이 분명하다.

이정이 제2수필집

호박꽃 어머니

초판인쇄 | 2025년 8월 28일
초판발행 | 2025년 9월 02일

지은이 | 이 정 이
펴낸이 | 서 정 환
펴낸곳 | 인간과문학사

주　소 | 서울특별시 종로구 삼일대로 30길 21.
　　　　 종로오피스텔 714호
전　화 | 02)3675-3885, 063)275-4000
등　록 | 제300-2013-10호
e-mail | inmun2013@hanmail.net

값 16,000원

ISBN 979-11-6084-258-6　03810